Excel 2016

Schnell zum Ziel

Rainer Walter Schwabe

ISBN 978-3-95982-006-6

© 2016 by Markt+Technik Verlag GmbH
   Espenpark 1a
   90559 Burgthann

Produktmanagement Christian Braun, Burkhardt Lühr
Herstellung Jutta Brunemann, j.brunemann@mut.de
Korrektorat Petra Heubach-Erdmann
Layout Merve Zimmer
Covergestaltung David Haberkamp
Coverfotos © Rido – Fotolia.com
Schmuckelement © coramax – Fotolia.com
Satz inpunkt[w]o, Haiger (www.inpunktwo.de)
Druck Stürtz GmbH, Würzburg
Printed in Germany

Excel 2016 – Einstellungssache

1

2 Excel: das A & O

Neu, Speichern und Drucken

3

Inhalt

4 Speedy Excel

Dafür ist Excel da: Formeln und Funktionen

5

Inhalt

Tabellen auswerten

6

Mit Excel so richtig kalkulieren

7

Inhalt

8 Ein Blickfang: Diagramme

Sich mit anderen Programmen austauschen

9

Mit Excel auf einer Wolke

10

Kalkulationen veröffentlichen

11

12 Schnell mit Vorlagen

Anhang

13

Index

Das Kapitel im Überblick

Excel 2016 – Einstellungssache

Erinnern Sie sich noch? Das erste Excel unter Windows hatte ein vollkommen anderes Aussehen. Sie starten Excel 2016 und sind nun auf jeden Mausklick an der Benutzeroberfläche gespannt ... Sie erfahren mit ein paar Mausklicks, wie es funktioniert. Sie lernen das neue Menüband kennen und passen es an. Wenn ich, der Autor dieses Buches, Firmenschulungen gebe, haben die Firmen immer eine bestimmte Standardschrift. Sonst wäre hier ein ziemliches Durcheinander. Sie richten diese Standardschrift ein.

Die meisten Schaltflächen kennen Sie schon, aber von Version zu Version ist es manchmal »irgendwie« anders ...

Das Menüband ist die Schaltzentrale. Hier finden Sie Registerkarten und Gruppen, die wiederum Symbole für die Programmwerkzeuge beinhalten.

Möchten Sie wirklich immer lange Wege gehen? Sparen Sie Zeit und Mühen, indem Sie die Symbolleiste für den Schnellzugriff nach eigenen Wünschen und Bedürfnissen anpassen. Nutzen Sie das bitte, damit der Schnellzugriff auch wirklich ein Schnellzugriff ist.

Befehle gibt es sehr viele. Vermissen Sie vielleicht einen aus »früheren Zeiten«? Sie haben die Möglichkeit, sich alle Befehle anzeigen zu lassen.

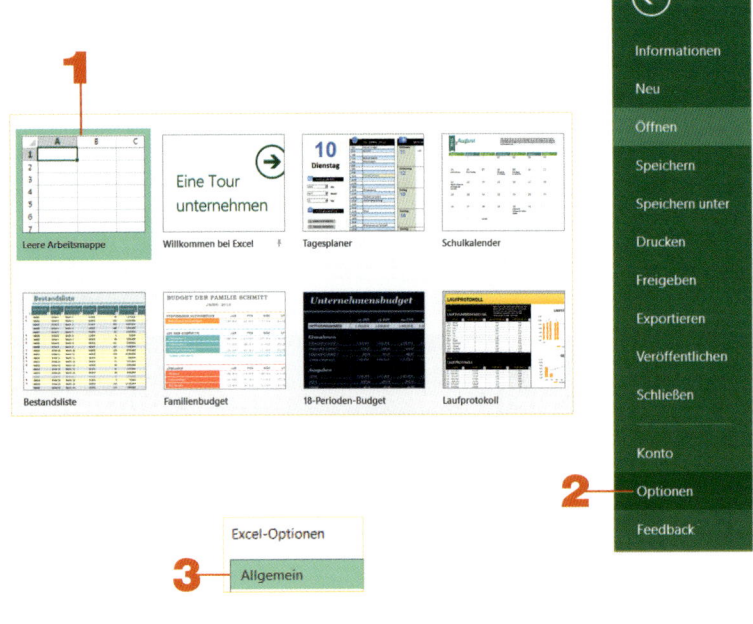

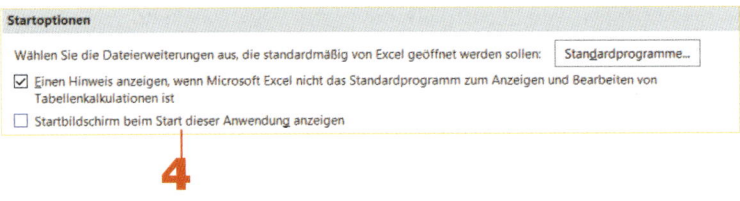

ßeim Start erscheint der Startbildschirm

Bei Excel 2016 erscheint beim Start zunächst die Auswahl der Dokumentvorlagen.

1 ▶ Mit einem Klick auf *Leere Arbeitsmappe* gelangen Sie zur Excel-Oberfläche, wie Sie es vielleicht von den »älteren« Versionen gewohnt sind.

2 ▶ Diesen Startbildschirm können Sie über *Datei* und *Optionen* deaktivieren.

3 ▶ Unter *Allgemein* finden Sie die Startoptionen.

4 ▶ Den Startbildschirm können Sie über *Startbildschirm beim Start dieser Anwendung anzeigen* ausblenden.

> **TIPP** ➡ **Excel kann auch mehrfach gestartet werden. Halten Sie die ⇧-Taste gedrückt und klicken Sie auf das Excel-Symbol des bereits geöffneten Programms in der Taskleiste.**
>
> **Wenn Sie mit der rechten Maustaste auf das Excel-Symbol in der Taskleiste klicken, können Sie über das Kontextmenü die zuletzt verwendeten Excel-Dateien starten. Drücken Sie zusätzlich die ⇧-Taste, öffnet sich das Optionsmenü.**

Mal ein anderes Outfit

Bildschirmfarbe mal schnell anders. Sie können das Farbschema, die Bildschirmfarbe, von Excel schnell ändern.

Mit einer Option ändern Sie die Einstellungen in Excel. Unter *Allgemein* ändern Sie das Farbschema Ihrer Excel-Benutzeroberfläche.

1 ▶ Unter *Datei* finden Sie den Eintrag *Optionen*.

2 ▶ Wählen Sie *Allgemein*.

3 ▶ Öffnen Sie die Auswahl bei *Office-Hintergrund* und *Office-Design*. Die Möglichkeiten sind hier vielfältig.

4 ▶ Bestätigen Sie mit der Schaltfläche *OK*.

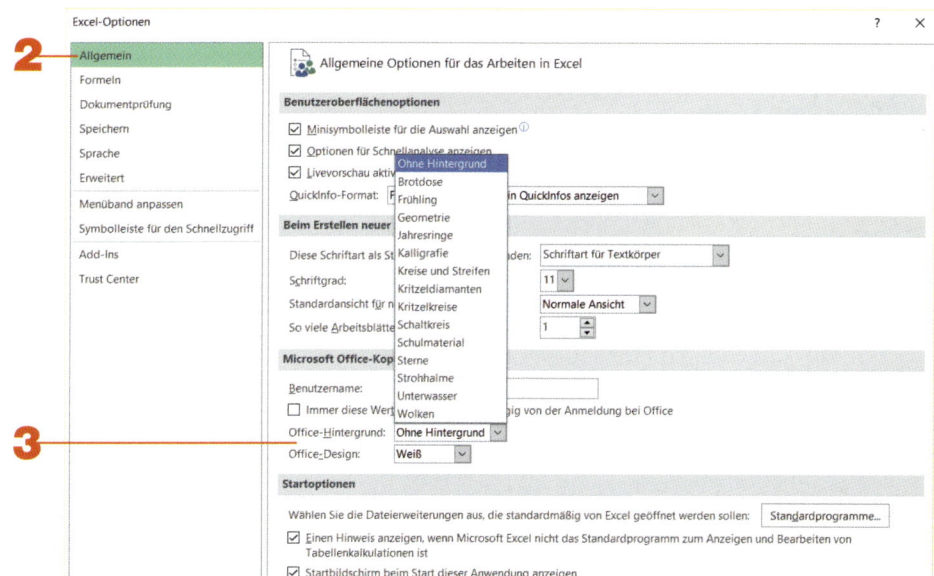

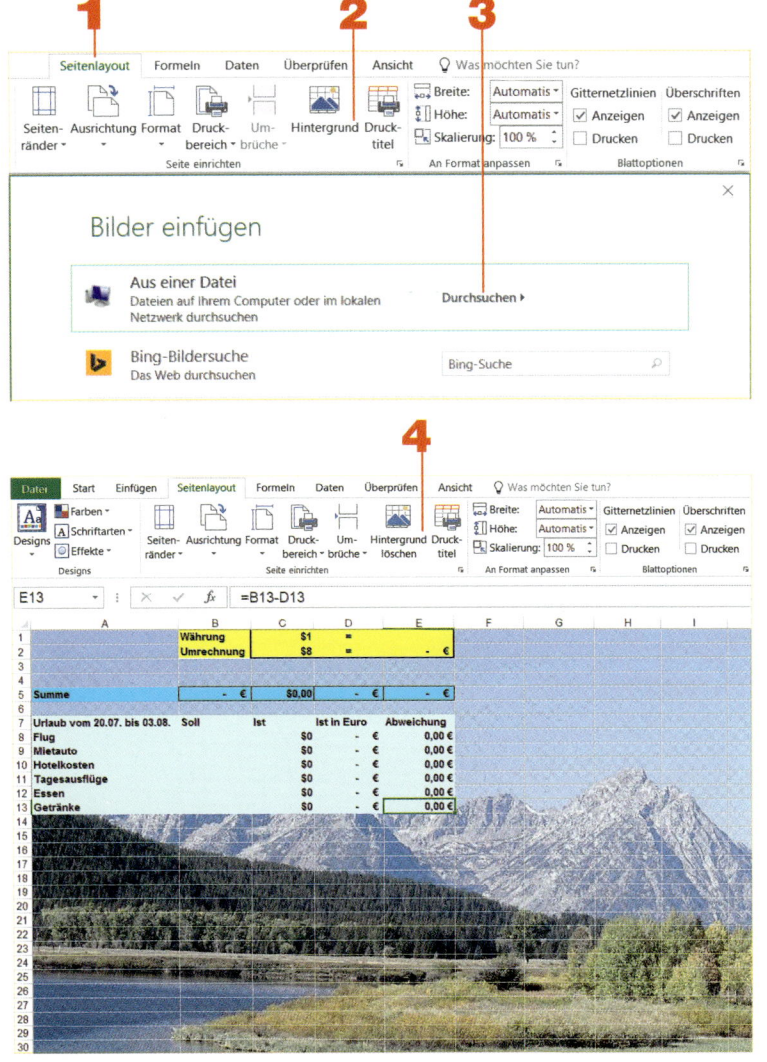

Mal einen anderen Bildhintergrund

Den Hintergrund Ihres Arbeitsblattes können Sie mit Bildern versehen.

1▸ Holen Sie die Registerkarte *Seitenlayout* in den Vordergrund.

2▸ Klicken Sie auf die Schaltfläche *Hintergrund*.

3▸ Geben Sie den Speicherort und das Bild für den Hintergrund an.

4▸ Möchten Sie wieder einen »normalen Hintergrund« haben, wählen Sie einfach die Schaltfläche *Hintergrundbild löschen*.

TIPP ➡ Wenn Sie auch noch die Farbe der Gitternetzlinien ändern möchten, wählen Sie den Weg über *Datei/Optionen* (Alt+D+O). Geben Sie dann über *Erweitert* unter *Optionen für dieses Arbeitsblatt anzeigen* einfach eine andere Farbe an oder lassen Sie die Gitternetzlinien ganz verschwinden.

TIPP ➡ In der Registerkarte *Seitenlayout* können Sie in der Gruppe *Blattoptionen* ebenfalls die Gitternetzlinien ausblenden. Beachten Sie, dass diese Ausblendung nur für das Tabellenblatt gilt.

Finger drauf – Touch me

Excel bietet Ihnen auf Tablet-PCs und Windows-Smartphones Features zum Arbeiten mit Touchscreen-Geräten. Haben Sie einen Touchscreen und möchten Sie in den Touchmodus wechseln, dann gehen Sie so vor:

1 ▶ Öffnen Sie die Auswahl der *Symbolleiste für den Schnellzugriff*.

2 ▶ Klicken Sie auf *Touch-/Mausmodus*.

Das Symbol befindet sich nun in der *Symbolleiste für den Schnellzugriff*. Jetzt können Sie schnell per Mausklick in den Touchmodus schalten.

WICHTIGE INFORMATION

Durch den Touchmodus werden die Abstände zwischen den Schaltflächen im Menüband größer. Dadurch wird eine leichtere Bedienung ermöglicht.

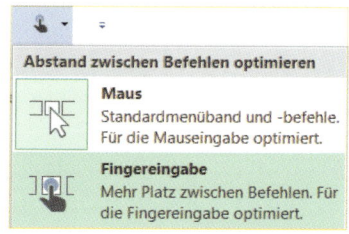

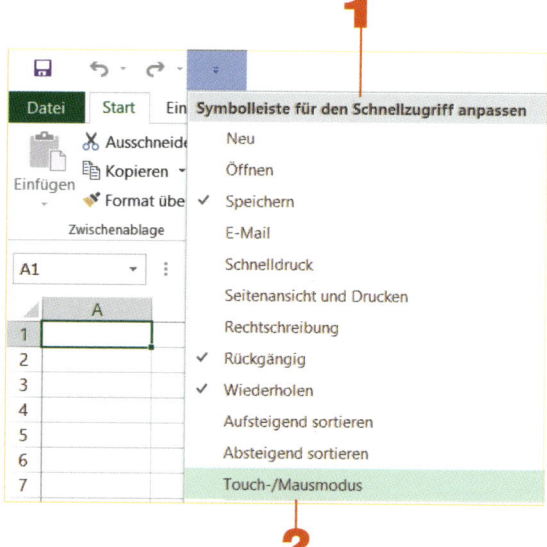

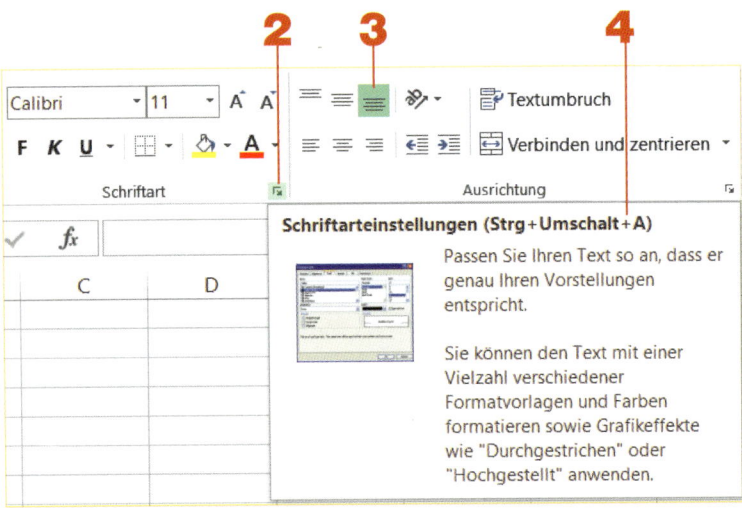

Auf das Menü kommt es an ...

Sie arbeiten mit Hauptregisterkarten – dem Menüband. Die Register fassen grundlegende Aufgaben zusammen.

1 ▶ Wie bei Karteikarten klicken Sie auf den Namen des Registers. Wenn Sie entsprechende Elemente bearbeiten, wie bei einer Tabelle, stellt Excel zusätzliche Registerkarten zur Verfügung.

2 ▶ Zusammengehörige Befehle bilden Gruppen. Ein Mausklick auf das Pfeilsymbol der Gruppe öffnet ein Dialogfeld.

3 ▶ Lassen Sie den Mauszeiger auf dem Pfeilsymbol stehen, erscheint die Erklärung, was Sie mithilfe des Dialogfelds ausführen können.

4 ▶ Ebenfalls nützlich: die Tastenkombination – falls vorhanden – zum Starten des Dialogfeldes.

TIPP ➡ Entscheidend für die Darstellung in Excel ist Ihre Bildschirmauflösung. Arbeiten Sie mit einer geringen Auflösung, kann es gelegentlich vorkommen, dass die Schaltflächen »ein wenig anders« dargestellt werden. Der Ablauf in diesem Buch ist aber auch dann nachvollziehbar.

Das Menüband reduzieren

Das ständige Klicken auf die einzelnen Register im Menüband kann mit der Zeit ganz schön nervig sein. Das Menüband ändert das Aussehen, wenn das Programmfenster verkleinert wird. Besonders bei einem Notebook kann es viel Platz in Anspruch nehmen.

1 ▶ Ein rechter Mausklick auf das Menüband und Sie können es schnell anpassen oder minimieren.

2 ▶ Öffnen Sie rechts die Auswahl über das Symbol *Menüband-Anzeigeoptionen*.

3 ▶ Eine weitere (fast versteckte) Möglichkeit, das Menüband zu reduzieren, ist der Klick rechts auf den kleinen Pfeil.

> **TIPP** ➡ Das Menüband können Sie auch über die Tastenkombination Strg+F1 reduzieren bzw. wieder einblenden. Mit einem Doppelklick auf einen beliebigen Reiter eines Menübands geht das ebenfalls.

> **TIPP** ➡ Klicken Sie eine Registerkarte (außer *Datei*) an und Sie können mit dem Mausrad bequem durch die Register rollen.

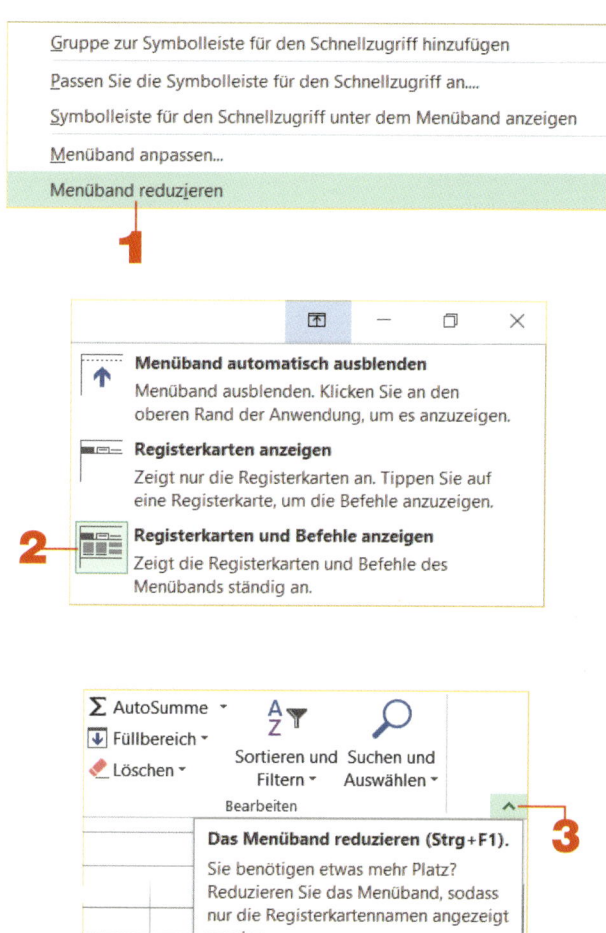

Tasten fürs Menü

Wenn Sie lieber nur mit der Tastatur arbeiten möchten, um die verschiedenen Registerkarten auszuwählen, können Sie auch die [Alt]- oder [F10]-Taste drücken.

1 ▶ Es erscheinen dann Zeichen für Tasten und Tastenkombinationen, mit denen Sie die Befehle ausführen können.

2 ▶ Drücken Sie die Taste für eine Registerkarte, erscheinen die Tastenangaben für die aktivierte Registerkarte.

Ein beliebiger Klick oder Drücken der Taste [Esc] oder [F10] hebt diese Anzeige wieder auf.

Zum Beenden von Excel können Sie auch die Tastenkombination [Alt]+[F4] drücken.

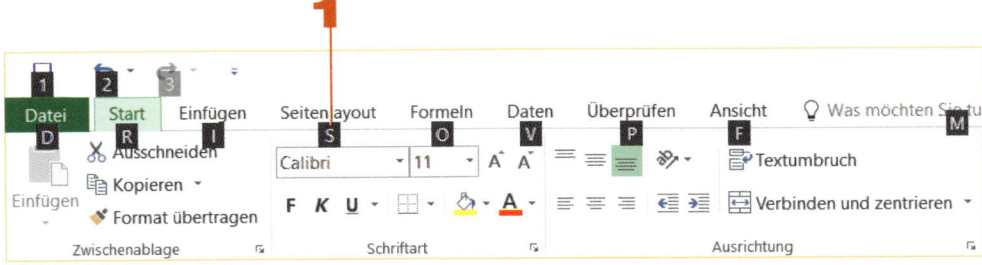

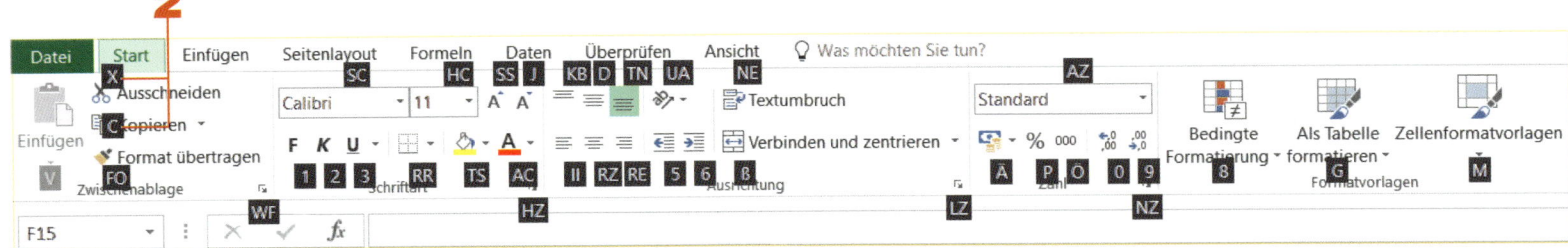

Die Standardschrift festlegen

1 ▶ Aktivieren Sie das Auswahlfeld bei Schriftart und -größe, ändern Sie beides nur für einen Text in der jeweiligen Arbeitsmappe, abhängig davon, wo der Cursor steht.

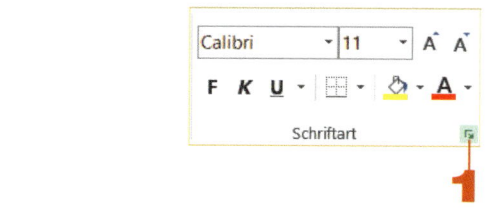

Wird häufig eine bestimmte Schriftart (und/oder -größe) verwendet, sollten Sie diese als Standardschrift festlegen. Starten Sie dazu über *Datei* die *Optionen*.

2 ▶ Legen Sie bei *Allgemein* Ihre Standardschrift (Schriftart und -größe) fest und bestätigen Sie mit der Schaltfläche *OK*.

3 ▶ Sie erhalten einen Hinweis, Excel neu zu starten, damit die Änderung der Standardschrift wirksam wird.

4 ▶ Bestätigen Sie wiederum mit *OK*.

Beenden und starten Sie Excel erneut. Die zuvor ausgewählte Standardschrift ist dann aktiviert.

WICHTIGE INFORMATION

Üblich sind die Schriftarten »Arial« und »Times New Roman«. Die Schriftart »Lucida Handwriting« ähnelt einer Handschrift.

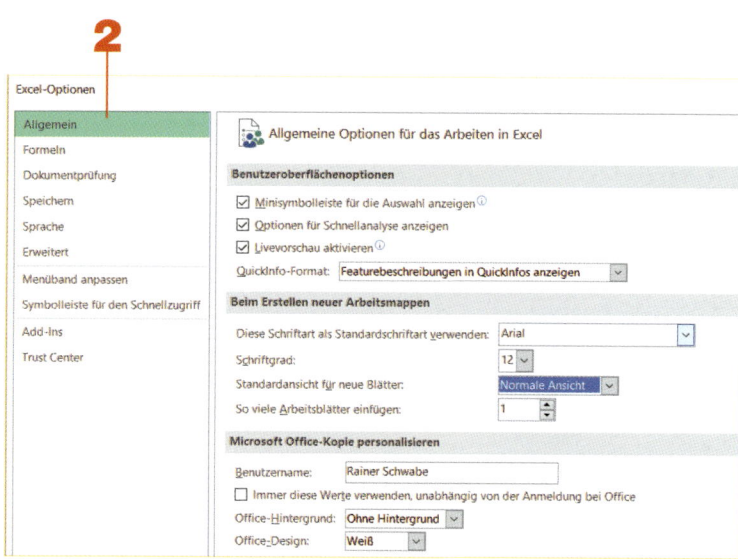

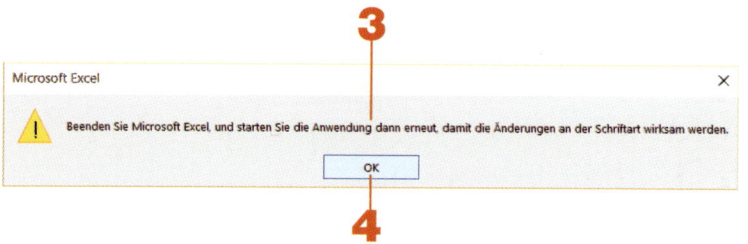

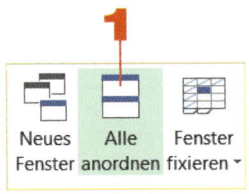

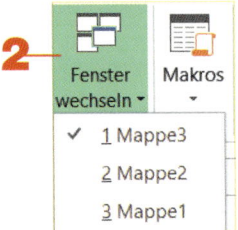

Schnell zwischen den Fenstern schalten

In Excel können Sie beliebig viele Dokumente aktivieren, die in verschiedenen Fenstern angezeigt werden.

1 ▶ In der Registerkarte *Ansicht* klicken Sie auf die Schaltfläche *Alle anordnen*, um alle aktiven Fenster anzuzeigen. Ein Doppelklick auf die Titelleiste schaltet eine Arbeitsmappe von der Fensteransicht zur Vollansicht.

2 ▶ Über die Schaltfläche *Fenster wechseln* holen Sie ein Fenster in den Vordergrund.

Mit Tastenkürzeln geht es noch schneller.

Tastenkombination	Erklärung
Strg+F10	Fenster schnell anordnen
Strg+F6	Zum nächsten Fenster wechseln
Strg+⇧+F6	Zum vorherigen Fenster wechseln

Ansichten einer Arbeitsmappe

In der Registerkarte *Ansicht* ändern Sie die Ansichten Ihrer Arbeitsmappe. Die Namen der Schaltflächen erklären schon die jeweiligen Auswirkungen.

1 ▶ Meistens ist die Schaltfläche *Normal* aktiviert.

2 ▶ Ferner haben Sie noch die Auswahl zwischen *Umbruchvorschau* und *Seitenlayout*. Die Umbruchvorschau zeigt den Seitenumbruch an.

3 ▶ Das Seitenlayout blendet Kopf- und Fußzeile ein.

4 ▶ Platzieren Sie den Mauszeiger für ein paar Sekunden auf einer Schaltfläche, erhalten Sie im Infofeld die Erklärung ihrer Funktion.

5 ▶ In der **Statusleiste** rechts unten können Sie diese Ansichten per Mausklick ebenfalls schnell ändern.

In der Registerkarte *Ansicht* können Sie ein- und ausblenden:

6 ▶ Gitternetzlinien,

7 ▶ Bearbeitungsleiste,

8 ▶ Spalten- und Zeilenbezeichnungen.

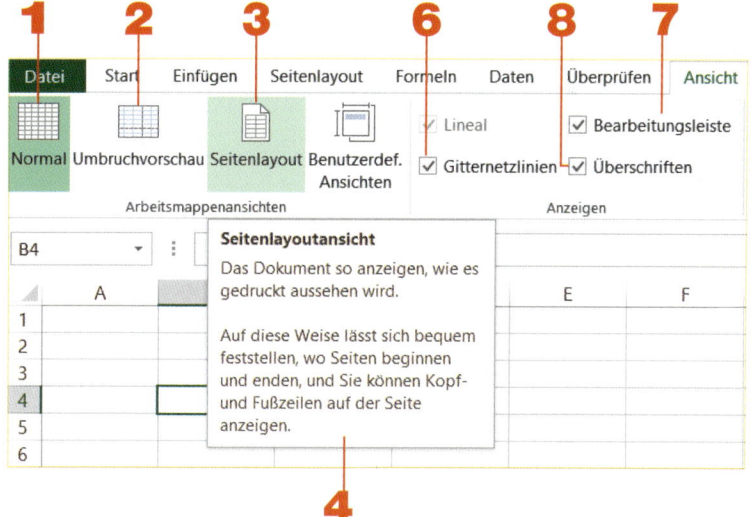

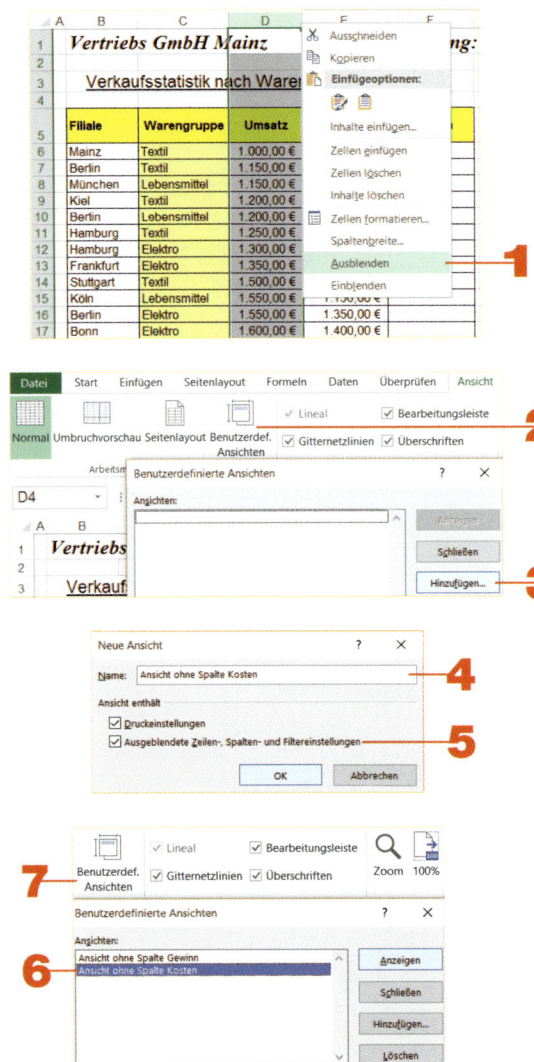

Leichter Ansichtenwechsel

Im Leben gibt es immer verschiedene Ansichten, so auch in Excel. Sie möchten Listen und Datenbanken verschieden auswerten und zum Beispiel jede Änderung in einer eigenen Ansicht beibehalten? Die unterschiedlichen Ansichten machen hier das Excel-Leben leichter und wesentlich übersichtlicher.

1 ▶ Passen Sie Ihre Liste an, indem Sie zum Beispiel eine Spalte ausblenden (rechter Mausklick auf die Spaltentrennlinie und *Ausblenden* wählen).

2 ▶ Aktivieren Sie in der Registerkarte *Ansicht* die Schaltfläche *Benutzerdef. Ansichten*.

3 ▶ Klicken Sie auf die Schaltfläche *Hinzufügen*.

4 ▶ Vergeben Sie für die aktuelle Ansicht einen Namen und bestätigen Sie mit *OK*.

5 ▶ Ändern Sie nun Ihre Liste bzw. Datenbank: filtern, sortieren, Spalten und Zeilen ausblenden … und so weiter.

6 ▶ Speichern Sie die neue Ansicht ab.

7 ▶ Jetzt können Sie über die Schaltfläche *Benutzerdef. Ansichten* zwischen den Ansichten hin- und herschalten.

Genauso wie Sie Spalten ein- und ausblenden, blenden Sie auch Zeilen ein und aus.

Schneller Ansichtenwechsel

Doch es geht noch einfacher: Einmal das passende Symbol in der *Symbolleiste für den Schnellzugriff* angelegt, können Sie diese für immer nutzen.

1 ▶ Wählen Sie unter *Datei* die *Optionen* und dann *Symbolleiste für den Schnellzugriff*.

2 ▶ Unter *Befehle auswählen* geben Sie *Alle Befehle* an und wählen darunter *Benutzerdefinierte Ansichten*.

3 ▶ Fügen Sie das Symbol über *Hinzufügen >>* in die Symbolleiste ein. Bestätigen Sie mit der Schaltfläche *OK*.

4 ▶ Das Symbol steht Ihnen daraufhin in der *Symbolleiste für den Schnellzugriff* zur Verfügung. Sie können nun die Ansichten per Auswahl schnell wechseln.

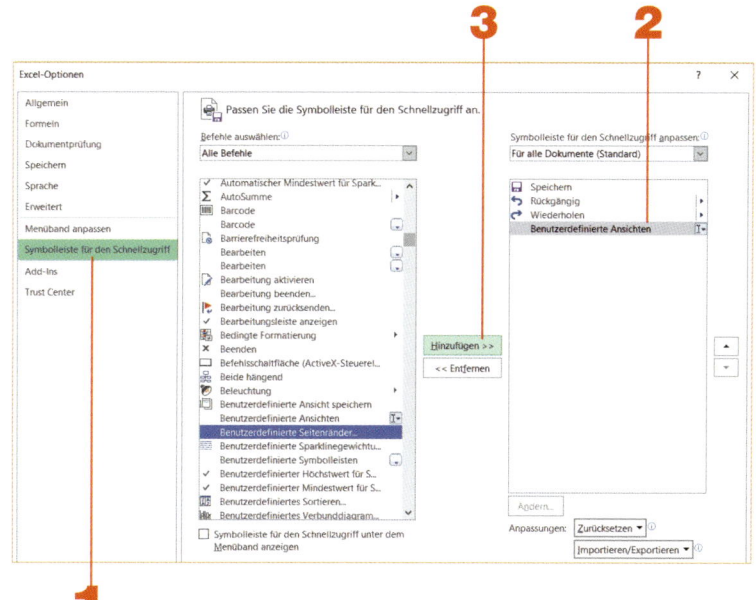

TIPP ➡ Beachten Sie die richtige Auswahl der Schaltfläche. Mit der anderen Schaltfläche gelangen Sie lediglich in das bereits bekannte Fenster. Doch wir möchten die Auswahl der Ansichten.

WICHTIGE INFORMATION

Sie können eine Schaltfläche in der *Symbolleiste für den Schnellzugriff* schnell löschen, indem Sie mit der rechten Maustaste auf die entsprechende Schaltfläche klicken und den Befehl *Aus der Symbolleiste für den Schnellzugriff entfernen* aktivieren.

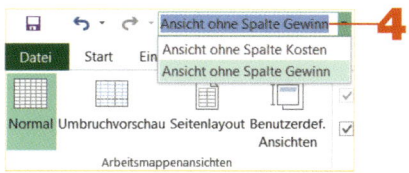

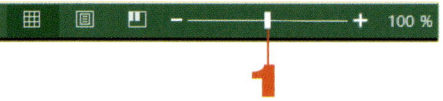

1

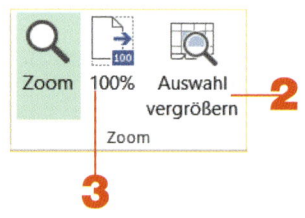

2

3

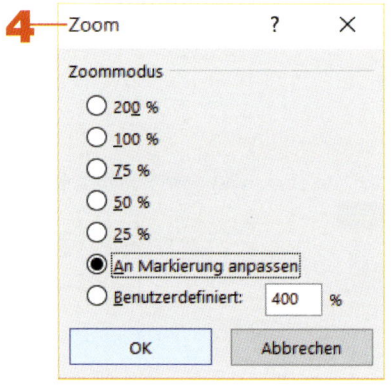

4

Was fürs Auge – der Zoom

Sie können die Ansicht auf Ihrem Bildschirm mithilfe des Zooms individuell vergrößern oder auch verkleinern.

Wichtig dabei ist: Die Schriftgröße ändert sich nicht bei einem späteren Ausdruck. Die Funktion dient nur zur besseren Darstellung auf dem Bildschirm.

1 ▶ Sie können den Zoom leicht in der *Statusleiste* am unteren Bildschirmrand ändern, indem Sie den Schieber mit der gedrückten linken Maus bewegen oder die Symbole – bzw. + anklicken.

2 ▶ Eine weitere Möglichkeit, den Zoom einzustellen, finden Sie in der Registerkarte *Ansicht*. Sie können den Zoom hier sogar auf eine markierte Auswahl vergrößern.

3 ▶ Zurück geht es zum Beispiel mit Klick auf die Schaltfläche *100%*.

4 ▶ Über die Schaltfläche *Zoom* erhalten Sie eine weitere Alternative. Sie öffnen dadurch das Dialogfeld Zoom, in dem Sie den *Zoommodus* ebenfalls detailliert einstellen können.

TIPP ➡ Mit gedrückter Strg-Taste und Mausrad können Sie den Zoom schnell einstellen.

Eine Leiste für den Status

Am unteren Rand des Excel-Bildschirms befindet sich die *Statusleiste*.

1 ▶ Klicken Sie mit der rechten Maustaste auf die Statusleiste, können Sie sie entsprechend den Angaben anpassen.

2 ▶ Alle Angaben, die mit einem Häkchen versehen sind, sind bereits aktiviert. Interessant sind aber auch zum Beispiel *Minimum* und/oder *Maximum*.

3 ▶ Markieren Sie Zellen mit Zahlen, erkennen Sie in der Statusleiste entsprechend die Funktionswerte.

4 ▶ Ein Mausklick auf das entsprechende Symbol startet die Aufzeichnung eines Makros.

> **TIPP** ➡ Sie können sich auch den durchschnittlichen Wert (= Mittelwert) mehrerer Zellinhalte anzeigen lassen. Die Angabe *Anzahl* zählt nur Zellen, wenn diese eine Zahl oder einen Text beinhalten.

> **TIPP** ➡ Die Einblendung von Mittelwert, Anzahl, Minimum, Maximum oder Summe in der Statusleiste erfolgt nur dann, wenn mindestens zwei Zellen markiert sind.

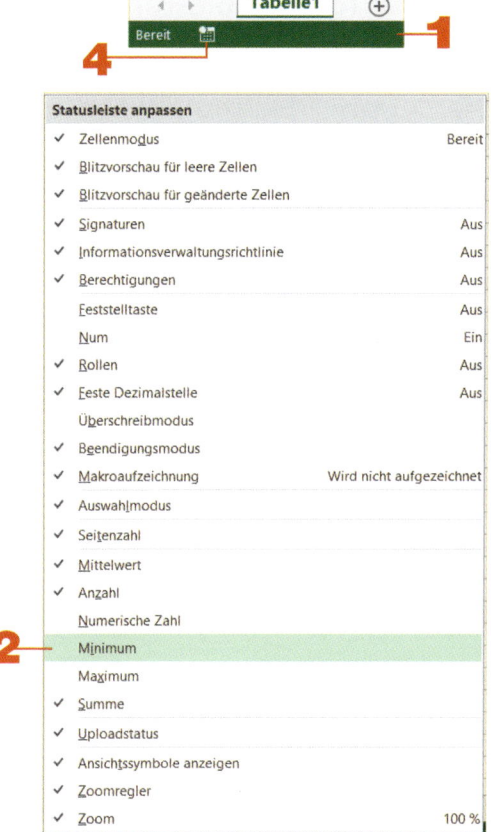

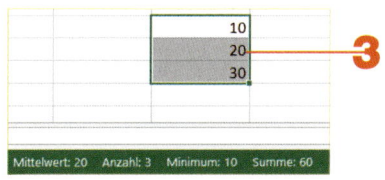

Die Anzahl der Tabellenblätter erhöhen

Tabellenblätter wie in der »guten, alten Zeit«. In den Vorgängerversionen wurden meist unten drei Tabellenblätter angezeigt. In den neueren und natürlich auch in der aktuellen Excel-Version 2016 wird im leeren Dokument zunächst ein Tabellenblatt angezeigt: *Tabelle1*. Weitere Tabellenblätter hinzuzufügen, geht ganz einfach.

> **TIPP** ➡ Anstatt über *Datei* und *Optionen* zu gehen, können Sie auch die Tastenkombination Alt+D+O drücken.

1▶ Mit einem Klick auf das Plus-Symbol erzeugen Sie neue Tabellenblätter.

2▶ Bei Excel 2016 ist automatisch nur ein Tabellenblatt eingestellt. Das können Sie ändern: Wählen Sie unter *Datei* die *Optionen* aus. Unter den *Excel-Optionen* ist *Allgemein* bereits aktiviert.

3▶ Geben Sie unter *Beim Erstellen neuer Arbeitsmappen* die Anzahl der Tabellenblätter an, die standardmäßig erscheinen sollen. Bestätigen Sie Ihre Einstellungen mit der Schaltfläche *OK*.

1

2

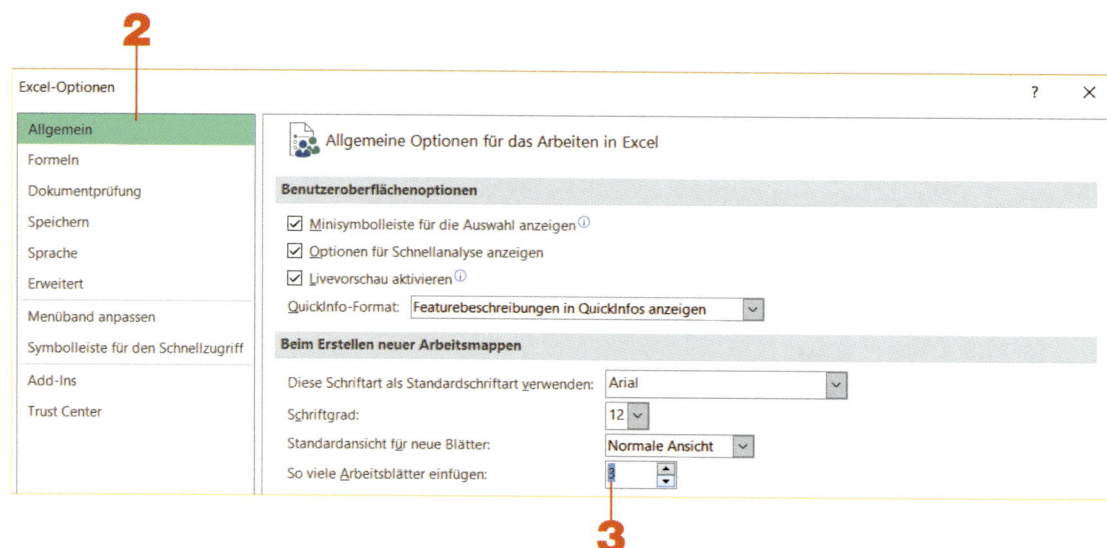

3

Was möchten Sie tun?

1 ▶ Diese Frage ist Ihnen bestimmt schon aufgefallen. Möchten Sie eine Funktion ausüben und/oder die Hilfe in Anspruch nehmen, sind Sie hier genau richtig.

2 ▶ Tippen Sie Ihren Begriff ein. Beim Eintippen können Sie die Funktion ausüben oder eine Hilfe dazu suchen.

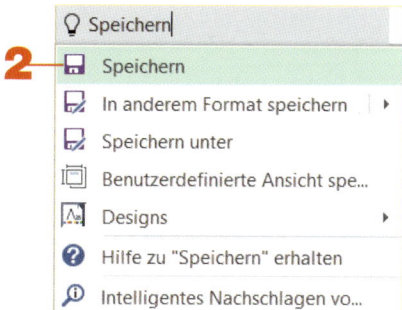

3 ▶ Abhängig davon, was Sie eintippen, wird Ihnen die Funktion oder die Hilfe angezeigt.

TIPP ➡ Über die Tastenkombination Alt + M können Sie *Was möchten Sie tun?* sofort in Anspruch nehmen.

WICHTIGE INFORMATION

Man muss hier genau wissen, was man will. Perfekt ausgereift ist die Sache noch nicht. Aber sollten Sie eine frühere Funktion suchen, ist *Was möchten Sie tun?* eine gute Hilfe.

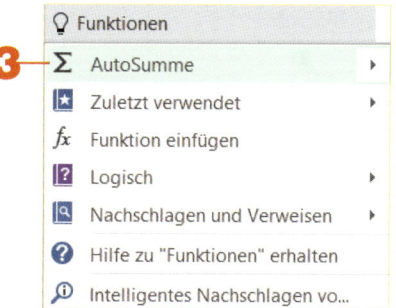

TIPP ➡ Man vermisst ein wenig die Schaltfläche mit dem ? aus früheren Versionen zum Aufrufen der Hilfe. Über die F1-Taste können Sie diese immer noch direkt starten.

Ihr persönliches Menü

Sie können natürlich auch das Menüband ganz nach Ihren Wünschen anpassen. Dazu gibt es ebenfalls mehrere Möglichkeiten.

1 ▶ Klicken Sie mit der rechten Maustaste auf eine Registerkarte und wählen Sie den Befehl *Menüband anpassen* aus.

2 ▶ Sie können nun Registerkarten aktivieren, deaktivieren oder umbenennen und das Menüband beliebig mit eigenen Registern, Gruppen und Symbolen erweitern.

3 ▶ Möchten Sie eine neue Registerkarte anlegen, erstellen Sie zunächst die Gruppe.

Ein anderer Weg mit dem gleichen Ziel zum *Menüband anpassen*: 1.) *Datei* 2.) *Optionen* 3.) *Menüband anpassen*.

Persönliche Registerkarten

Möchten Sie Excel mal so ganz persönlich gestalten, benennen Sie einfach die Registerkarten in Namen um, die Sie schon immer hier sehen wollten.

Das können die Namen von Fußballvereinen, Musikern, Schauspielern oder die Ihrer Familie sein. Lassen Sie Ihrer Fantasie einfach freien Lauf ...

1 ▶ Aktivieren Sie in der Liste *Hauptregisterkarten* eine Register-karte.

2 ▶ Wählen Sie die Schaltfläche *Umbenennen*.

3 ▶ Vergeben Sie einen beliebigen Namen.

4 ▶ Bestätigen Sie zweimal mit der Schaltfläche *OK*, und die Re-gisterkarte hat einen neuen Namen.

5 ▶ Über die Schaltfläche *Zurücksetzen* geht's zurück zum Urzu-stand.

WICHTIGE INFORMATION

Unter *Menüband anpassen* können Sie sich auch weitere und andere Register-karten anzeigen lassen.

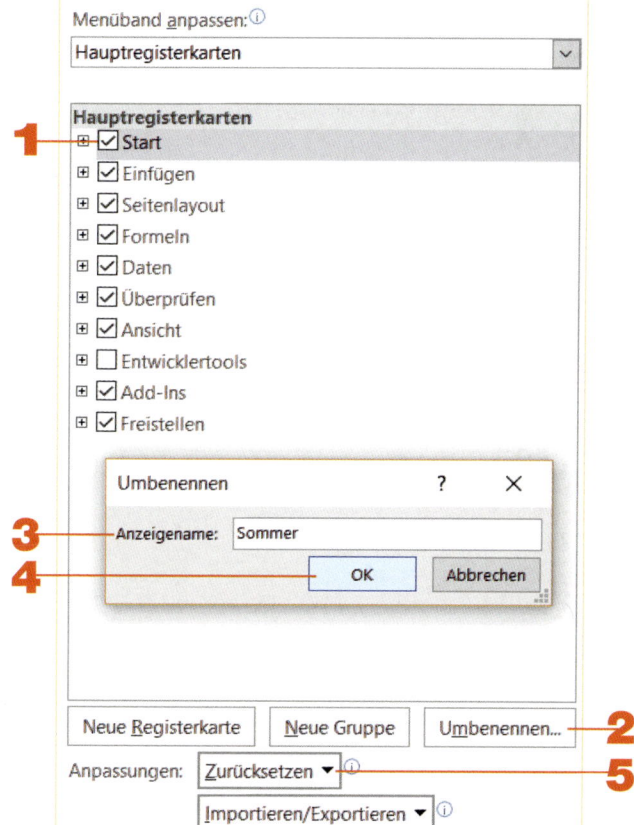

Damit die Schnellleiste auch schnell ist

Was Sie häufig brauchen, legen Sie in der *Symbolleiste für den Schnell-zugriff* an. Hört sich einfach an – ist es auch. Wie Sie Ihre *Symbolleis-te für den Schnellzugriff* zusammenstellen, bleibt natürlich Ihnen über-lassen. Die nächsten Schritte sind für Sie als Beispiel gedacht, um Ihnen die Vorgehensweise zu erläutern.

1 ▶ Klicken Sie in der Registerkarte *Start* mit der rechten Maus-taste auf die Schaltfläche *Fett*.

2 ▶ Bestätigen Sie mit dem Befehl *Zu Symbolleiste für den Schnell-zugriff hinzufügen*.

3 ▶ Das Ergebnis: Die Schaltfläche *Fett* lässt sich nun auch über die *Symbolleiste für den Schnellzugriff* aktivieren.

TIPP ➡ Auf gleiche Art und Weise binden Sie die Befehle ein, die Sie häufig benötigen. Doch Sie sollten beachten: Binden Sie nicht zu viele Befehle ein, denn dann kann von Schnellzugriff keine Rede mehr sein.

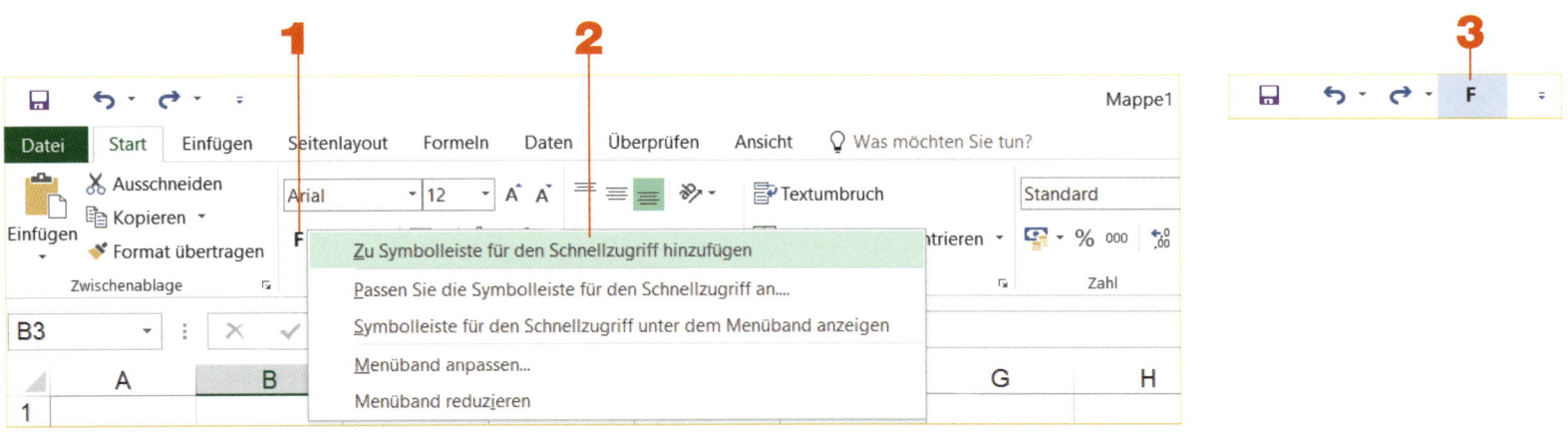

Befehle schnell wieder entfernen ...

Genauso leicht wie das Einbinden eines Symbols ist das Löschen aus der *Symbolleiste für den Schnellzugriff*.

1 ▶ Bewegen Sie den Mauszeiger auf das betreffende Symbol in der *Symbolleiste für den Schnellzugriff* und drücken Sie die rechte Maustaste.

2 ▶ Klicken Sie auf den Befehl *Aus Symbolleiste für den Schnellzugriff entfernen*.

Das Symbol ist direkt wieder aus der Schnellzugriffsleiste entfernt.

TIPP ➡ Möchten Sie Ihre Befehle in der Symbolleiste für den Schnellzugriff neu anordnen, wählen Sie im Kontextmenü *Passen Sie die Symbolleiste für den Schnellzugriff an*. In der rechten Hälfte des Dialogfeldes sehen Sie dann die Schaltflächen der Symbolleiste und können diese neu anordnen (siehe auch Seite 39).

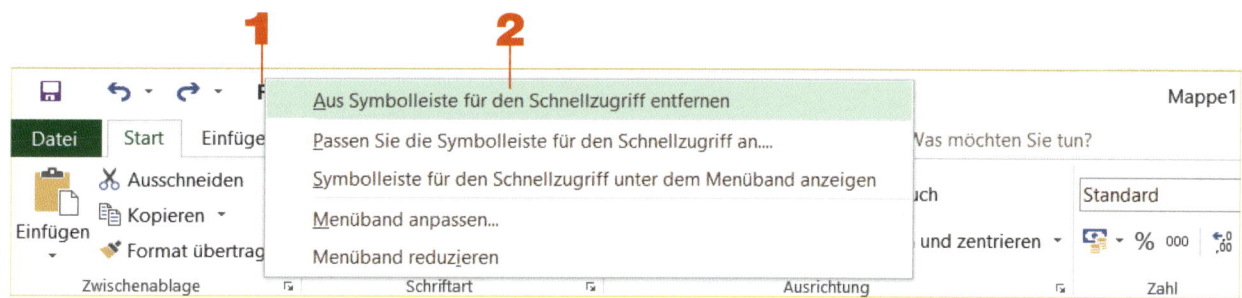

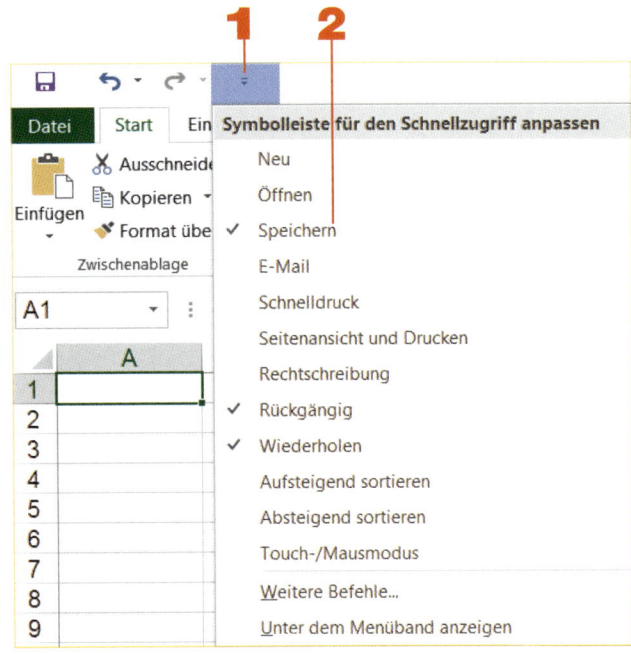

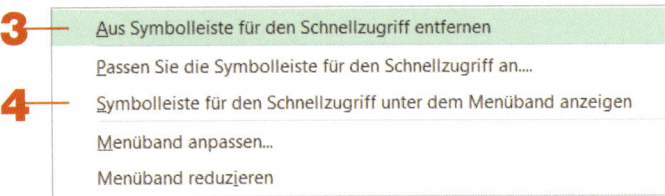

So haben Sie wichtige Befehle im Griff

Keine Umwege, schnelle Mausklicks. Lang sind die Wege übers Menü *Datei*. Schneller geht es, wenn Sie die Symbole in der *Symbolleiste für den Schnellzugriff* platzieren.

1 ▶ Öffnen Sie die Auswahl in der *Symbolleiste für den Schnellzugriff*.

2 ▶ Die Einträge mit Häkchen sind bereits in der *Symbolleiste für den Schnellzugriff* platziert. Weitere angezeigte Befehle können hier schnell eingebunden werden.

Sie können ein Symbol aus der *Symbolleiste für den Schnellzugriff* wieder entfernen, indem Sie denselben Weg wie beim Einfügen eines Symbols gehen und das Häkchen vor dem Eintrag entfernen.

3 ▶ Schneller geht es mit einem rechten Mausklick auf das entsprechende Symbol in der *Symbolleiste für den Schnellzugriff*. Wählen Sie hier *Aus Symbolleiste für den Schnellzugriff entfernen*.

4 ▶ Sie können die *Symbolleiste für den Schnellzugriff* auch unter dem Menüband platzieren, indem Sie die Option *Symbolleiste für den Schnellzugriff unter dem Menüband anzeigen* aktivieren. Auf gleiche Art und Weise geht es auch wieder zurück.

Weitere Befehle

Viele Wege führen nach Rom – genau wie hier. Die schnellste Methode, um die *Symbolleiste für den Schnellzugriff* anzupassen, ist sicherlich wieder der Weg über die rechte Maustaste.

1 ▶ Klicken Sie mit der rechten Maustaste auf die *Symbolleiste für den Schnellzugriff*.

2 ▶ Wählen Sie den Befehl *Passen Sie die Symbolleiste für den Schnellzugriff an...*

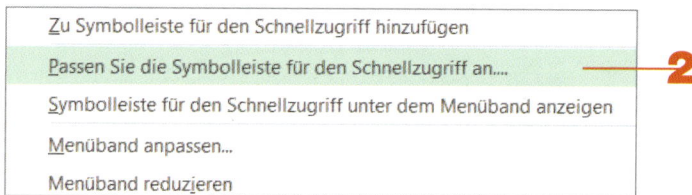

Noch ein anderer Weg ist:

3 ▶ Öffnen Sie die Auswahl bei der *Symbolleiste für den Schnellzugriff*.

4 ▶ Weiter geht es hier dann über den Eintrag *Weitere Befehle...* .

Egal, welchen Weg Sie gewählt haben, Sie kommen ins selbe Dialogfeld.

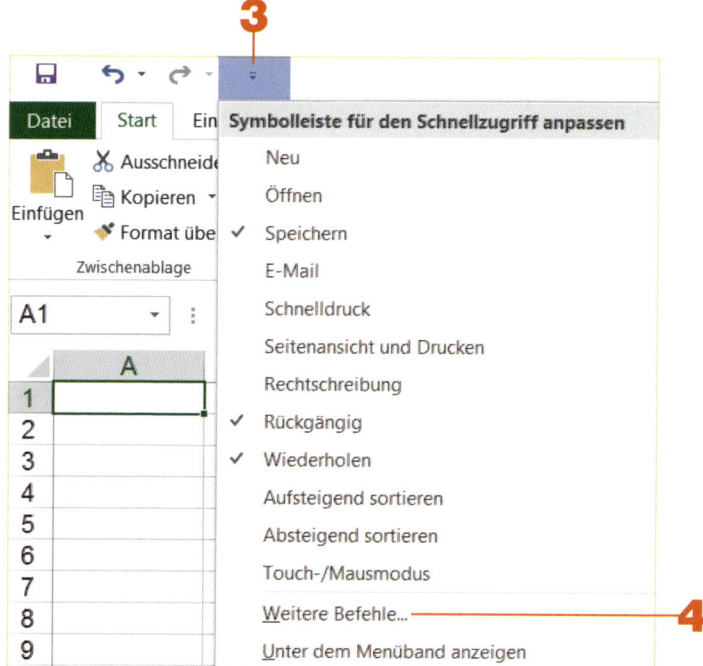

WICHTIGE INFORMATION

Ein anderer Weg mit dem gleichen Ziel:

1.) *Datei* 2.) *Optionen* 3.) *Symbolleiste für den Schnellzugriff*

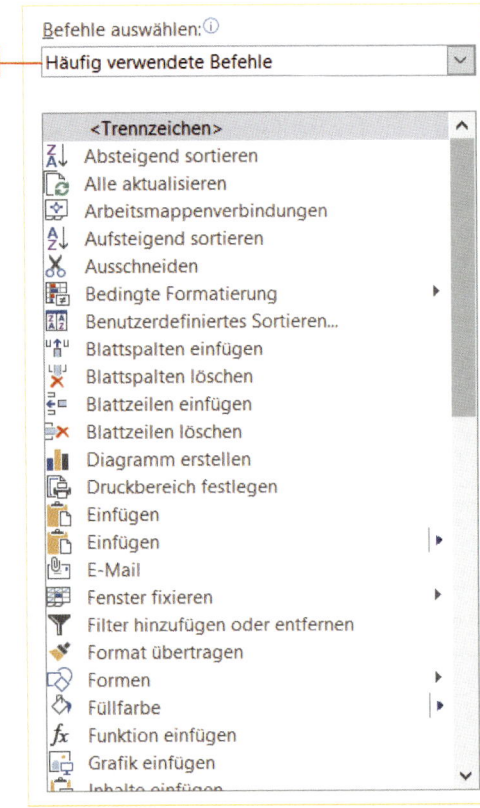

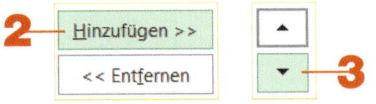

Befehle auswählen

Sie befinden sich in der Schaltzentrale für die *Symbolleiste für den Schnellzugriff*. Hier können Sie die Leiste ergänzen, bearbeiten und/ oder sortieren.

1 ▶ Bei *Befehle auswählen* erkennen Sie zunächst *Häufig verwendete Befehle*. Wählen Sie hier einen Befehl aus.

2 ▶ Über die Schaltfläche *Hinzufügen >>* platzieren Sie die ausgewählten Befehle in der *Symbolleiste für den Schnellzugriff*.

3 ▶ Über die Pfeile nach oben und nach unten ordnen Sie die *Symbolleiste für den Schnellzugriff* nach Ihren eigenen Wünschen.

Sobald Sie *OK* drücken, ist die Symbolleiste neu angeordnet.

Klicken Sie auf den ersten Befehl – das wäre hier *<Trennzeichen>* – und geben Sie den Anfangsbuchstaben über die Tastatur ein. Excel springt direkt zu den Befehlen, die mit diesem Buchstaben beginnen.

Alle Befehle

Es gibt so viele Befehle, dass nicht alle in den Registerkarten berücksichtigt werden können. Vermissen Sie den einen oder anderen Befehl aus früheren Zeiten bzw. älteren Excel-Versionen? Dann können Sie hier fündig werden …

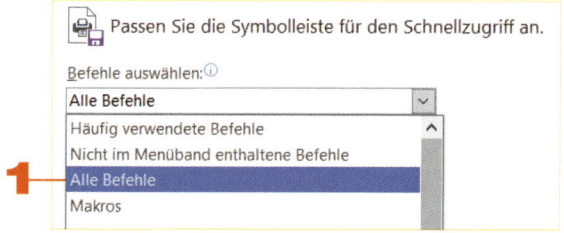

1 ▶ Wählen Sie unter *Befehle auswählen* die Option *Alle Befehle* aus, stehen Ihnen sämtliche vorhandenen Befehle zur Verfügung. Nun können Sie scrollen und sich Ihren Befehl aussuchen.

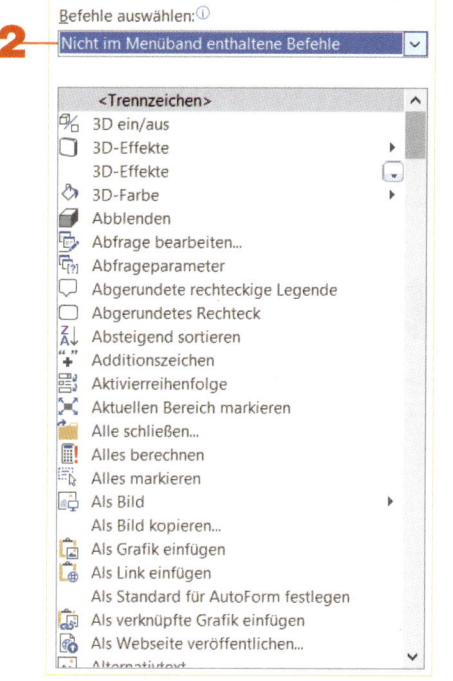

2 ▶ Eine große Hilfe! Nicht bereits im Menüband erwähnte Befehle finden Sie im Drop-down-Menü unter *Nicht im Menüband enthaltene Befehle*.

3 ▶ Und falls Ihnen das alles zu viel wird, können Sie bei *Anpassungen* die Schaltfläche *Zurücksetzen* aktivieren und den Standard wiederherstellen.

> **TIPP** ➡ Klicken Sie einen Befehl an und tippen Sie einen Buchstaben über Ihre Tastatur ein. Excel springt zu dem ersten Befehl, der mit diesem Buchstaben beginnt.

Befehle schnell wiederholen

1 ▶ In der *Symbolleiste für den Schnellzugriff* sind die Befehle *Rückgängig* und *Wiederherstellen* bereits vorhanden.

Mit dem Befehl *Wiederholen* wiederholen Sie Ihren letzten Befehl. Diese praktische Funktion können Sie ebenfalls in die Symbolleiste einfügen.

2 ▶ Öffnen Sie die Auswahl bei der *Symbolleiste für den Schnell-zugriff*.

3 ▶ Weiter geht es hier dann über den Eintrag *Weitere Befehle*.

4 ▶ Wählen Sie den Befehl *Wiederholen* aus.

5 ▶ Über die Schaltfläche *Hinzufügen* >> platzieren Sie die ausge-wählte Funktion in der Symbolleiste für den Schnellzugriff.

Taste/Tastenkombination	Funktion
Strg + Z	Rückgängig
Strg + Y	Wiederherstellen
Strg + ⇧ + F6	Wiederholen

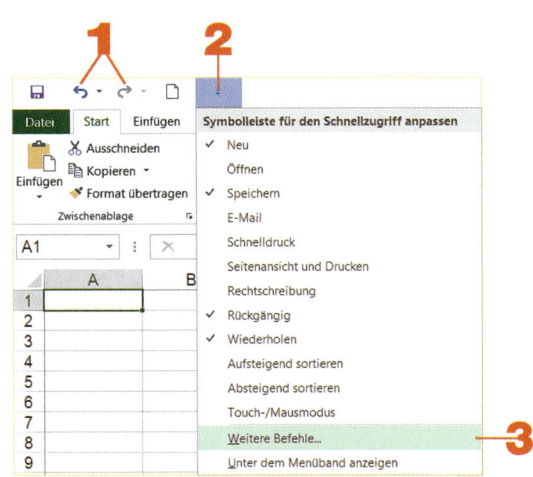

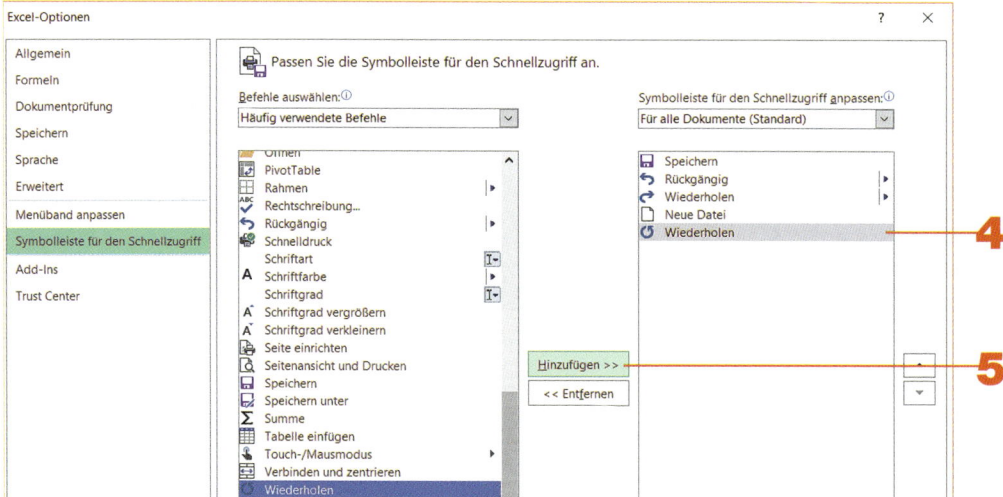

Excel-Optionen

1 Um Excel nach Ihren Wünschen und Anforderungen zu gestalten, besuchen Sie am besten unter *Datei/Optionen* die *Excel-Optionen*, in denen Sie zahlreiche Einstellungsmöglichkeiten finden.

Eine Option – aktiviert oder deaktiviert – ändert die entsprechende Einstellung in Excel.

2 Die Optionen sind unterteilt in die Kategorien *Allgemein*, *Formeln*, *Dokumentprüfung*, *Speichern*, *Sprache* und *Erweitert*, wobei unter *Erweitert* die meisten Optionen zu finden sind.

3 Interessant für Sie könnte die Optionenkategorie *Speichern* sein. Hier finden Sie Dateiformate und Speicherorte zum Beispiel für die automatische Wiederherstellung von Dateien.

TIPP Sie gelangen schnell über die Tastenkombination Alt+D+O zu den *Excel-Optionen*.

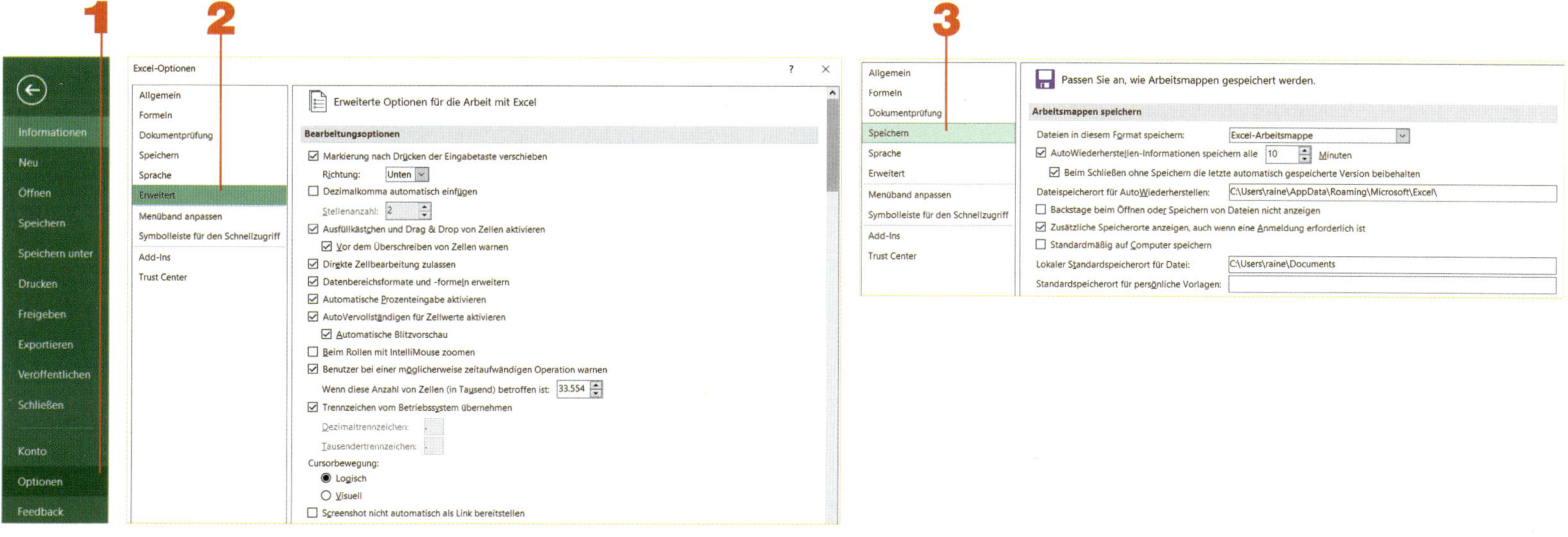

Das Kapitel im Überblick

Excel: das A & O

Aller Anfang ist schwer, aber nicht bei Excel. Nach dem Start erscheint die Benutzeroberfläche von Excel – na klar! Bei Excel kann man leicht den Überblick verlieren, da das Programm sehr viel bietet. Um den Überblick zurückzugewinnen, fasse ich im Folgenden alle wichtigen Grundfunktionen kurz und übersichtlich für Sie zusammen.

In der Titelleiste erkennen Sie den Namen der Arbeitsmappe, mit der Sie im Moment arbeiten. In Excel bezeichnet man die Blätter, die Sie bearbeiten, als Arbeitsmappe.

Eine Zelle ist nicht nur eine Zelle – sie hat auch Format bzw. Formate. Hier gibt es einige und Sie können selbst welche anlegen. Das Entfernen von Formaten in Zellen ist gar nicht so leicht, denn man sieht die Formate nicht und ein Drücken der Entf-Taste reicht hier nicht aus.

Wichtig sind auch die Bezüge. Steht ein Wert für eine Berechnung fest in einer Zelle, muss das Excel über eine Fixierung angegeben werden.

Nur mit diesem Verständnis können Sie die Vorteile von Excel nutzen.

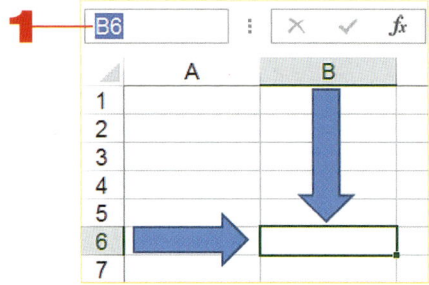

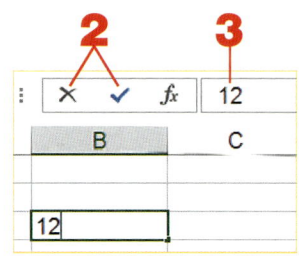

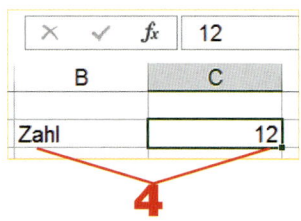

A1, B2, C3 …

Excel ist eine Software, um Tabellenkalkulationen durchzuführen, und bei einer Tabellenkalkulation geht es hauptsächlich um Zahlen. In Excel arbeiten Sie mit Zeilen und Spalten. Dort, wo sie sich treffen, ist eine **Zelle**. Der Name einer Zelle führt zuerst die Spalte, dann die Zeile auf: A1, B2, D10 … erinnert ein wenig an das Spiel »Schiffe versenken«.

1 ▶ Das Namenfeld zeigt Ihnen an, wo Sie sich gerade befinden.

2 ▶ Geben Sie etwas ein, werden die Symbole *Abbrechen* und *Eingeben* eingeblendet. Nur während der Eingabe sind diese aktiv.

3 ▶ Zellinhalte erkennen Sie immer in der **Bearbeitungsleiste**.

4 ▶ **Texte** richten sich nach der Eingabe nach **links** aus, **Zahlen** dagegen nach **rechts**.

WICHTIGE INFORMATION

Zellinhalte können auch gedreht werden. In der Registerkarte *Start* können Sie im Bereich *Ausrichtung* die genaue Gradzahl der Drehung auswählen. Geben Sie zum Beispiel den Wert »0« ein, richtet sich der Zellinhalt wieder normal aus.

Banal wichtig: Mauszeiger

Sie gelangen von einer Zelle in die nächste, indem Sie einfach die gewünschte Zelle mit der Maus anklicken. Entscheidend ist immer das **Aussehen des Mauszeigers**. Er spricht förmlich mit Ihnen. Entscheidend ist, wohin Sie ihn bewegen.

1 ▶ Platzieren Sie den Mauszeiger **in den Eingabekasten** und bewegen Sie ihn mit gedrückter linker Maustaste in die anderen Zellen, markieren Sie Zellen.

2 ▶ Bewegen Sie den Mauszeiger auf den **Rand des Eingabekastens** (auch Zellzeiger genannt), nimmt der Mauszeiger die hier gezeigte Form an, und Sie können Zellinhalte bequem mit der linken gedrückten Maustaste verschieben. Halten Sie zusätzlich die Strg-Taste gedrückt, kopieren Sie.

3 ▶ Platzieren Sie den Mauszeiger auf das kleine Quadrat (**Ausfüllkästchen** genannt) am Zellzeiger, können Sie mit gedrückter linker Maustaste in die benachbarten Zellen kopieren.

4 ▶ Das geht aber nur, wenn Sie den Mauszeiger präzise auf das Ausfüllkästchen platzieren und der Mauszeiger die Form des hier gezeigten Kreuzes hat.

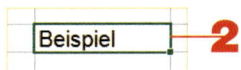

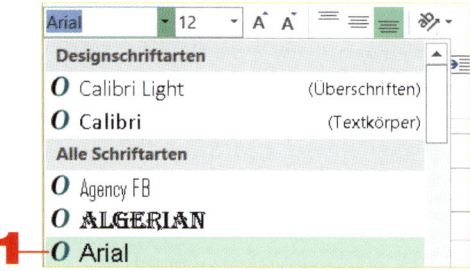

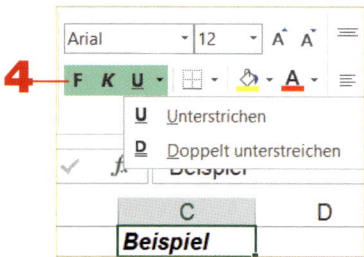

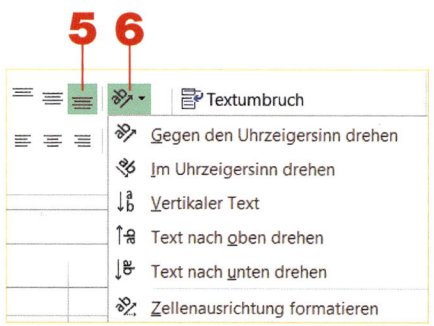

Schriften – fett, kursiv, groß, klein

In der Gruppe *Schriften* in der Registerkarte *Start* erhalten Sie verschiedene Gestaltungsmöglichkeiten für Texte und Zahlen in Zellen. Das gilt für die aktivierte Zelle wie auch für markierte Zellbereiche.

1 ▶ Wählen Sie hier die Schriftart, indem Sie die Auswahl öffnen. Sie gilt aber nur für die aktivierte Zelle und/oder den markierten Zellbereich. Die Schriftart auf Dauer, also die **Standardschrift,** legen Sie unter *Datei/Optionen/Allgemein* fest.

2 ▶ Ändern Sie die Schriftgröße über die Auswahl.

3 ▶ Pro Mausklick auf die A-Schaltflächen verkleinern oder vergrößern Sie die Schriftgröße um einen Punkt.

4 ▶ Inhalte von Zellen können fett, kursiv und/oder unterstrichen dargestellt werden.

5 ▶ Über dieses Symbol richten Sie den Inhalt von Zellen entsprechend aus: links, mittig, rechts und so weiter.

6 ▶ Über die *Ausrichten*-Symbole drehen Sie die Zellinhalte entsprechend der Auswahl.

Farbe in Zellen bekennen

In den Excel-Zellen können Sie sowohl für den Hintergrund als auch für die Schrift die Farbe ändern. Sie können direkt auf die Schaltfläche klicken oder die Auswahl neben der Schaltfläche öffnen.

1 ▶ Öffnen Sie die Auswahl neben dem Symbol *Füllfarbe*, können Sie eine andere Farbe festlegen. Und zurück geht es mit der Hintergrundfarbe »Weiß«.

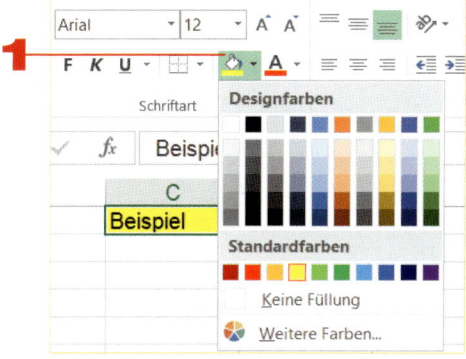

2 ▶ Öffnen Sie die Auswahl neben der Schaltfläche *Schriftfarbe*, können Sie hier auch eine andere Farbe auswählen. Und zurück geht es mit der Schriftfarbe »Schwarz« oder der Angabe *Automatisch*.

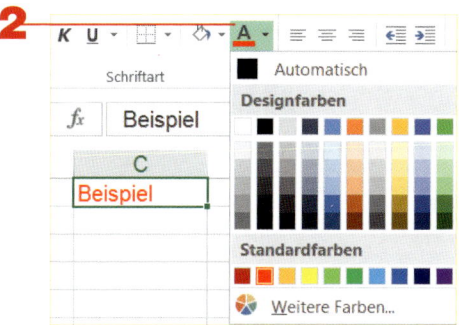

WICHTIGE INFORMATION

Klicken Sie direkt auf die Schaltfläche, ist die ausgewählte Farbe so lange aktiv, bis Sie wieder eine andere auswählen.

3 ▶ Ändern Sie die Schriftfarbe auf »Weiß« und behalten Sie einen weißen Hintergrund, erkennen Sie nichts, da weiß auf weiß. Der Inhalt der Zellen ist aber da. Das erkennen Sie in der Bearbeitungsleiste.

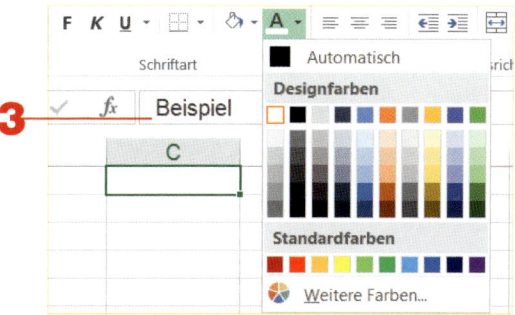

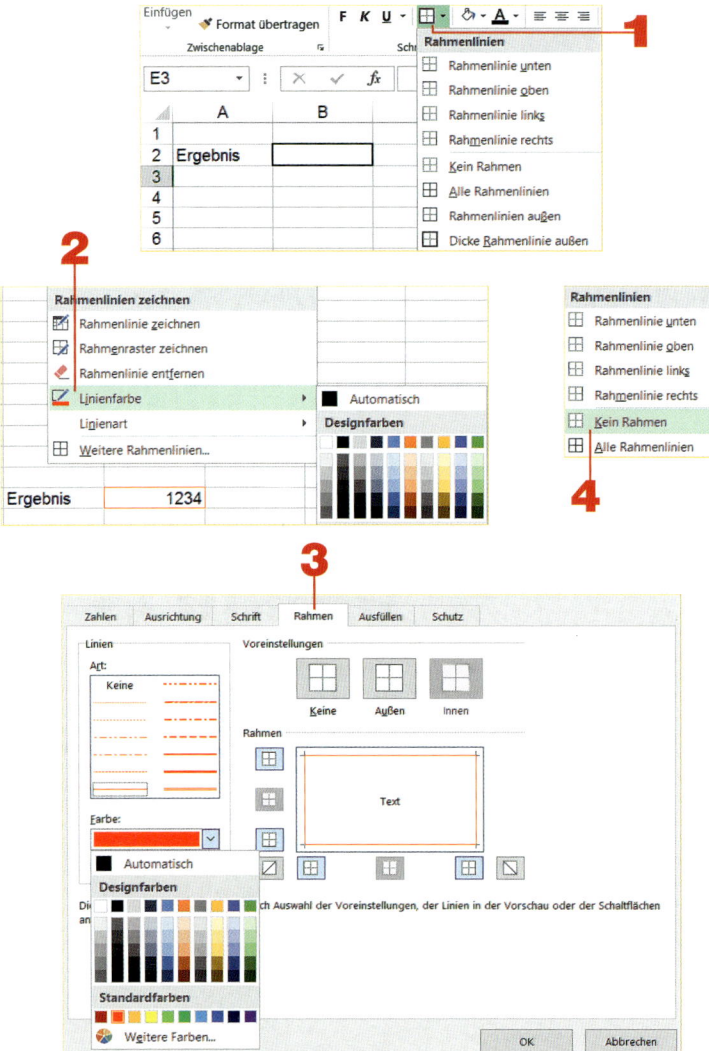

Ergebnisse einrahmen

Zellen und/oder Zellbereiche können optisch durch einen Rahmen hervorgehoben werden.

1 ▶ Öffnen Sie die Auswahl neben dem Symbol für Rahmen, erhalten Sie eine Auswahl. Entsprechend der Angaben werden die Zellen eingerahmt.

2 ▶ Möchten Sie die Linienfarbe und/oder Linienart ändern, geben Sie das hier im Untermenü an. Der Mauszeiger wandelt sich zu einem Stift und Sie klicken die entsprechende Zelle an.

3 ▶ Über den Eintrag *Weitere Rahmenlinien* gelangen Sie in das Dialogfeld *Zellen formatieren* mit der Registerkarte *Rahmen* im Vordergrund. Hier können Sie Linien und Farben mit einem Mausklick ändern.

4 ▶ Möchten Sie die Rahmenform wieder aufheben, wählen Sie im Menü *Kein Rahmen*.

WICHTIGE INFORMATION

Klicken Sie direkt auf die Schaltfläche, ist die ausgewählte Rahmenform so lange aktiv, bis Sie wieder eine andere auswählen.

Rahmen können auch über Tasten eingefügt oder entfernt werden. Einen Rahmen setzen können Sie mit `Strg`+`⇧`+`-`, einen Rahmen entfernen mit `Strg`+`⇧`+`<`.

Zellen verbinden und zentrieren

Zusammengehörige Zellen werden in Excel **Tabelle** bzw. **Liste** genannt.

Bei der Erstellung einer Liste kann es sein, dass die Überschrift über den anderen Spalten nicht zentriert ausgerichtet ist. Das können Sie leicht beheben.

1 ▶ Markieren Sie zunächst die entsprechenden Zellen.

2 ▶ Klicken Sie in der Registerkarte *Start* auf die Schaltfläche *Verbinden und zentrieren*.

3 ▶ Die Zellen werden quasi miteinander verbunden. Mehrere Zellen werden dadurch zu einer. Der Inhalt wird zentriert über den Spalten dargestellt.

4 ▶ Möchten Sie diesen Zellverbund wieder aufheben, wählen Sie über die Schaltfläche *Verbinden und zentrieren* den Befehl *Zellverbund aufheben*.

> **TIPP** ➡ Bei einem Zellverbund betrachtet Excel diesen als eine Zelle. Beachten Sie, dass die Anwendung einiger Funktionen dabei schwierig ist. So können Sie z. B. nicht die AutoSumme einer gesamten Spalte bilden – hier im Beispiel =SUMME(F:F).

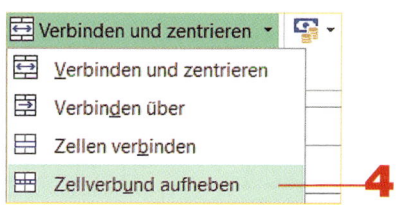

Mit Excel rechnen

Wie Sie mit Excel rechnen können, wissen Sie sicherlich schon ... Die Rechenzeichen, die Sie brauchen, sind +, -, * und /. Buchstaben richten sich in einer Zelle immer nach links aus, Zahlen dagegen nach rechts, und schon kann es losgehen. Excel rechnet eigentlich nicht mit Zahlen, sondern mit Zellinhalten. Sobald Sie das Gleichheitszeichen über die Tastatur eingeben, weiß Excel, dass es rechnen soll.

Rechenoperation	Zeichen
Addition	+
Subtraktion	-
Multiplikation	*
Division	/

1 ▶ Geben Sie das Gleichheitszeichen (=) über die Tastatur ein. Eine Formeleingabe muss nun folgen.

2 ▶ Klicken Sie die erste Zelle an. Geben Sie das Rechenzeichen über die Tastatur ein.

3 ▶ Klicken Sie die zweite Zelle an.

4 ▶ Bestätigen Sie den Abschluss der Formel über das Symbol *Einge-ben* in der **Bearbeitungsleiste**.

Wenn Sie die Taste ⏎ drücken, wandert der Zellzeiger nach unten, drücken Sie ⇧+⏎, bewegt er sich nach oben.

Einer negativen Zahl müssen Sie ein Minuszeichen voranstellen.

Soll ein Rechenzeichen als Text eingegeben werden, tippen Sie vor der Eingabe ein Hochkomma ' über die Tasten ⇧+# ein.

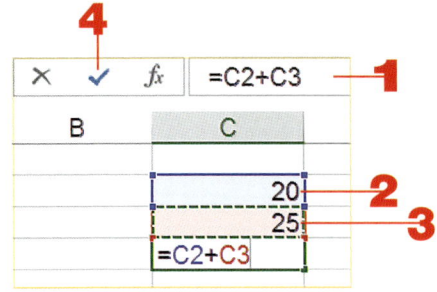

Schnell zum Ergebnis kommen (1)

Excel ist eine Software zum Rechnen – manchmal geht es schneller, als man denkt. Kein Problem, wenn es immer die gleiche Rechenart ist. So ermittelt Excel in Tabellen schnell die Summen. Damit entfällt die wiederholte Eingabe des Rechenzeichens +.

Stellen Sie Ihre Berechnung auf. Klicken Sie in die Zelle, in der das Ergebnis stehen soll.

1 ▶ Klicken Sie auf die Schaltfläche *AutoSumme* oben rechts in der Gruppe *Bearbeiten*.

2 ▶ Excel schlägt mit einer Markierung einen Zellbereich vor. Beenden Sie die Eingabe.

3 ▶ Liegen die Zellen nicht zusammen, klicken Sie mit gedrückter Strg-Taste die einzelnen Bereiche an und beenden dann die Eingabe.

4 ▶ Mit dem Befehl *=SUMME(Spalte:Spalte)* summieren Sie sämtliche Zahlenwerte einer Spalte. Das Gleiche können Sie natürlich auch bei Zeilen angeben.

TIPP ➡ Sie können mit Funktionen auch rechnen, so ergibt die Formel *=2*SUMME(A1:A3)* das Doppelte einer Summe.

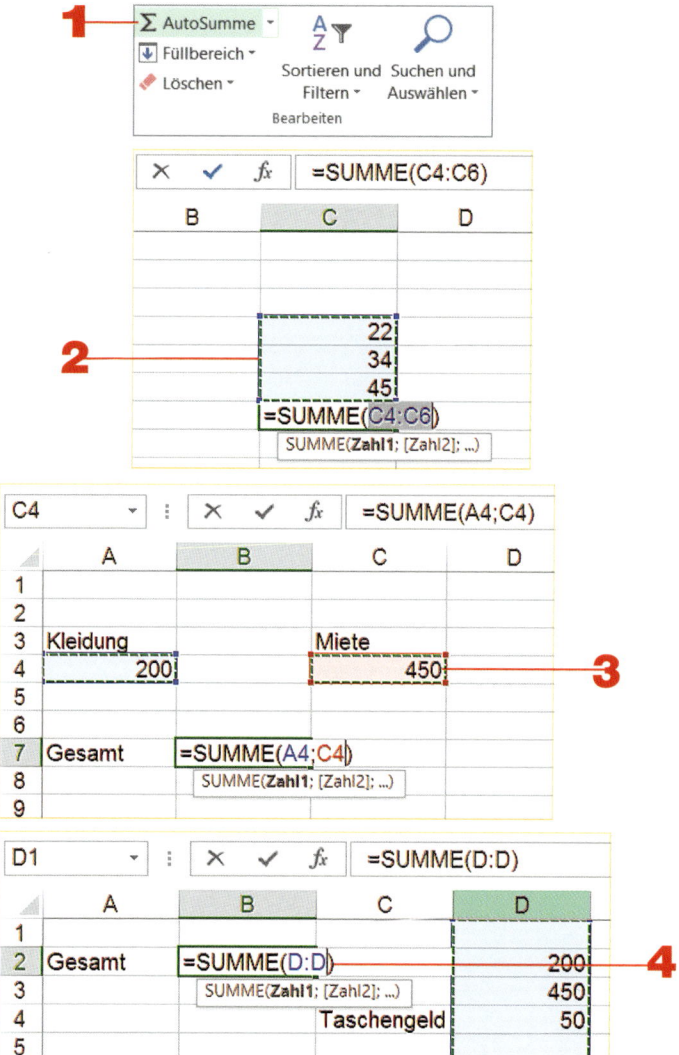

51

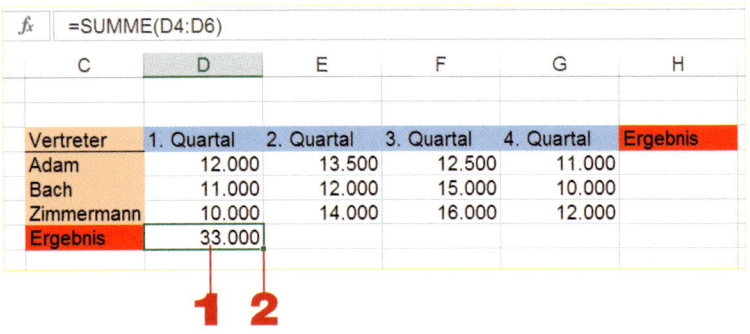

f_x	=SUMME(D4:D6)					
	C	D	E	F	G	H
	Vertreter	1. Quartal	2. Quartal	3. Quartal	4. Quartal	Ergebnis
	Adam	12.000	13.500	12.500	11.000	
	Bach	11.000	12.000	15.000	10.000	
	Zimmermann	10.000	14.000	16.000	12.000	
	Ergebnis	33.000				

1 2

	C	D	E	F	G	H
	Vertreter	1. Quartal	2. Quartal	3. Quartal	4. Quartal	Ergebnis
	Adam	12.000	13.500	12.500	11.000	
	Bach	11.000	12.000	15.000	10.000	
	Zimmermann	10.000	14.000	16.000	12.000	
	Ergebnis	33.000				

3

f_x	=SUMME(D4:G4)					
	C	D	E	F	G	H
	Vertreter	1. Quartal	2. Quartal	3. Quartal	4. Quartal	Ergebnis
	Adam	12.000	13.500	12.500	11.000	49.000
	Bach	11.000	12.000	15.000	10.000	
	Zimmermann	10.000	14.000	16.000	12.000	
	Ergebnis	33.000	39.500	43.500	33.000	

4

Schnell zum Ergebnis kommen (2)

Für neue Berechnungen brauchen Sie nicht jedes Mal eine neue Formel einzugeben. Sie kopieren dazu einfach eine Formel für mehrere Berechnungen.

Erstellen Sie zunächst eine kleine Kalkulation.

1 ▶ Die erste Spalte hier im Beispiel wird mithilfe des Summenzeichens ermittelt (Registerkarte *Start*).

2 ▶ Bewegen Sie den Mauszeiger auf das **Ausfüllkästchen** (das kleine Quadrat).

3 ▶ Ziehen Sie einfach die Formel in die Zellen, die auch berechnet werden sollen, und die Formel wird schnell kopiert.

4 ▶ Das gilt sowohl für Spalten als auch für Zeilen.

> **TIPP** ➡ **Formeln können so in alle benachbarten Zellen kopiert werden. Es muss nur einen Sinn ergeben.**

> **TIPP** ➡ **Sie können auch die Zellen markieren und dann die AutoSumme aktivieren.**

Max, Min und Mittelwert

Auf der Registerkarte *Start* können Sie weitere Funktionen für mehrere Ergebniszellen ausführen. Zum Beispiel: den Mittelwert, das Maximum oder Minimum berechnen.

1 ▶ Klicken Sie in die Zelle, in der das **Maximum** erscheinen soll.

2 ▶ Öffnen Sie in der Registerkarte *Start* die Auswahl bei *Auto-Summe*.

3 ▶ Klicken Sie hier auf *Max*.

4 ▶ Geben Sie mit gedrückter linker Maustaste den **Zellbereich** an, der ausgewertet werden soll.

Sobald Sie bestätigen, wird das Maximum ermittelt. Auf gleiche Art und Weise können Sie das **Minimum** und den Durchschnitt (**Mittelwert**) angeben.

WICHTIGE INFORMATION

Diese Funktionen sollen bis zu 255 Argumente beinhalten können, gleichgültig ob Zahlen, Zellen oder Bereiche. Aber, um ehrlich zu sein, habe ich das nicht nachgezählt … es sind jedenfalls eine Menge.

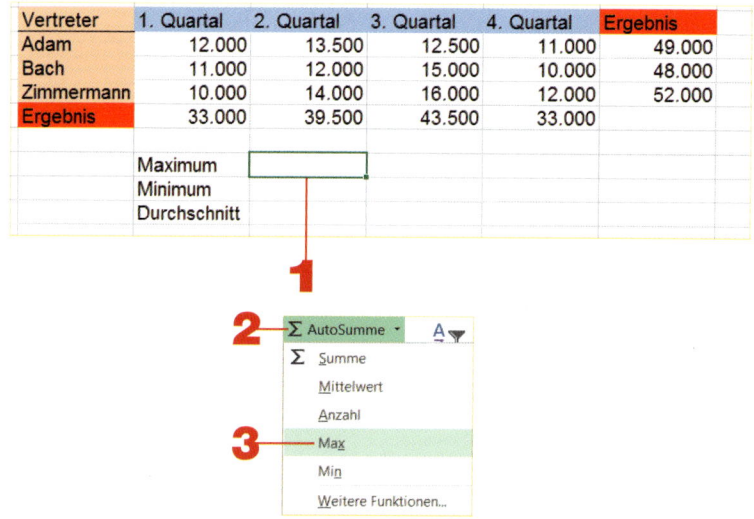

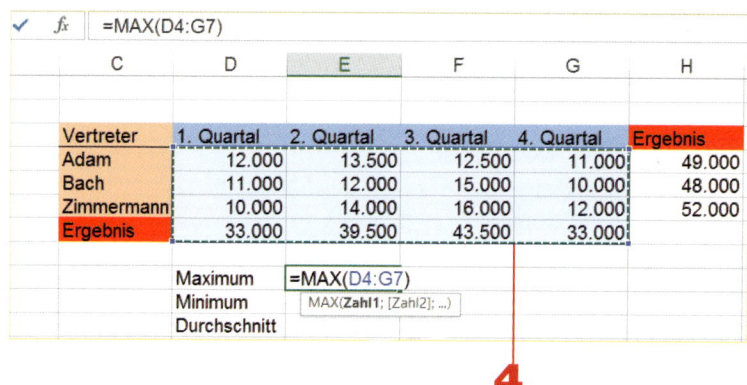

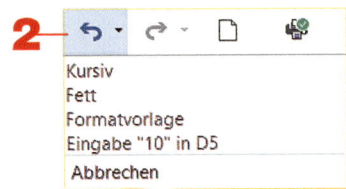

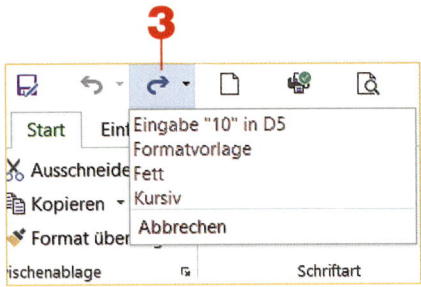

Eingaben rückgängig machen und wiederherstellen

Befehle können Sie leicht rückgängig machen. Löschen Sie zum Beispiel eine Zahl, können Sie das Löschen wieder aufheben.

Klicken Sie auf das Symbol *Wiederherstellen*, steuern Sie dagegen. Der letzte rückgängig gemachte Befehl wird wiederum aufgehoben.

1 ▶ Beide Befehle befinden sich in der *Symbolleiste für den Schnell-zugriff*.

2 ▶ Öffnen Sie die Auswahl bei der Schaltfläche *Rückgängig*, erkennen Sie die letzten Befehle, die Sie ausgeführt haben.

3 ▶ Machen Sie diese Befehle rückgängig, öffnen Sie die Auswahl bei der Schaltfläche *Wiederherstellen*. Hier heben Sie wiederum die rückgängig gemachten Befehle auf.

Das hört sich alles kompliziert an. Ist es aber nicht. Schnell geht es auch über die Tasten.

Tastenkombination	Auswirkung
Strg + Z	Rückgängig
Strg + Y	Wiederherstellen

Befehle schnell wiederholen

Einmal einen Befehl eingegeben und ihn dann ständig wiederholen. Das können Sie ganz einfach mit einem Mausklick. Dazu sollte das entsprechende Symbol *Wiederholen* in die *Symbolleiste für den Schnellzugriff* eingebunden werden.

1 ▶ Öffnen Sie die Auswahl bei der *Symbolleiste für den Schnellzugriff*.

2 ▶ Wählen Sie *Weitere Befehle*.

3 ▶ Aktivieren Sie unter *Befehle auswählen* die Funktion *Wiederholen*.

4 ▶ Fügen Sie diesen Befehl über die Schaltfläche *Hinzufügen* >> in die *Symbolleiste für den Schnellzugriff* ein.

5 ▶ Sortieren Sie den Befehl in der *Symbolleiste für den Schnellzugriff*. Bestätigen Sie mit der Schaltfläche *OK*.

6 ▶ Der Befehl befindet sich nun in der *Symbolleiste für den Schnellzugriff*. Ein Klick darauf und der letzte Befehl wird wiederholt.

> **TIPP** ➡ Befehle in Excel können Sie auch mit der Taste `F4` wiederholen.

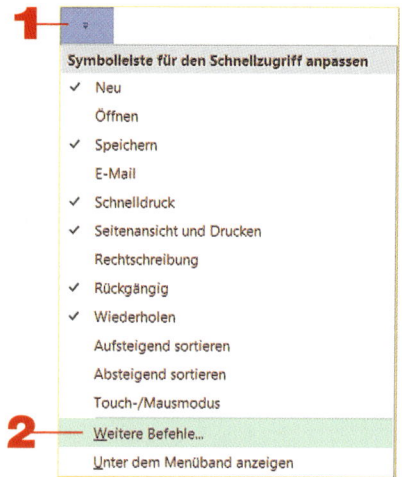

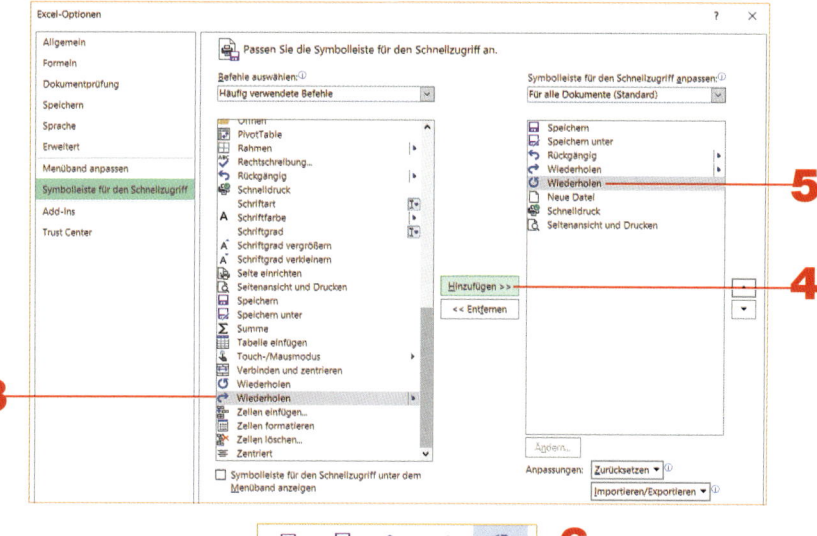

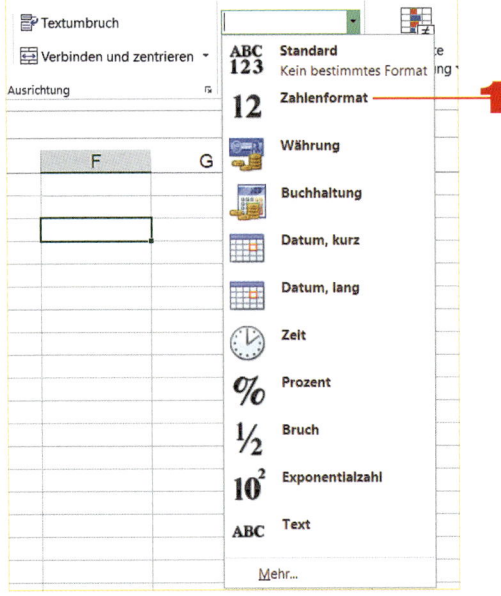

Zellen formatieren

Zellen können unterschiedlich formatiert werden. In ihnen kann ein Datum, eine Währung, ein Prozentzeichen und so weiter stehen.

1 ▶ In der Registerkarte *Start* erhalten Sie über die Auswahlliste bei *Zahlenformat* diverse Möglichkeiten, Zahlen in Zellen zu formatieren.

2 ▶ In der Gruppe *Zahl* finden Sie ebenfalls Formatierungsmöglichkeiten.

3 ▶ In das entsprechende Dialogfeld *Zellen formatieren* gelangen Sie mit dem Tastenkürzel Strg+1 oder Sie starten es in der Gruppe *Zahl*.

4 ▶ Im Dialogfeld *Zellen formatieren* erhalten Sie verschiedene Kategorien zur Auswahl.

5 ▶ Mit diesen beiden Schaltflächen blenden Sie sogenannte Nachkommastellen ein und aus. Dabei wird hinter der Dezimalstelle auf- oder abgerundet.

6 ▶ Über die Schaltfläche *1.000er-Trennzeichen* formatieren Sie Zahlen mit dem Dezimalpunkt und zwei Nachkommastellen.

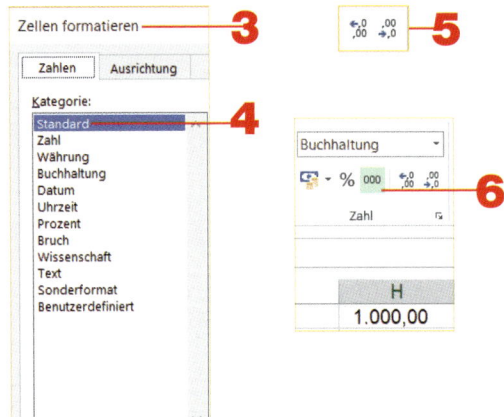

Tasten zum Formatieren

Zellen können optisch hervorgehoben werden und auch die Zahlenformate in einer Zelle können festgelegt werden. Besonders schnell geht das mit Tastenkombinationen.

1 ▶ In das entsprechende Dialogfeld *Zellen formatieren* gelangen Sie mit der Tastenkombination Strg+1. Entsprechend wird dann eine Kategorie angeklickt.

Für das Formatieren bieten sich weitere zahlreiche Tastenkombinationen an:

Tastenkombination	Erklärung
Strg+⇧+F oder Strg+2	Fettschrift
Strg+⇧+K oder Strg+3	Kursivschrift
Strg+⇧+5	Prozentformat
Strg+⇧+<	Rahmen entfernen
Strg+⇧+-	Rahmen setzen
Strg+⇧+6	Standard-Zahlenformat
Strg+⇧+1	Tausendertrennzeichen mit zwei Dezimalstellen
Strg+⇧+U oder Strg+4	Unterstreichen
Strg+⇧+4	Währungsformat

TIPP ➡ Haben Sie viel formatiert und möchten wieder schnell zurück zum Standard, drücken Sie einfach Strg+⇧+6.

Für die eine oder andere Arbeit erleichtern die Tastenkombinationen das Excel-Leben sehr. Hier soll noch mal kurz auf die Vorteile einer Tastenkombination für das Währungsformat eingegangen werden.

2 ▶ Wenn Sie in der Registerkarte *Start* das Symbol für das Währungsformat aktivieren, wird die Zelle automatisch mit zwei Nachkommastellen dargestellt, hier im Beispiel *2,00 €*.

3 ▶ Das erreichen Sie auch über die Tasten Strg+⇧+4. Allerdings werden hier negative Zahlen sofort in Rot dargestellt und das Minuszeichen erscheint direkt vor der Zahl.

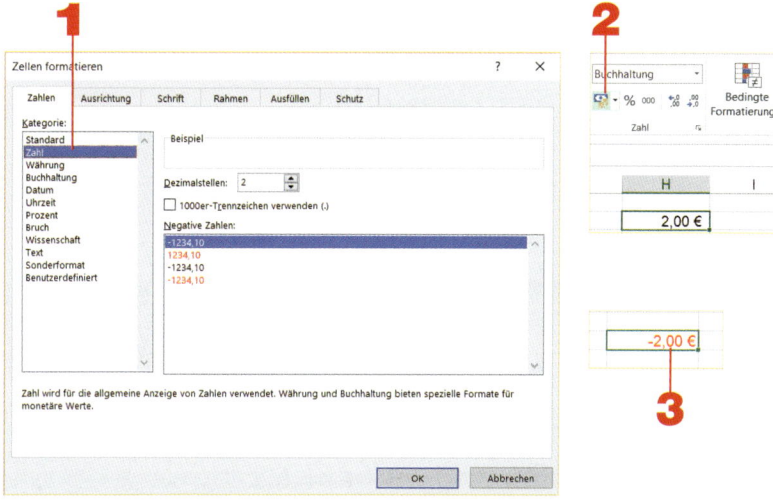

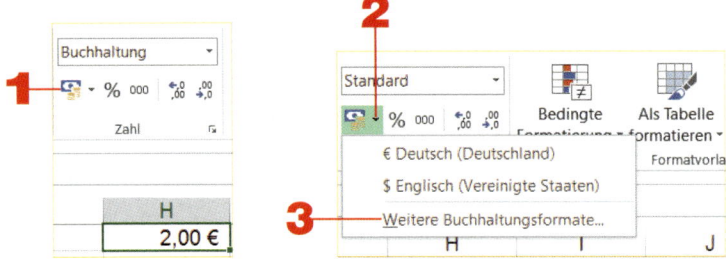

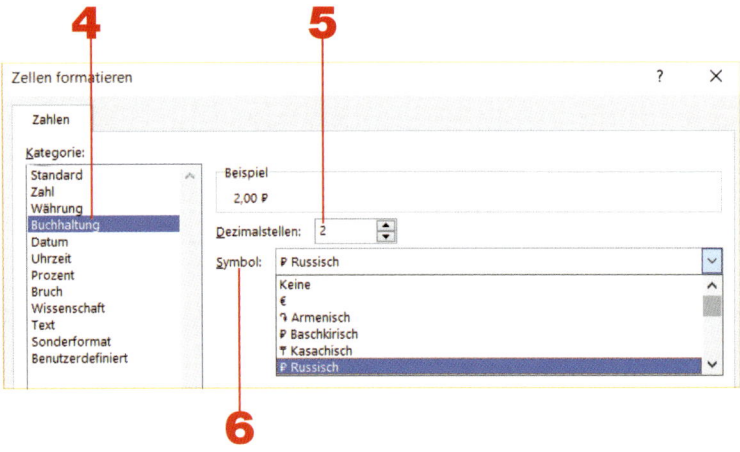

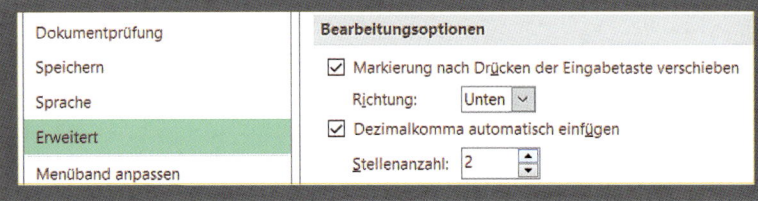

Währungen

In Excel können Sie mit den unterschiedlichsten Währungen rechnen. In der Registerkarte *Start* erhalten Sie dazu in der Gruppe *Zahl* die Möglichkeit, die Währung festzulegen.

1 ▶ Klicken Sie direkt auf das Symbol *Währung*, wird die Zelle in Euro mit zwei Nachkommastellen formatiert.

2 ▶ Öffnen Sie über den kleinen Pfeil neben dem Symbol die Auswahl, haben Sie zunächst die Wahl zwischen Euro und Dollar.

3 ▶ Klicken Sie auf *Weitere Buchhaltungsformate...*, gelangen Sie in das Dialogfeld *Zellen formatieren*.

4 ▶ Die Kalegoric *Buchhaltung* ist automatisch aktiviert. Unter *Beispiel* erkennen Sie eine Formatvorschau.

5 ▶ Die Währungen sind automatisch mit zwei Nachkommastellen (Dezimalstellen) angegeben. Das können Sie hier ändern.

6 ▶ Bei *Symbol* können Sie andere Währungen auswählen.

TIPP ➡ Zahlen werden automatisch mit zwei Dezimalstellen angegeben. Diesen Standard können Sie unter *Datei/Optionen* und dann in den *Excel-Optionen* ändern. Geben Sie unter *Erweitert* bei *Dezimalkomma automatisch einfügen* die neue *Stellenanzahl* an.

Formate schnell übertragen

Formate können auch schnell mit einem Doppelklick übertragen werden. In der Registerkarte *Start* finden Sie die Schaltfläche mit dem Pinsel: *Format übertragen*.

Mit einem **einfachen Klick** übertragen Sie das Format **einmal**, mit einem **Doppelklick** beliebig **oft**.

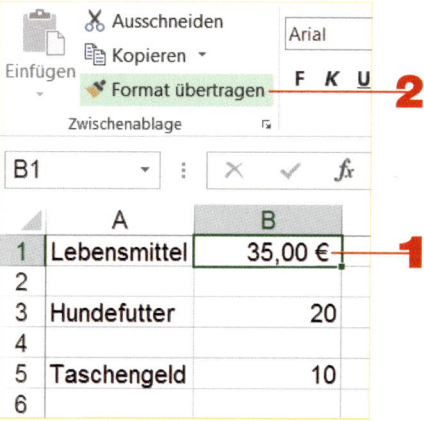

1 ▶ Klicken Sie die Zelle an, deren Format (hier »Währung«) Sie übertragen möchten.

2 ▶ Klicken Sie doppelt auf die Schaltfläche *Format übertragen*.

3 ▶ Am Mauszeiger erscheint zusätzlich ein Pinsel. Die Funktion ist aktiviert.

4 ▶ Klicken Sie nun einzeln die Zellen an, die das Format erhalten sollen.

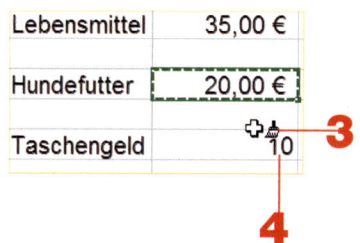

WICHTIGE INFORMATION

Über die ⌈Esc⌉-Taste oder mit einem wiederholten Klick auf die Schaltfläche schalten Sie die Funktion wieder aus.

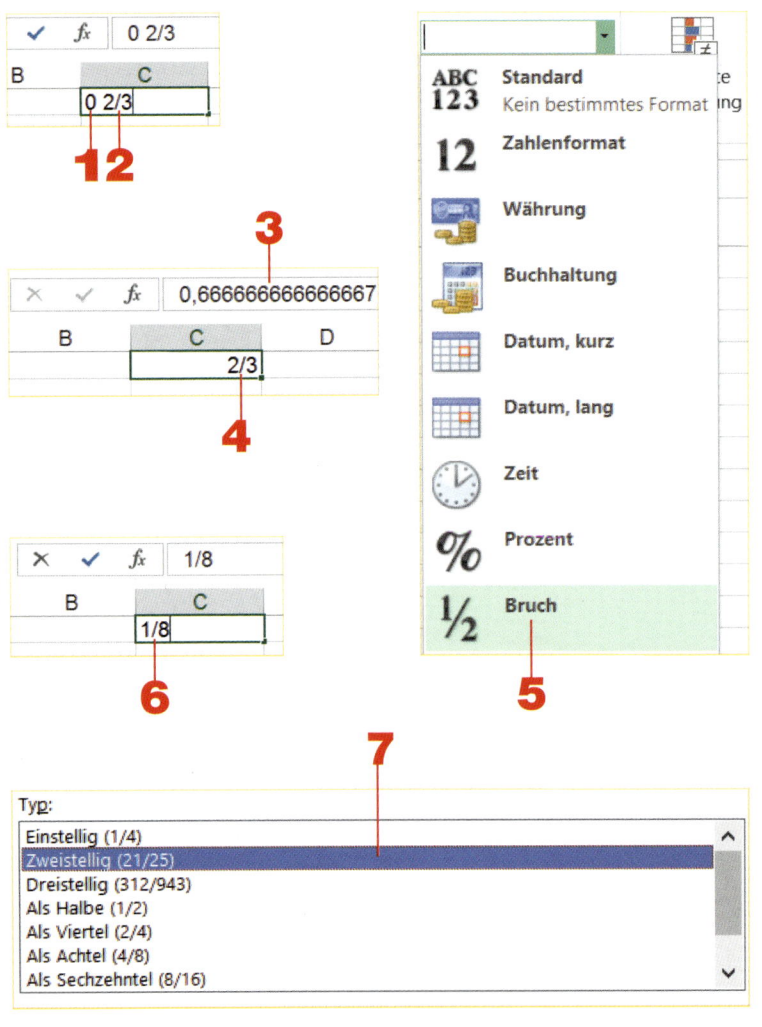

Eine Bruchzahl in Excel

Möchten Sie Bruchzahlen wie **2/3** eintragen und damit rechnen?

1 ▶ Tippen Sie eine Null *0* und drücken Sie die ⬚-Taste.

2 ▶ Geben Sie den Bruch ein.

3 ▶ Sobald Sie bestätigen, führt Excel den dezimalen Wert in der Bearbeitungsleiste auf.

4 ▶ Die Bruchzahl wird in der Zelle dargestellt.

In der Registerkarte *Start* erhalten Sie über die Auswahlliste bei *Zahlenformat* diverse Möglichkeiten, Zahlen in Zellen zu formatieren.

5 ▶ Hier können Sie den Befehl *Bruch* angeben.

6 ▶ Tippen Sie dann den Bruch in die Zelle ein und bestätigen Sie.

7 ▶ Über das Dialogfeld *Zellen formatieren* (Strg+1) können Sie in der entsprechenden Kategorie noch weitere Darstellungen von Brüchen auswählen.

Feste Bezüge

»Normalerweise« kopieren Sie Formeln. Dabei zählt Excel automatisch immer eine Zelle weiter.

1 ▶ Schauen wir uns dieses Beispiel an. Hier wird der Dollar in Euro umgerechnet. In der Zelle **F1** wird der Euro eingegeben.

2 ▶ Automatisch passen sich die Werte für 10, 20, 30 und 50 Dollar an.

3 ▶ In diesem Beispiel funktioniert die Rechnung mit den Zellen von **A5 bis B8**. Hier können Sie die Formel nach unten kopieren.

4 ▶ Dagegen steht der Kurs der Währung immer in einer **festen Zelle**: hier in **F1**. Mit der Taste F4 stellen Sie diesen festen Bezug her.

WICHTIGE INFORMATION

Wie das detailliert funktioniert, sehen Sie mit diesem Beispiel auf der nächsten Seite.

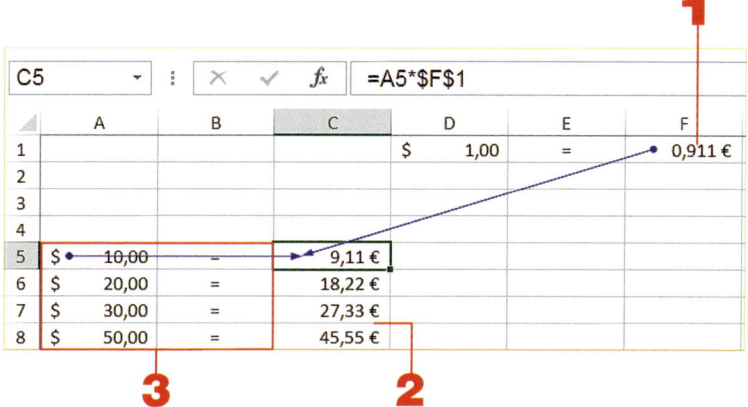

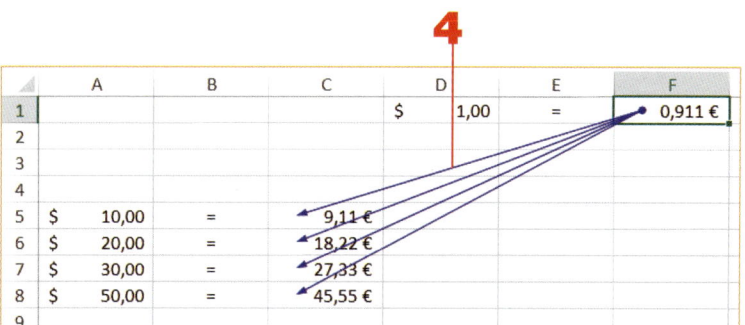

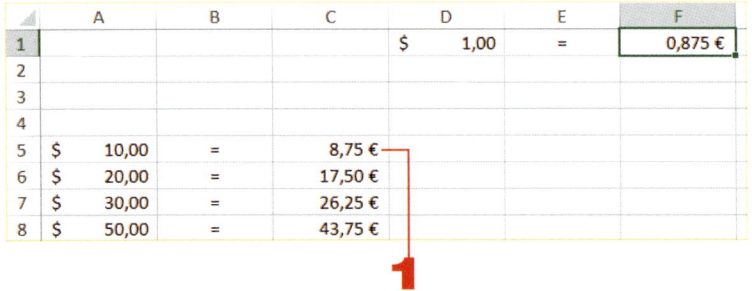

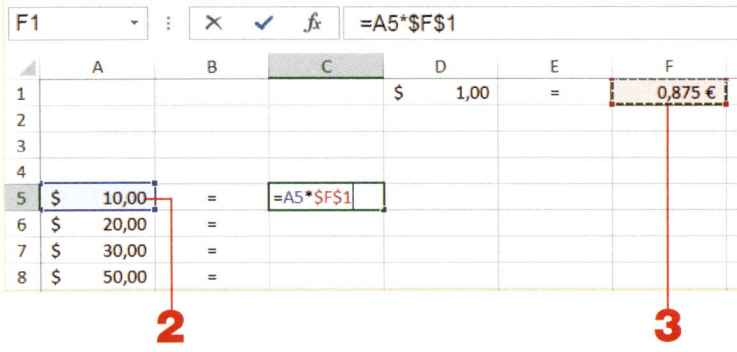

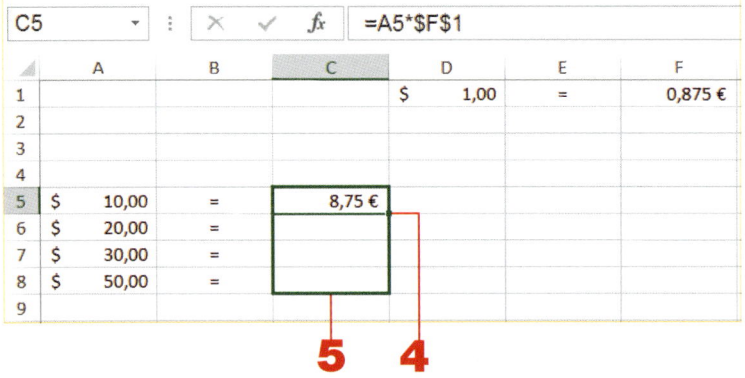

Ein Währungsrechner

Bei dieser Kalkulation soll eine Währung, und zwar Dollar, in Euro umgerechnet werden. Es wird der aktuelle Dollar-/Euro-Kurs eingegeben und das Zigfache daraus automatisch ermittelt.

Wenn sich der **Dollar-/Euro-Kurs** in der Zelle F1 ändert, werden automatisch die Werte angepasst.

1 ▶ Stellen Sie die Kalkulation auf. Klicken Sie hier in die Zelle **C5** und geben Sie das Gleichheitszeichen = ein.

2 ▶ Klicken Sie nun in die Zelle **A5** und geben Sie das Multiplikationszeichen * ein.

3 ▶ Klicken Sie in die Zelle, in der der Kurs steht: **F1**. Da dieser Wert immer in einer **festen Zelle** steht, drücken Sie die F4-Taste. Die Zelle ist nun in der Formel fixiert. Bestätigen Sie die Eingabe.

4 ▶ Bewegen Sie den Mauszeiger auf das **Auswahlkästchen**.

5 ▶ Kopieren Sie die Formel für die entsprechenden Zellen.

WICHTIGE INFORMATION

Die $$-Zeichen haben nichts mit der Währungsangabe zu tun. Sie sagen lediglich aus: *feste Spalte, feste Zeile*.

Spurenleser

Sie können sich in Excel genau anzeigen lassen, auf welche Zellen sich die Formelberechnungen beziehen, und zwar:

- Auf welche Zellen sich die Berechnung bezieht (**Vorgänger**).

- Welche Zellen darauf folgen (**Nachfolger**).

1 ▶ Holen Sie die Registerkarte *Formeln* in den Vordergrund.

2 ▶ Aktivieren Sie die Zelle (hier **C5**) und klicken Sie auf die Schaltfläche *Spur zum Vorgänger*.

3 ▶ Klicken Sie in die Zelle (hier **F1**) und aktivieren Sie die Schaltfläche *Spur zum Nachfolger*.

4 ▶ Mit einem Mausklick direkt auf die Schaltfläche *Pfeile entfernen* löschen Sie alle Pfeile (oder öffnen die Auswahl und entfernen sie entsprechend).

5 ▶ Über die Schaltfläche *Formeln anzeigen* lassen Sie sich die Formeln anzeigen. Mit einem wiederholten Klick geht es zurück.

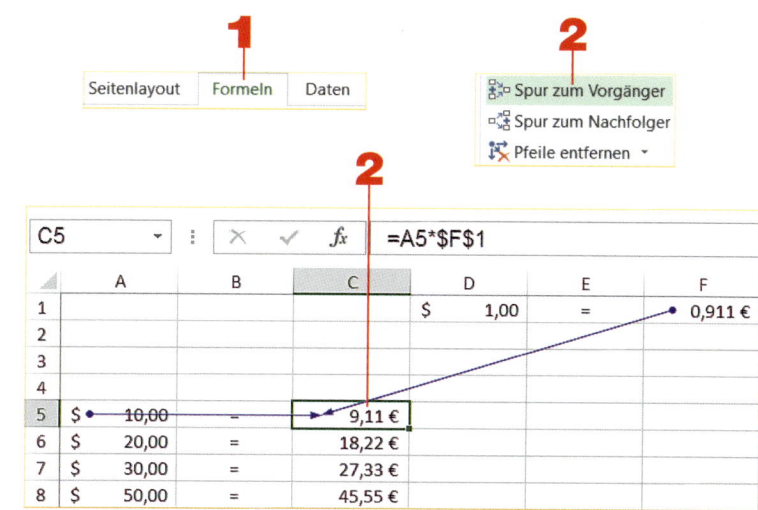

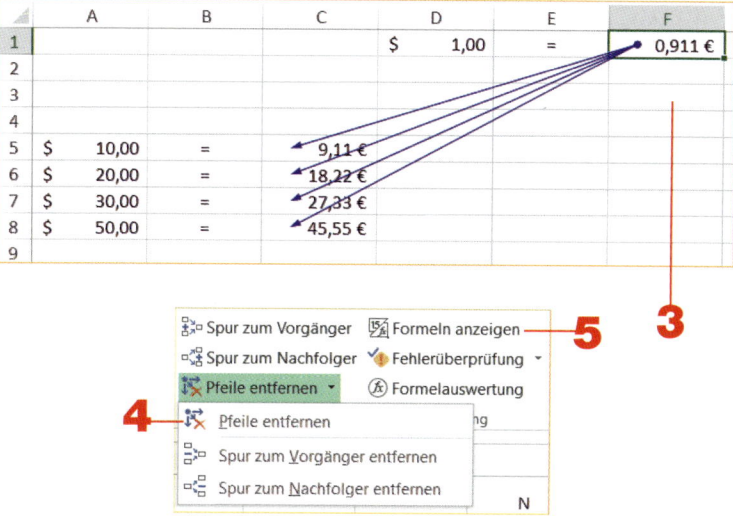

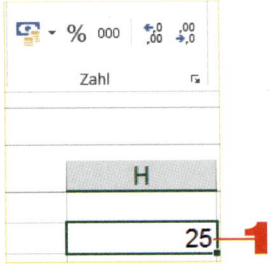

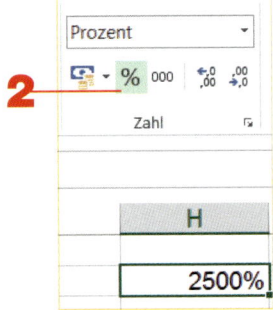

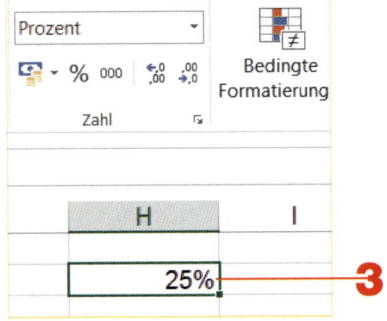

Prozente

Das Prozentformat ist tatsächlich ein Format, das einer besonderen Beschreibung bedarf. Sie finden das *Prozent*-Symbol % auf der Registerkarte *Start* in der Gruppe *Zahl*.

1 ▶ Tippen Sie eine Zahl in eine Zelle ein.

2 ▶ Klicken Sie auf das %-Symbol, werden automatisch die Zellinhalte mit **100 multipliziert**.

Das kann man sich zunutze machen und es wird auf der nächsten Seite auch erklärt. Wichtig für Sie ist: Hier wird eine Zahl mit 100 multipliziert.

Möchten Sie schnell eine Zahl im Prozentformat angeben, empfiehlt es sich, das %-Zeichen über die **Tastatur** einzugeben.

3 ▶ Tippen Sie zuerst die Zahl und dann % auf Ihrer Tastatur (⇧ + 5).

WICHTIGE INFORMATION

Das *Prozentformat* geben Sie auch über die Tasten Strg + ⇧ + 5 an.

Alles in Prozent

In diesem Beispiel sollen Werte in Prozent angegeben werden. Bevor Sie rechnen, müssen Sie sich im Klaren sein, wie Sie rechnen ... eine Reise zurück in die Schulzeit.

Die Formel lautet dazu: **Betrag / Gesamtwert * 100**.

1 ▶ Stellen Sie die Kalkulation auf und ermitteln Sie mithilfe der Summenfunktion den **Gesamtwert**.

2 ▶ Klicken Sie in die Zelle, in der das erste Ergebnis berechnet werden soll. Geben Sie das **Gleichheitszeichen** = über die Tastatur ein. Es folgt die Formel.

3 ▶ Klicken Sie in die Zelle mit dem Einzelbetrag und geben Sie das Zeichen / für die **Division** ein.

4 ▶ Aktivieren Sie die Zelle, in der der **Gesamtbetrag** steht. Da dieser nur in einer bestimmten Zelle steht, **fixieren** Sie die Zelle mit der Taste F4. Bestätigen Sie die Eingabe.

5 ▶ Klicken Sie nun auf das Symbol %. Hier wird der Zellinhalt automatisch mit **100 multipliziert**. Daher brauchen Sie es in der Formel nicht anzugeben.

6 ▶ Platzieren Sie den Mauszeiger auf das Auswahlkästchen.

7 ▶ Ziehen/Kopieren Sie die Formel in die entsprechenden Zellen.

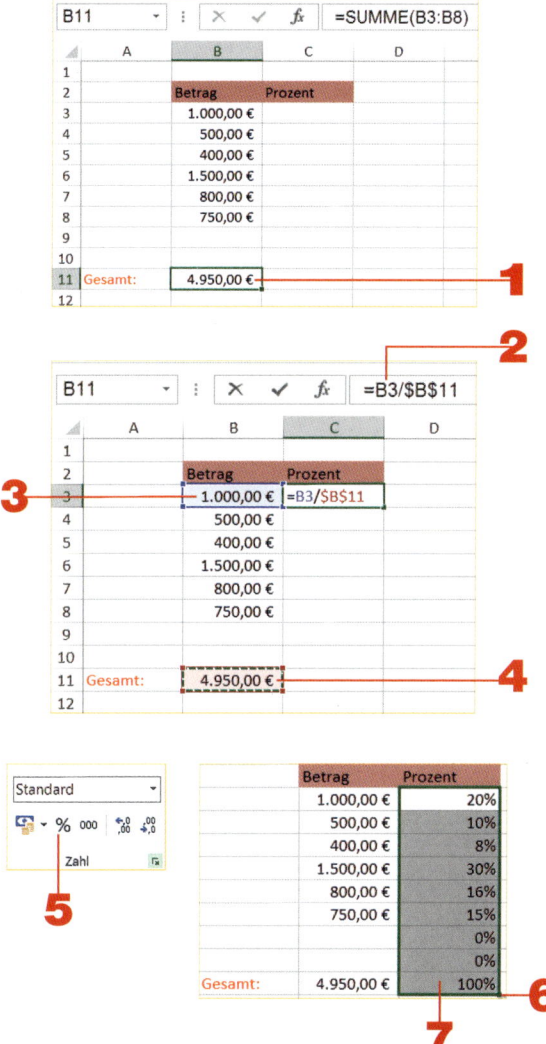

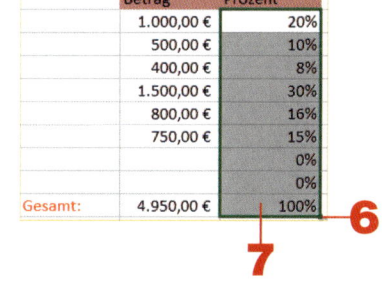

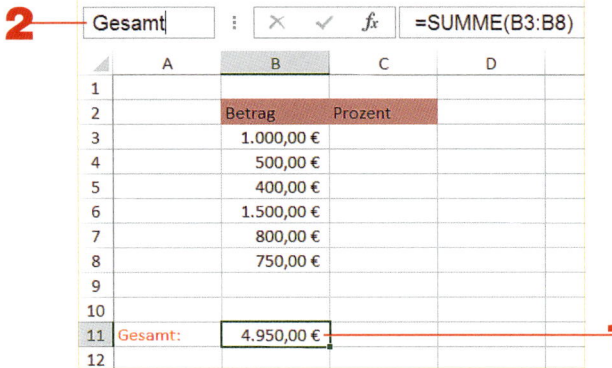

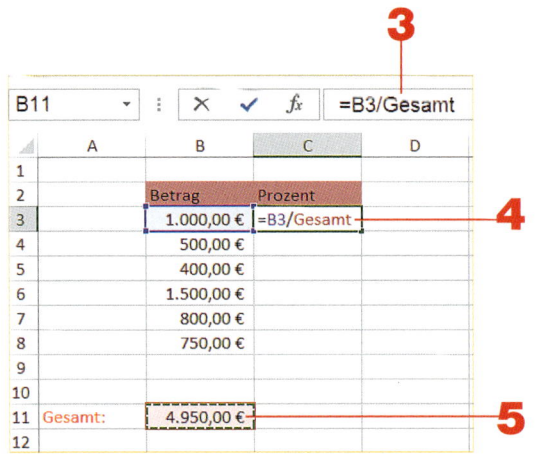

Zellen mit Namen – hier nicht F4

Sie können einzelnen Zellen und/oder Zellbereichen einen Namen zuweisen. Diesen Namen hat nur diese Zelle bzw. dieser Zellbereich. Dadurch findet eine **Fixierung** statt. Sie müssen also nicht immer die Taste F4 dafür drücken.

1 ▶ Stellen Sie wiederum diese Kalkulation auf und ermitteln Sie die **Gesamtsumme** mithilfe der *AutoSumme*.

2 ▶ Klicken Sie in das Namen-Feld und tippen Sie den Zellnamen (hier *Gesamt*) ein.

3 ▶ Stellen Sie die Formel auf. Geben Sie das **Gleichheitszeichen** = ein.

4 ▶ Klicken Sie in die Zelle, in der der **Betrag** steht, und geben Sie für die **Division** das Rechenzeichen / an.

5 ▶ Klicken Sie in die Zelle mit dem **Gesamtbetrag**. Bestätigen Sie die Formel.

6 ▶ Falls noch nicht geschehen, aktivieren Sie die Schaltfläche %. Ziehen bzw. kopieren Sie die Formel dann nach unten.

Formate löschen

Für einen Anfänger ist es manchmal schwer zu verstehen, wie Formate gelöscht werden. Denn wenn Sie den Zellinhalt mit der ⌐Entf⌐-Taste löschen, ist er nicht mehr zu sehen. Aber das Format ist noch da, quasi unsichtbar.

1 ▶ Geben Sie in einer Zelle, in der zuvor eine Formatierung wie **Prozent** stand, einen neuen Wert ein, erscheint die Formatierung wieder.

Um eine Formatierung zu löschen, stehen mehrere Möglichkeiten zur Verfügung.

2 ▶ Klicken Sie in die Zelle, deren Format Sie löschen möchten.

3 ▶ Öffnen Sie in der Gruppe *Zahl* die Auswahl und geben Sie *Standard* an. Die Zelle hat dadurch wieder das Format *Standard*.

Sie können aber auch einen Trick anwenden.

4 ▶ Klicken Sie in eine Zelle, die das Format *Standard* hat.

5 ▶ Klicken Sie auf die Schaltfläche *Format übertragen*.

6 ▶ Übertragen Sie das Format *Standard* auf die formatierte Zelle (hier *Währung*).

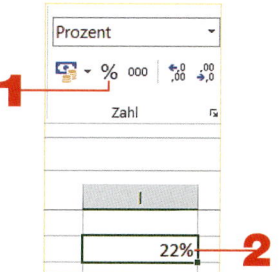

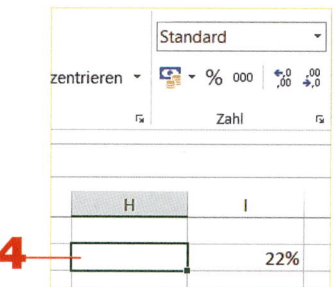

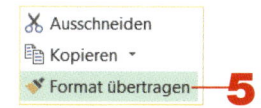

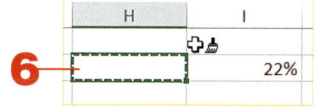

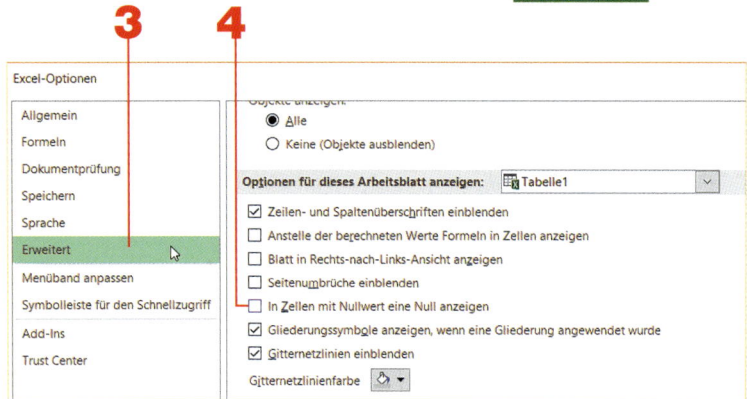

Weg mit den Nullen

Nullen können stören! Das ist vielleicht nicht nur im richtigen Leben so, sondern auch bei Excel. Aber hier können Sie Nullen in den *Excel-Optionen* ausblenden.

1 ▶ Bei der Kalkulation stören die Nullen. Sie können diese mit der (Entf)-Taste löschen. Aber wenn Sie von Anfang an keine Nullen möchten, blenden Sie diese einfach aus.

2 ▶ Wählen Sie unter *Datei* die *Optionen*.

3 ▶ Aktivieren Sie *Erweitert*.

4 ▶ Deaktivieren Sie bei *Optionen für dieses Arbeitsblatt anzeigen* das Häkchen bei *In Zellen mit Nullwert eine Null anzeigen*.

WICHTIGE INFORMATION

Falls es sich rechnerisch ergibt, werden die Nullen in diesem Arbeitsblatt ausgeblendet.

Besser eigene Zahlenformate

In Excel gibt es für die Zahlen bestimmte Formate. Die vordefinierten Zahlenformate sind nur eine kleine Auswahl der Möglichkeiten, die Sie haben.

Einmal angelegt, erleichtern benutzerdefinierte Zahlenformate die Eingabe und Formatierung von Zahlen.

1 ▶ Eigene Zahlenformate legen Sie im Dialogfeld *Zellen formatieren* in der Registerkarte *Start* über die Gruppe *Zahl* fest. Die entsprechende Tastenkombination lautet (Strg)+(1).

2 ▶ Klicken Sie unter *Kategorie* auf *Benutzerdefiniert*.

3 ▶ Wählen Sie eine der Vorgaben aus oder definieren Sie unter *Typ* ein eigenes Format.

4 ▶ Beachten Sie stets unter *Beispiel* die Vorschau. Dies geschieht nur, wenn Sie zuvor eine Zelleneingabe getätigt haben und diese Zelle aktiviert ist.

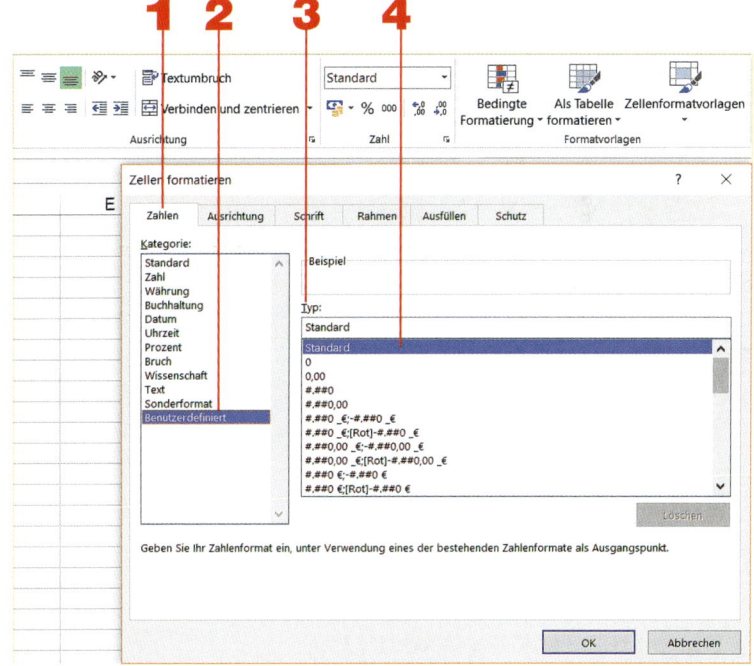

TIPP ➡ Sie können hier das Format so angeben, dass negative Zahlen automatisch in der Schriftfarbe Rot angezeigt werden (siehe dazu auch Seite 72).

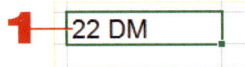

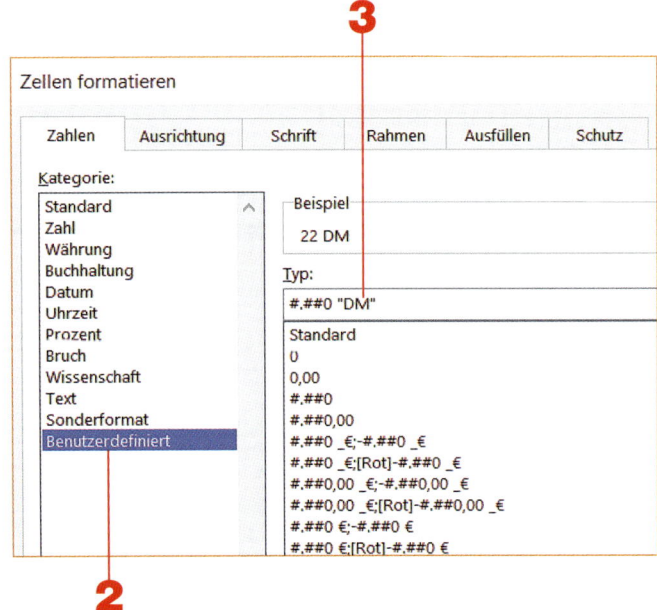

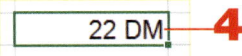

Das Comeback der D-Mark

Endlich ist sie wieder da, die gute alte D-Mark! In Excel jedenfalls können Sie sie selbst als Zahlenformat anlegen.

1 ▶ Tippen Sie in eine Zelle *22 DM* ein, wird nach dem Bestätigen der Zellinhalt nach **links ausgerichtet**. Es ist also ein **Text** und keine Zahl und kann somit nicht in Rechnungen miteinbezogen werden.

2 ▶ Starten Sie das Dialogfeld *Zellen formatieren* mit dem Tastenkürzel Strg+1 und wählen Sie *Benutzerdefiniert* aus.

3 ▶ Unter *Typ* tippen Sie *#.##0 "DM"* ein. Das Wichtige dabei sind die Anführungszeichen. Zwischen ihnen können Sie einen Text eingeben.

4 ▶ Bestätigen Sie mit der Schaltfläche *OK*. Sobald Sie eine Zahl eingeben, formatiert Excel im benutzerdefinierten Format. Hier werden die *22 DM* nun als Zahl anerkannt und stehen für Berechnungen zur Verfügung.

WICHTIGE INFORMATION

= zeigt nur wichtige Ziffern an, unwichtige werden ignoriert. 0 = zeigt Nullen an, wenn eine Zahl weniger Stellen aufweist, als Nullen im Format vorhanden sind.

Tag oder Tage – Ein- oder Mehrzahl

»2 Tage« ist in Ordnung, aber »1 Tage« geht überhaupt nicht ... In Excel gibt es die Möglichkeit, benutzerdefinierte Formate für Ihre Eingaben anzulegen.

Bei Stück oder Liter gibt es keine Mehrzahl, bei Paket zum Beispiel schon. Aber bei Päckchen wiederum nicht.

Sie können Werten individuelle Beschriftungen in Anführungszeichen hinzufügen. Bei einigen Angaben ist es besser, dass die Bezeichnung in Einzahl und Mehrzahl erfolgt.

1 ▶ Starten Sie das Dialogfeld *Zellen formatieren* mit ⌨Strg⌨+⌨1⌨ und geben Sie *Benutzerdefiniert* an.

2 ▶ Im Feld *Typ* geben Sie *[=1] 0 "Tag"; 0 "Tage"* ein und bestätigen die Eingabe mit der Schaltfläche *OK*.

3 ▶ Das benutzerdefinierte Format unterscheidet zwischen **Einzahl** und **Mehrzahl**.

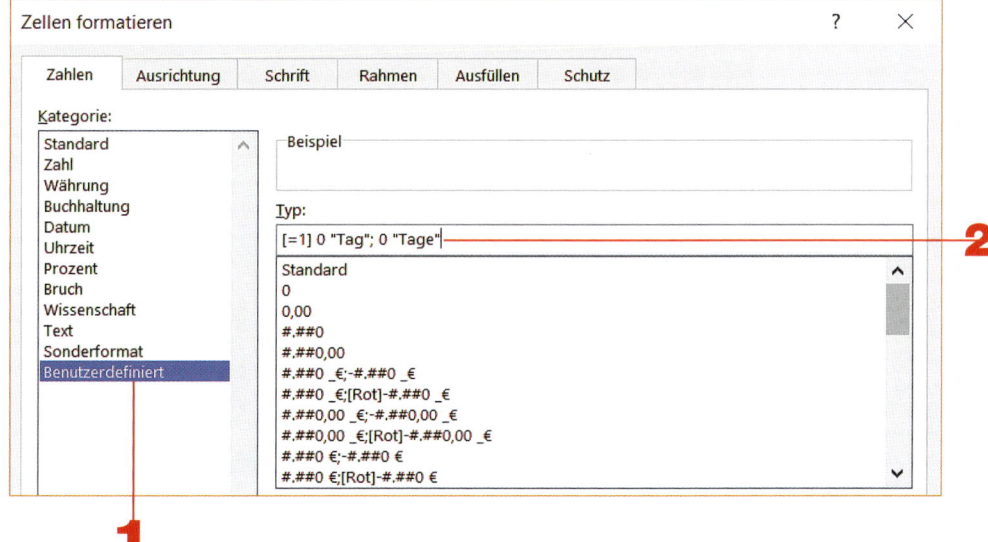

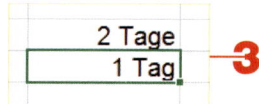

Alles in Farbe – die Codes dazu

Sie geben Platzhalter für Ihre eigenen Zahlenformate ein. Dazu gibt es hier die folgenden Erklärungen: Farbcodes.

Verwenden Sie # für Tausenderstellen und **0** für Zahlen und Nachkommastellen.

Farbcodes geben Sie immer in eckigen Klammern an.

[Schwarz], [Weiß], [Rot], [Blau], [Gelb], [Cyan], [Magenta], [Grün] oder *[Farbe n]* (*n* = 0 bis 56)

Beispielformat:

[Blau]#.##0,00 €;[Rot]-#.##0,00 €

1 ▶ In diesem Beispiel werden positive Zahlen blau, negative Zahlen rot dargestellt. Auf die Stelle kommt es an ...

2 ▶ Weist eine Zahl mehr Ziffern nach dem Komma auf, wird sie auf die entsprechende Stellenzahl gerundet.

WICHTIGE INFORMATION

? = Fügt an beiden Seiten der Dezimalstelle Leerzeichen für unwichtige Nullen ein.

Zur Anzeige des 1.000er-Trennzeichens fügen Sie einen Punkt in das Zahlenformat ein.

Zahlenformat	Code
12000 als 12.000	#.###
12000 als 12	#.

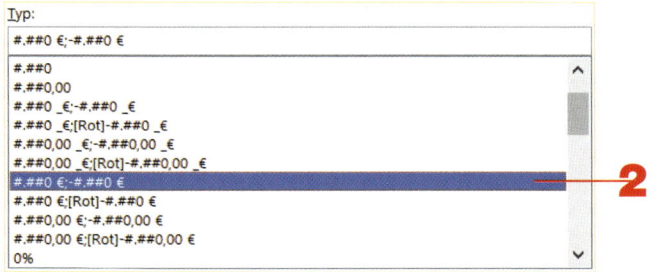

Bedingungen an Formate stellen

Im Dialogfeld *Zellen formatieren* finden Sie benutzerdefinierte Forma-te. Hier können Sie auch Bedingungen stellen. Falls eine Zahl einen bestimmten Wert hat, wird sie in einer anderen Farbe dargestellt.

[>0]#.### [Grün];"Eingabe"

[Grün][>=1000]#.###;[Rot][<=500]#.###;[Gelb]#.###

- Zahlen **größer gleich 1000** werden in **Grün** angezeigt.

- Zahlen **kleiner gleich 500** werden in **Rot** angezeigt.

- Treffen beide Bedingungen nicht zu, erfolgt die Angabe in **Gelb**.

1 ▶ Starten Sie das Dialogfeld *Zellen formatieren* (Strg+1) und wählen Sie *Benutzerdefiniert* aus.

2 ▶ Unter *Typ* geben Sie das Format an und bestätigen mit der Schaltfläche *OK*.

WICHTIGE INFORMATION

Möchten Sie Text vor oder hinter der Zahl platzieren, tippen Sie ihn einfach in Anführungszeichen: #.### *"Stück"*.

TIPP ➡ Um Nullwerte zu unterdrücken, tippen Sie die Anführungszeichen "" ein.

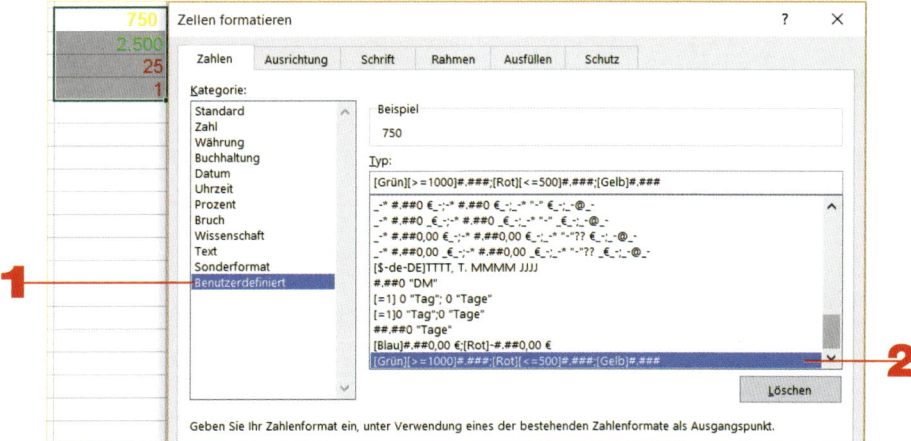

Mit der Tastenkombination Strg+# formatieren Sie Zellen mit dem Datumsformat TT.MMM.JJ.

Richtige Formate für die Zeit

Ein Tag hat Stunden, Minuten und Sekunden. Entsprechend dazu gibt es die passenden Formate.

1 ▶ Öffnen Sie das Dialogfeld *Zellen formatieren* mit Strg+1 und wählen Sie *Datum* aus.

2 ▶ Legen Sie unter *Typ* die gewünschte Darstellung des Datums fest. Die Darstellung als *14. Mrz 12* ist zwar verwirrend, jedoch unbedeutend.

3 ▶ Sie können die Datumsdarstellung für andere Länder anpassen. Wählen Sie unter *Gebietsschema* das entsprechende Land aus.

Platzhalter für Zeitwerte:

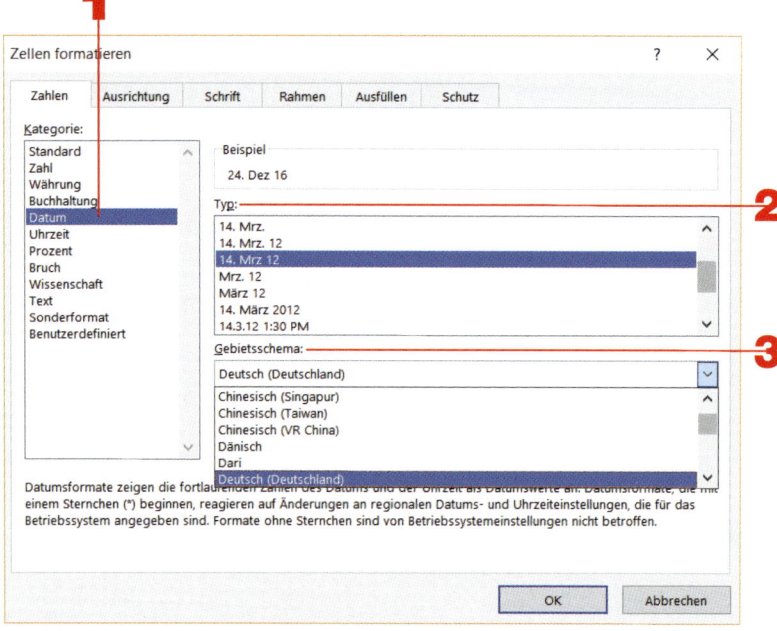

Zahlenformat	Zeitangabe
T	Tag
h	Stunde
m	Minute
s	Sekunde

Zeitdifferenzen schön anzeigen

Möchten Sie die Differenz zwischen Zeitangaben berechnen, können Sie das Ergebnis als Text anzeigen lassen.

1 ▶ Geben Sie jeweils **Datum und Uhrzeit** in eine Zelle ein. Zwischen Beginn und Ende liegen wie viele Tage, Stunden und Minuten?

2 ▶ Die Zeitangaben formatieren Sie im Dialogfeld *Zellen formatieren*, das Sie mit ⌗Strg⌗+⌗1⌗ öffnen.

3 ▶ Bei *Benutzerdefiniert* geben Sie *TT.MM.JJJJ hh:mm* an und verlassen das Dialogfeld über die Schaltfläche *OK*.

4 ▶ Bilden Sie die **Differenz** der beiden Zellinhalte. Mit diesem Ergebnis können Sie hier nicht so viel anfangen, daher macht ein eigenes, benutzerdefiniertes Zahlenformat Sinn.

5 ▶ Klicken Sie in die **Ergebniszelle**. Drücken Sie ⌗Strg⌗+⌗1⌗, um wiederum das Dialogfeld *Zellen formatieren* zu starten.

6 ▶ Geben Sie in der Kategorie *Benutzerdefiniert* einen neuen Typ ein: *T "Tage, "h" Stunden, "m" Minuten"*.

7 ▶ Der Ausdruck kann nicht in der Zelle angezeigt werden. Klicken Sie **doppelt** auf die **Spaltentrennlinie**, passen Sie den Zellinhalt automatisch an.

8 ▶ Die Zeitangabe wird korrekt angezeigt.

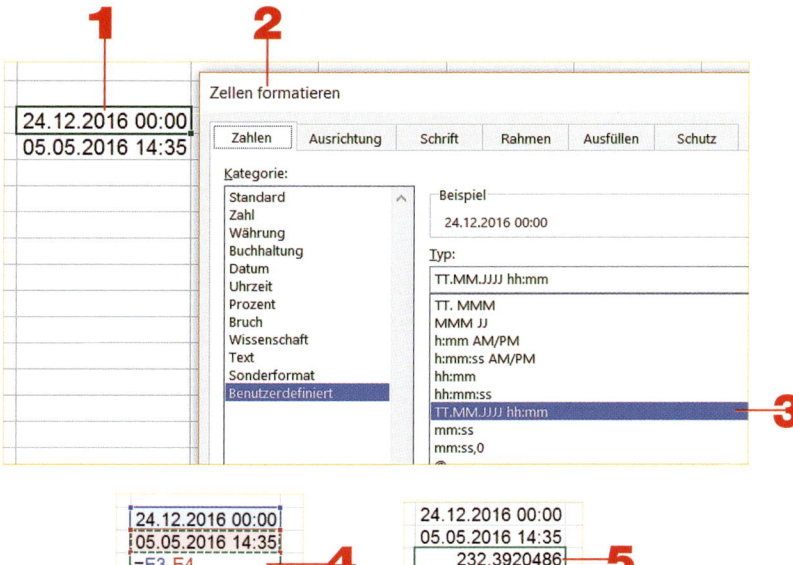

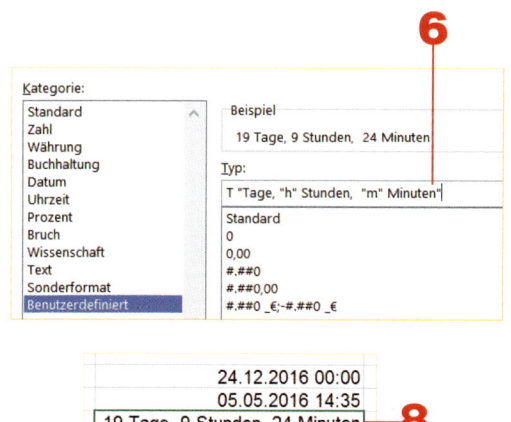

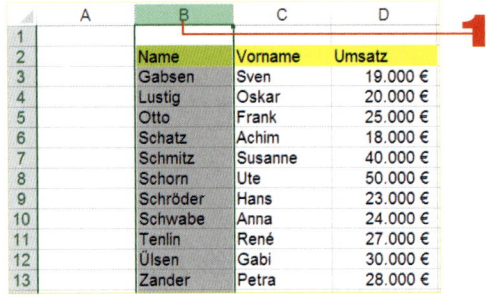

Spalten und Zeilen markieren und summieren

Sie können Spalten und Zeilen schnell markieren. Das hat den Vorteil, dass Sie sämtliche Zellen einer Spalte oder Zeile **gleichzeitig formatieren** können.

1 ▶ Sie markieren Spalten mit einem Mausklick auf den **Spaltenkopf**.

2 ▶ Klicken Sie auf die **Zeilennummer**, markieren Sie die gesamte Zeile.

Es geht aber auch über die Tasten.

Tastenkombination	Markierung
Strg + ⬚	Spalte
⇧ + ⬚	Zeile

3 ▶ Mit dem Befehl =SUMME(Spalte:Spalte) summieren Sie sämtliche Zahlenwerte einer Spalte. Auch wenn Texte in Zellen stehen. Das Gleiche können Sie natürlich auch bei Zeilen angeben.

Zeilen und Spalten einfügen

Möchten Sie neue Zeilen bzw. Spalten einfügen, markieren Sie entsprechend die Spalten und Zeilen per Mausklick auf den Spalten- bzw. Zeilennamen.

1 ▶ Markieren Sie eine Zeile mit einem Mausklick.

2 ▶ Öffnen Sie die Auswahl in der Registerkarte *Start* über die Schaltfläche *Einfügen*.

3 ▶ Wählen Sie hier *Zellen einfügen*.

4 ▶ Genauso geht es bei den Spalten.

Viel schneller geht es mit Tastenkürzeln.

Tastenkombination	Zeilen/Spalten
Strg + +	Einfügen
Strg + -	Löschen

WICHTIGE INFORMATION

Markieren Sie zum Beispiel fünf Zeilen, können Sie auch fünf Zeilen einfügen oder löschen.

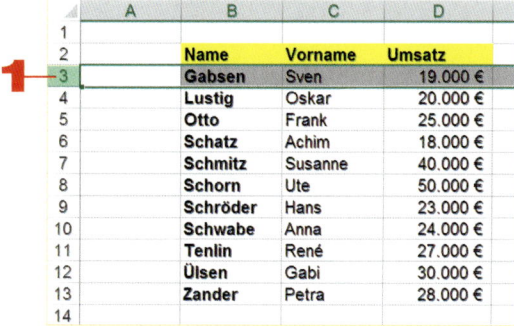

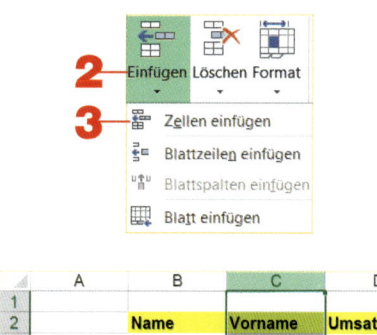

Zeilen und Spalten ein- und ausblenden

Möchten Sie mal eine Zeile oder Spalte verstecken? Zeilen und Spalten lassen sich schnell ein- und ausblenden.

1 ▶ Klicken Sie mit der rechten Maustaste auf den **Spaltenkopf**.

2 ▶ Wählen Sie den Eintrag *Ausblenden*.

3 ▶ Die Spalte wird ausgeblendet.

4 ▶ Auf gleiche Art und Weise blenden Sie die Spalte wieder ein.

Und bei Zeilen funktioniert es genauso.

Wiederum geht's auch über die Tastatur.

Tastenkombination	Zeilen/Spalten
Strg + ⇧ + 8	Zeilen ausblenden
Strg + 9	Zeilen einblenden
Strg + 8	Spalten ausblenden
Strg + ⇧ + 9	Spalten einblenden

TIPP ➡ Das Einblenden von Zeilen und Spalten funktioniert leider nicht immer so leicht wie hier beschrieben. Sollte es nicht klappen, platzieren Sie den Mauszeiger auf die Spalten-/Zeilentrennlinie und ziehen mit gedrückter linker Maustaste die ausgeblendete Spalte/Zeile wieder auf.

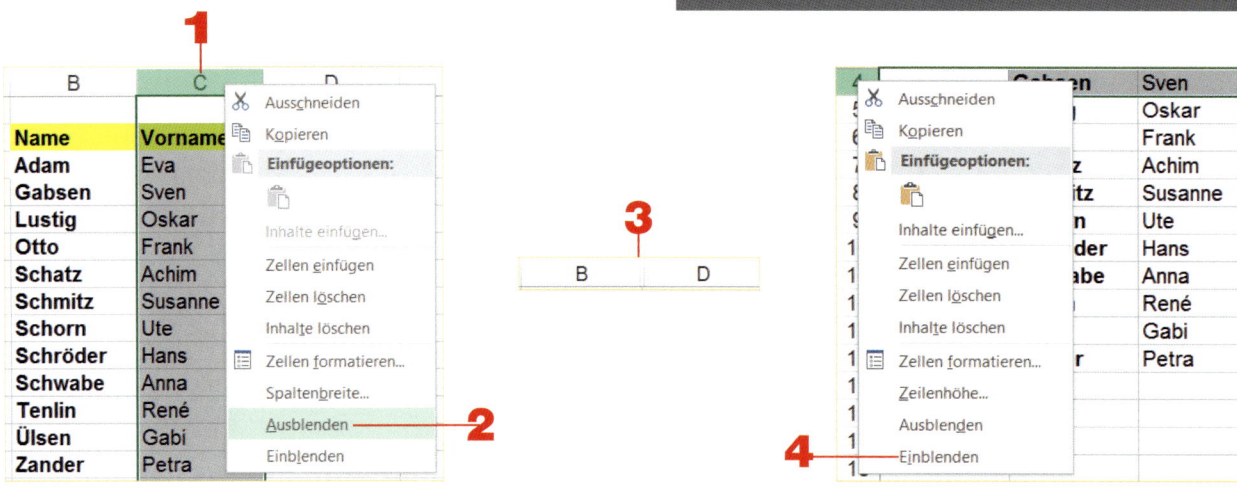

Benutzerdefiniertes Sortieren

Möchten Sie nach mehr als einem Kriterium (Beispiel: Name, Vorname) sortieren, müssen Sie das entsprechend angeben.

1 ▶ Klicken Sie eine beliebige Zelle innerhalb der Liste an.

2 ▶ Öffnen Sie die Auswahl über die Schaltfläche *AZ Sortieren und Filtern* auf der Registerkarte *Start*.

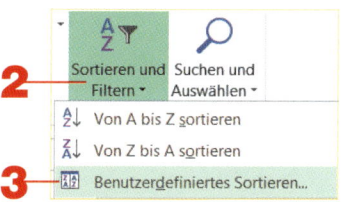

3 ▶ Wählen Sie *Benutzerdefiniertes Sortieren*.

4 ▶ Geben Sie bei *Sortieren nach* den ersten Sortiervorgang an.

5 ▶ Klicken Sie auf die Schaltfläche *Ebene hinzufügen*.

6 ▶ Dadurch können Sie bei *Dann nach* den zweiten Sortiervorgang angeben.

7 ▶ Über *Ebene löschen* können Sie die nächste Sortierangabe auch wieder löschen.

8 ▶ Zellen, die farblich markiert sind, können gesondert sortiert werden.

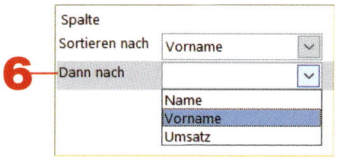

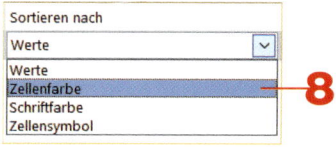

Name	Vorname	Umsatz
Meier	Hans	7.000
Renzen	Klaus	8.500
Adam	Rudi	11.000
Taxen	Paul	12.500
Müller	Petra	12.000
Bach	Maja	8.000
Adam	Franzi	5.000
Franzen	Silvia	15.000
Adam	Bärbel	14.000

1

2

3

Name	Vorname	Umsatz
Adam	Rudi	11.000
Adam	Franzi	5.000
Adam	Bärbel	14.000
Bach	Maja	8.000

Sortieren: A bis Z

Zum Sortieren brauchen Sie nur in Ihre Liste zu klicken und in der Registerkarte *Start* die Schaltfläche *AZ Sortieren und Filtern* anzuklicken.

Entscheidend ist, in welcher Spalte der Eingabekasten platziert ist. Entsprechend wird nach dieser Spalte sortiert. Die zusätzlichen Informationen zum Datensatz werden mitsortiert. Sie können von A bis Z oder von Z bis A sortieren.

1 ▶ Klicken Sie in die Spalte Ihrer Tabelle, die sortiert werden soll.

2 ▶ Öffnen Sie über die Schaltfläche *AZ Sortieren und Filtern* die Auswahl.

3 ▶ Wählen Sie hier *Von A bis Z sortieren*.

WICHTIGE INFORMATION

Excel erkennt automatisch die erste Zeile der Tabelle als Überschrift. Möchten Sie das nicht, können Sie das unter *Benutzerdefiniertes Sortieren* angeben.

Ein Nachteil! Excel sortiert nur nach Angaben in der Spalte, die angeklickt wird. Ein **zweiter Sortiervorgang** findet nicht statt. Nutzen Sie dazu *Benutzerdefiniertes Sortieren*.

Sortieren: 3, 2, 1 ...

Das Sortieren in Tabellen ist immer davon abhängig, was und wie Sie sortieren. Möchten Sie eine Tabelle nach Zahlen sortieren, ändern Sie die Sortierkriterien entsprechend.

Hier soll der Datensatz mit dem höchsten Umsatz oben stehen.

1 ▶ Klicken Sie beliebig in die Tabelle, die sortiert werden soll.

2 ▶ Klicken Sie auf die Schaltfläche *AZ Sortieren und Filtern*.

3 ▶ Wählen Sie Ihr Sortierkriterium. Wählen Sie bei *Sortieren nach* die Angabe *Umsatz* aus.

4 ▶ Da in diesem Beispiel die höchste Zahl oben stehen soll, wählen Sie unter *Reihenfolge* die Option *Nach Größe (absteigend)*.

5 ▶ Über die Schaltfläche *Optionen* können Sie auch Spalten sortieren.

WICHTIGE INFORMATION

Achten Sie darauf, dass gegebenenfalls die Option *Überschrift* aktiviert ist, sonst können Sie die Spaltennamen bei *Sortieren nach* nicht angeben.

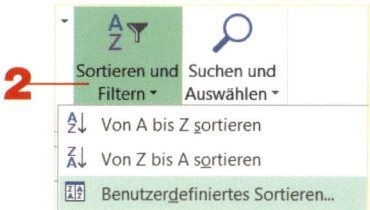

Name	Vorname	Umsatz
Adam	Bärbel	14.000
Adam	Franzi	5.000
Adam	Rudi	11.000
Bach	Maja	8.000
Franzen	Silvia	15.000
Meier	Hans	7.000
Müller	Petra	12.000
Renzen	Klaus	8.500
Taxen	Paul	12.500

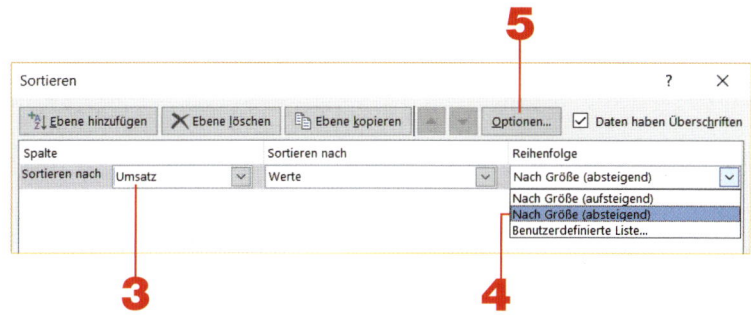

Das Kapitel im Überblick

3

Neu, Speichern und Drucken

»Speichern und drucken« kann so einfach sein. Stimmt! Wenn Sie dieses Kapitel durchlesen, wird es noch einfacher werden. Denn mit den richtigen Schaltflächen geht es per Mausklick.

Damit niemand Ihre Daten lesen kann, vergeben Sie Kennwörter. So verhindern Sie das Öffnen und/oder Bearbeiten einer Arbeitsmappe. Einige Tipps und Tricks erwarten Sie.

Möchten Sie eine PDF-Datei erstellen? Kein Problem: Mit der richtigen Schaltfläche sind Sie mit einem Mausklick dabei.

Die zuletzt verwendeten Arbeitsmappen aufzurufen, ist leicht. Aber ordnen Sie erst einmal die Einträge.

Aktualisieren Sie Ihr Wissen bei diesen »alten« Themen: Neu, Speichern und Drucken – und lernen Sie etwas dazu. Es würde mich freuen.

3

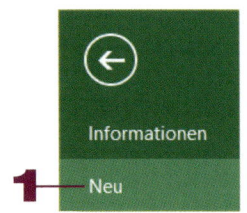

1 Neu

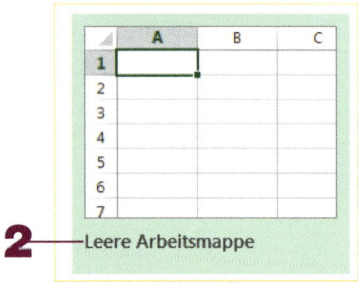

2 Leere Arbeitsmappe

3

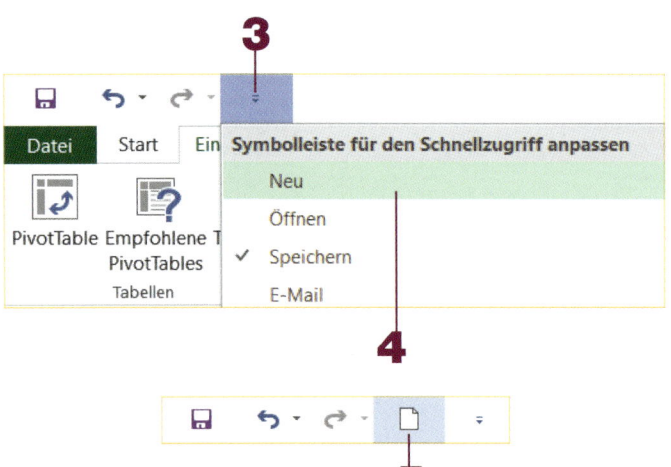

4

5

Klick mal Neu

1 ▶ Wenn Sie mit einem neuen leeren Dokument arbeiten möchten, klicken Sie unter *Datei* auf den Eintrag *Neu*.

2 ▶ Dann wählen Sie eine *Leere Arbeitsmappe* aus.

Dieser Weg ist gut, wenn Sie vorgegebene und/oder eigene Vorlagen öffnen möchten. Es ist aber ein umständlicher Weg, um ein neues Dokument auf dem Bildschirm zu starten. Schneller geht das über die Symbolleiste für den Schnellzugriff.

3 ▶ Öffnen Sie die Auswahl in der *Symbolleiste für den Schnell-zugriff*.

4 ▶ Wählen Sie die Option *Neu*.

5 ▶ Das Symbol befindet sich in der Symbolleiste. Pro Mausklick wird ein neues Dokument erstellt.

TIPP ➡ Durch Drücken der Tastenkombination Strg+N star-ten Sie eine neue leere Arbeitsmappe viel schneller.

Vorlagen

1 ▶ Unter *Datei* und *Neu* finden Sie Vorlagen. »Da hat sich einer die Mühe gegeben« und Vorlagen für Sie erstellt. Hier finden Sie eine Vielzahl von Vorschlägen für Auswertungen und Kalkulationen.

Die Vorlagen sind leicht zu handhaben. Sie bestehen meistens aus Formeln und Funktionen, die auch in diesem Buch erwähnt werden.

2 ▶ So können Sie hier Ihren nächsten Urlaub planen ...

3 ▶ ... oder Rechnungsformulare übernehmen. Durch die eigenen Änderungen wie zum Beispiel bei Adresse und/oder Bankverbindung passen Sie diese Vorlage an.

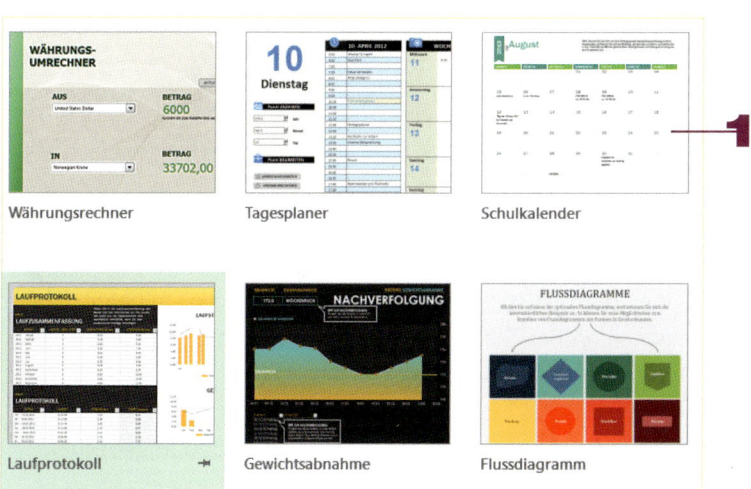

Währungsrechner   Tagesplaner   Schulkalender

Laufprotokoll   Gewichtsabnahme   Flussdiagramm

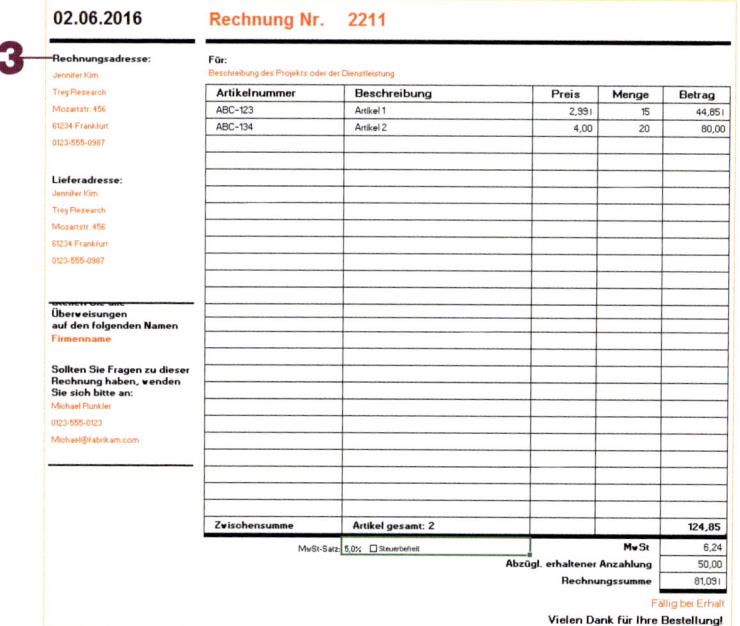

Befehl	Auswirkung
Alle schließen	schließt sämtliche Arbeitsmappen
Schließen	schließt einzelne Arbeitsmappen

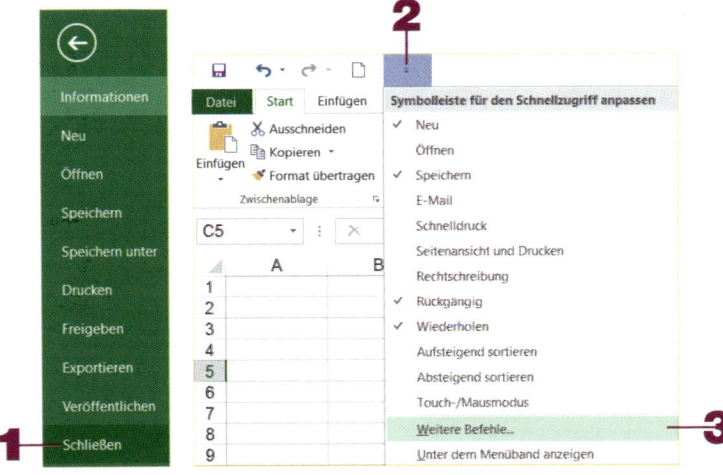

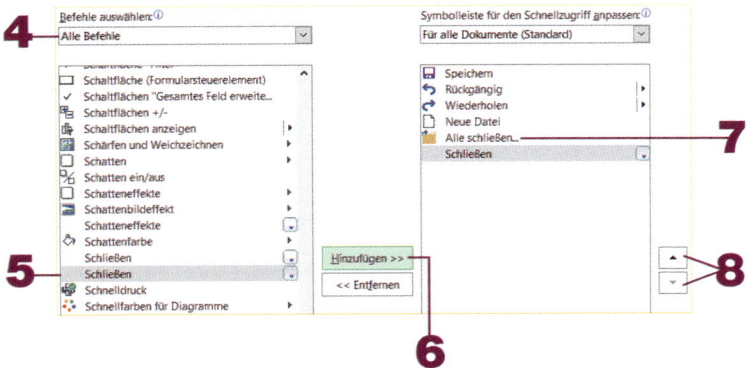

Schließen/Alle schließen

1 ▶ Das Schließen einer Arbeitsmappe ist über *Datei* mit dem Befehl *Schließen* möglich.

Die Befehle *Schließen* – geht auch mit dem Tastenkürzel Strg+W – und *Alle schließen* sollten Sie in der *Symbolleiste für den Schnellzugriff* anlegen, wenn Sie nicht immer über *Datei* gehen möchten.

2 ▶ Öffnen Sie die Auswahl in der *Symbolleiste für den Schnellzugriff*.

3 ▶ Weiter geht es hier dann über den Eintrag *Weitere Befehle*.

4 ▶ Wählen Sie unter *Befehle auswählen* die Option *Alle Befehle*.

5 ▶ Gehen Sie auf den Befehl *Schließen*.

6 ▶ Über die Schaltfläche *Hinzufügen >>* platzieren Sie den ausgewählten Befehl in der *Symbolleiste für den Schnellzugriff*.

7 ▶ Wiederholen Sie den Vorgang für den Befehl *Alle schließen*.

8 ▶ Über die beiden Pfeil-nach-oben- und Pfeil-nach-unten-Schaltflächen ordnen Sie die *Symbolleiste für den Schnellzugriff* nach Ihren eigenen Wünschen.

Sobald Sie auf *OK* klicken, ist die Symbolleiste neu angeordnet.

Speicher mal

Wenn Sie Arbeitsmappen bearbeiten, sollen sie auch gespeichert werden.

1 ▶ Arbeitsmappen speichern Sie über das Symbol *Speichern* in der *Symbolleiste für den Schnellzugriff* ...

2 ▶ ... oder über *Datei* und den Befehl *Speichern* bzw. *Speichern unter*.

Pro Mausklick wird eine Arbeitsmappe gespeichert bzw. Sie gelangen in das Dialogfeld *Speichern unter*.

3 ▶ Das Zeitintervall der automatischen Speicherung – eingestellt auf zurzeit zehn Minuten – können Sie über *Datei/Optionen/ Speichern* ändern.

4 ▶ Klicken Sie unter *Datei* auf *Informationen*, können Sie versehentlich geschlossene und/oder ungespeicherte Arbeitsmappen noch »retten«. Wählen Sie hier die Schaltfläche *Arbeitsmappe verwalten*.

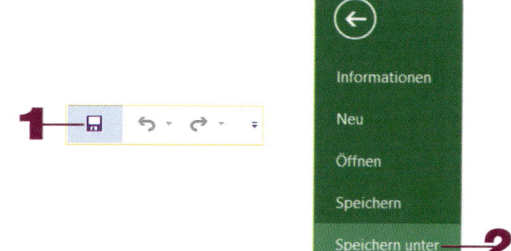

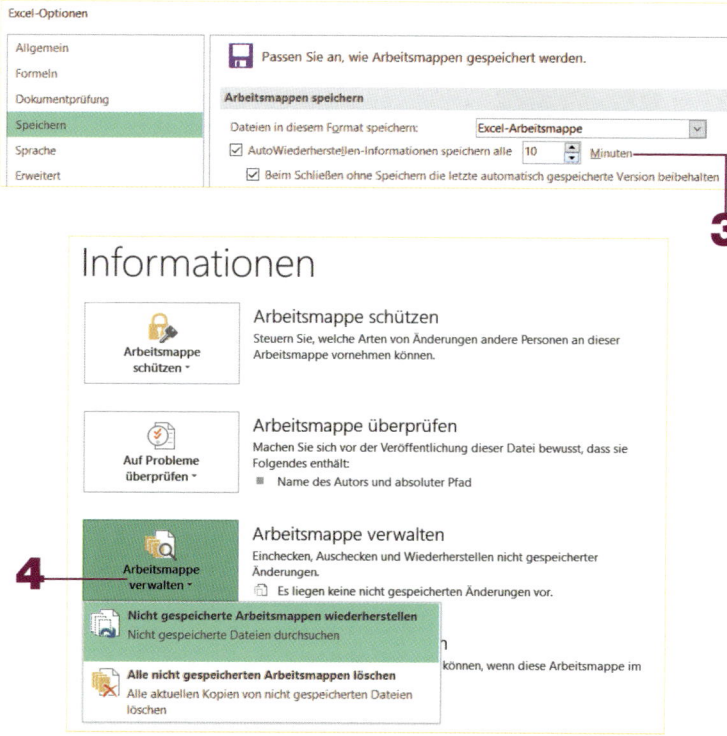

WICHTIGE INFORMATION

Microsoft musste seinen lange als »SkyDrive« vermarkteten Cloud-Dienst in »OneDrive« umbenennen. Der TV-Konzern BSkyB, auch als »Sky« (die mit der Bundesliga und Champions League) bekannt, hatten nämlich dagegen Klage eingereicht und vor einem britischen Gericht gewonnen.

Wie speichern?

Speichern oder *Speichern unter*? Darüber müssen Sie sich im Klaren sein, sonst kann es sein, dass Sie etwas überschreiben, ohne es zu wollen.

1 ▶ Wurde eine Arbeitsmappe noch nicht gespeichert, gelangen Sie über das Symbol *Speichern* in das Dialogfeld *Speichern unter*.

2 ▶ Ändern Sie eine gespeicherte Arbeitsmappe und wählen den Befehl *Speichern*, wird die ursprüngliche Arbeitsmappe überschrieben.

3 ▶ Möchten Sie dagegen die Ursprungsarbeitsmappe beibehalten, geben Sie über das Menü *Datei* den Befehl *Speichern unter* an.

Tastenkürzel	Funktion
Strg + S	Speichern
F12	Speichern unter

TIPP ➡ Möchten Sie Ihre Arbeitsmappen in einer Wolke (Cloud) speichern, können Sie den Cloud-Service OneDrive von Microsoft verwenden. Dazu geben Sie einfach OneDrive als Speicherort an.

Das Symbol »Speichern unter«

Sie können auch *Speichern unter* als Symbol in der *Symbolleiste für den Schnellzugriff* anlegen. Dadurch geht alles viel schneller.

1 ▶ Klicken Sie auf die Registerkarte *Datei* und wählen Sie *Optionen*.

2 ▶ Aktivieren Sie den Eintrag *Symbolleiste für den Schnellzugriff*.

3 ▶ Wählen Sie den Befehl *Speichern unter* aus.

4 ▶ Fügen Sie den Befehl *Speichern unter* über *Hinzufügen >>* in die *Symbolleiste für den Schnellzugriff* ein.

5 ▶ Sie können den Befehl mithilfe der beiden Pfeilschaltflächen nach Ihren Wünschen in der Symbolleiste anordnen.

Bestätigen Sie mit der Schaltfläche *OK*.

Das Symbol *Speichern unter* befindet sich nun in der *Symbolleiste für den Schnellzugriff*. Ab jetzt haben Sie die Wahl zwischen den Symbolen *Speichern* und *Speichern unter*.

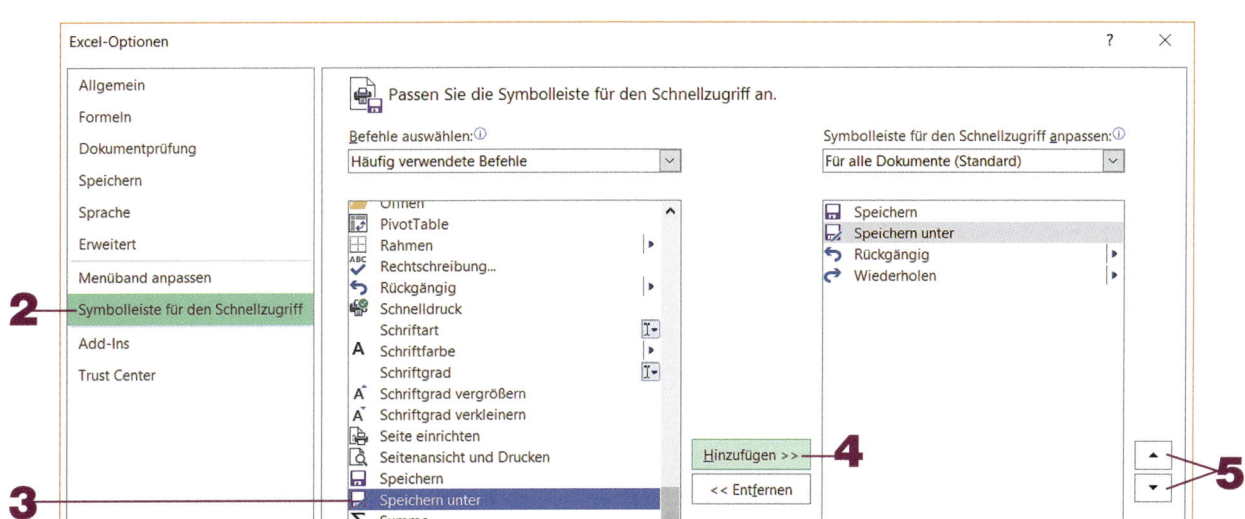

3

Das Dialogfeld »Speichern unter ...«

Denken Sie an »drei Dinge« beim Speichern:

1▶ an den Speicherort,

2▶ an den Dateinamen und

3▶ an den Dateityp.

Den Speicherort benötigen Sie, um die gespeicherte Arbeitsmappe später wieder zu öffnen. Als Dateinamen schlägt Excel die ersten Wörter der Arbeitsmappe vor. Ist der Text blau markiert, überschreiben Sie ihn einfach, ansonsten löschen Sie ihn.

Bei *Dateityp* geben Sie an, um was für eine Datei es sich handelt. Dabei haben die Dateien verschiedene Endungen.

Beispiele:

Dateiendung	Dateityp
.xlsx	Excel-Arbeitsmappe
.xls	Excel-Arbeitsmappe 97–2003
.xltx	Excel-Vorlage
.xlt	Excel-Vorlage 97–2003

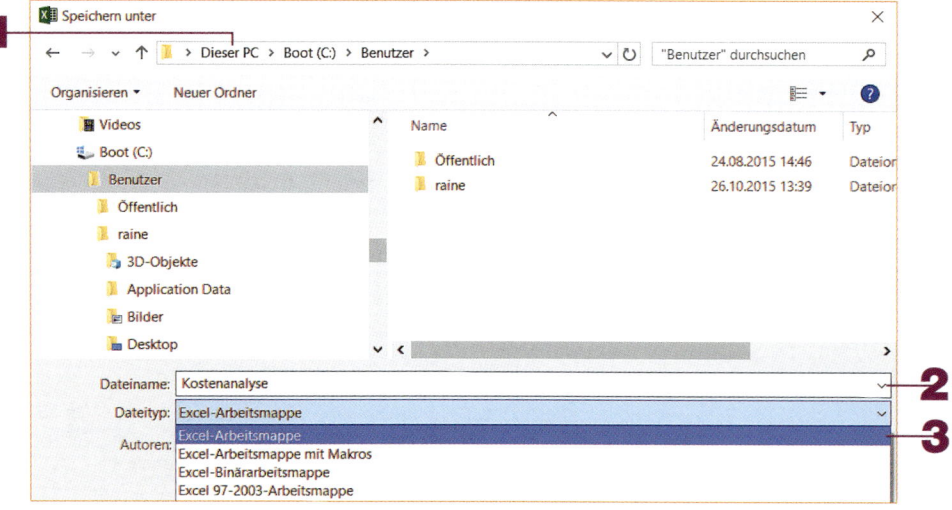

Aus Neu macht Alt

Die neuen Excel-Versionen können Arbeitsmappen, die mit älteren Excel-Versionen erstellt wurden, lesen. Andersherum geht das nicht! Dann muss der Dateityp geändert werden.

Wenn Ihnen also jemand mitteilt: »Ich kann deine Excel-Datei nicht lesen bzw. öffnen«, liegt es vielleicht daran, dass er über eine ältere Excel-Version verfügt.

1 ▶ Öffnen Sie im Dialog *Speichern unter* die Auswahl bei *Dateityp*.

2 ▶ Wählen Sie als Dateityp *Excel 97-2003-Arbeitsmappe*.

3 ▶ Speichern Sie über die gleichnamige Schaltfläche oder drücken Sie die ⏎-Taste.

4 ▶ Die Arbeitsmappe wird im Format der alten Version gespeichert. Wird eine Arbeitsmappe mit diesem Dateityp geöffnet, erscheint in der Titelleiste das Wort *Kompatibilitätsmodus*.

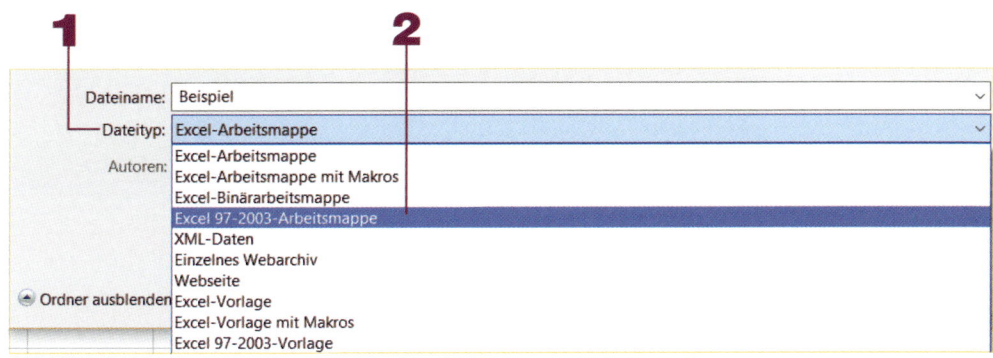

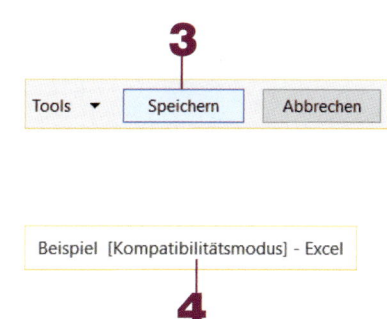

Aus Alt macht Neu

Öffnen Sie Arbeitsmappen, die in einer Version vor Excel 2007 gespeichert wurden, sind einige Funktionen deaktiviert.

Damit auch hier alle Funktionen der neuesten Excel-Versionen 2007–2016 zur Verfügung stehen, können Sie diese älteren Arbeitsmappen aktualisieren.

1▷ Dass eine Arbeitsmappe in einer älteren Version (Excel 97 bis Excel 2003) gespeichert wurde, erkennen Sie in der Titelleiste am Wort *Kompatibilitätsmodus*.

2▷ Klicken Sie auf die Registerkarte *Datei*. Wählen Sie den Eintrag *Informationen*.

3▷ Aktivieren Sie die Schaltfläche *Konvertieren*.

> **TIPP** ➡ Sie haben mehrere Möglichkeiten, den Dateityp zu ändern. Eine weitere erhalten Sie über den Menüweg *Datei/Exportieren*.

Niemand soll es lesen oder ändern

Damit Unbefugte keinen Zugriff auf Ihre persönlichen Daten erhalten, schützen Sie sie. Beachten Sie, dass bei Kennwörtern die Groß- und Kleinschreibung berücksichtigt wird.

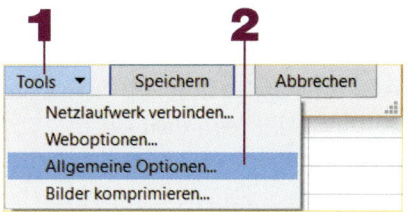

1 ▶ Im Dialogfeld *Speichern unter* erhalten Sie über die Schaltfläche *Tools* eine weitere Auswahl.

2 ▶ Aktivieren Sie den Eintrag *Allgemeine Optionen*.

3 ▶ Vergeben Sie die Kennwörter zum Öffnen und/oder zum Ändern.

4 ▶ Bestätigen Sie über die Schaltfläche *OK*.

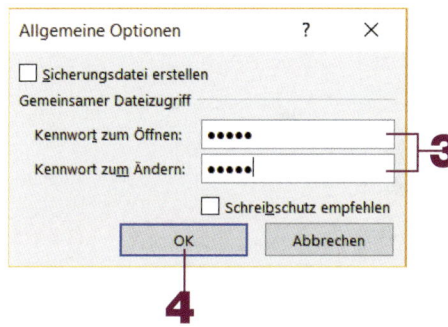

Die Arbeitsmappe kann nur noch mit dem Kennwort geöffnet werden.

Möchten Sie den Lese- und Schreibschutz wieder aufheben, brauchen Sie nur das Kennwort im Dialogfeld *Speichern unter* mit der Entf-Taste zu löschen.

> **TIPP** ➡ Sie werden noch einmal aufgefordert, die Kennwörter jeweils zu wiederholen. Das Programm weist Sie darauf hin, wenn diese nicht identisch sind. Beachten Sie dabei die Groß- und Kleinschreibung.

> **TIPP** ➡ Sobald Sie die Arbeitsmappe speichern, sind die Kennwörter aktiv. Bewahren Sie diese sorgfältig auf. Eine Änderung des Schutzes geht jetzt nur mit diesen angelegten Kennwörtern.

Bearbeitungen einschränken

Sie möchten, dass eine andere Person Ihre Daten zwar lesen, aber nicht bearbeiten kann?

1 ▶ Die Bearbeitung einer Arbeitsmappe von Dritten schränken Sie auf der Registerkarte *Überprüfen* ein.

2 ▶ Über die Schaltfläche *Arbeitsmappe schützen* sichern Sie generell die Struktur der gesamten Arbeitsmappe.

3 ▶ Möchten Sie dagegen das Tabellenblatt einer Arbeitsmappe schützen, wählen Sie die Schaltfläche *Blatt schützen*.

4 ▶ Geben Sie die Einschränkungen per Mausklick an. Für das spätere Aufheben der Beschränkungen legen Sie ein **Kennwort** fest.

5 ▶ Weitere Schutzmaßnahmen finden Sie unter *Datei* und *Informationen*.

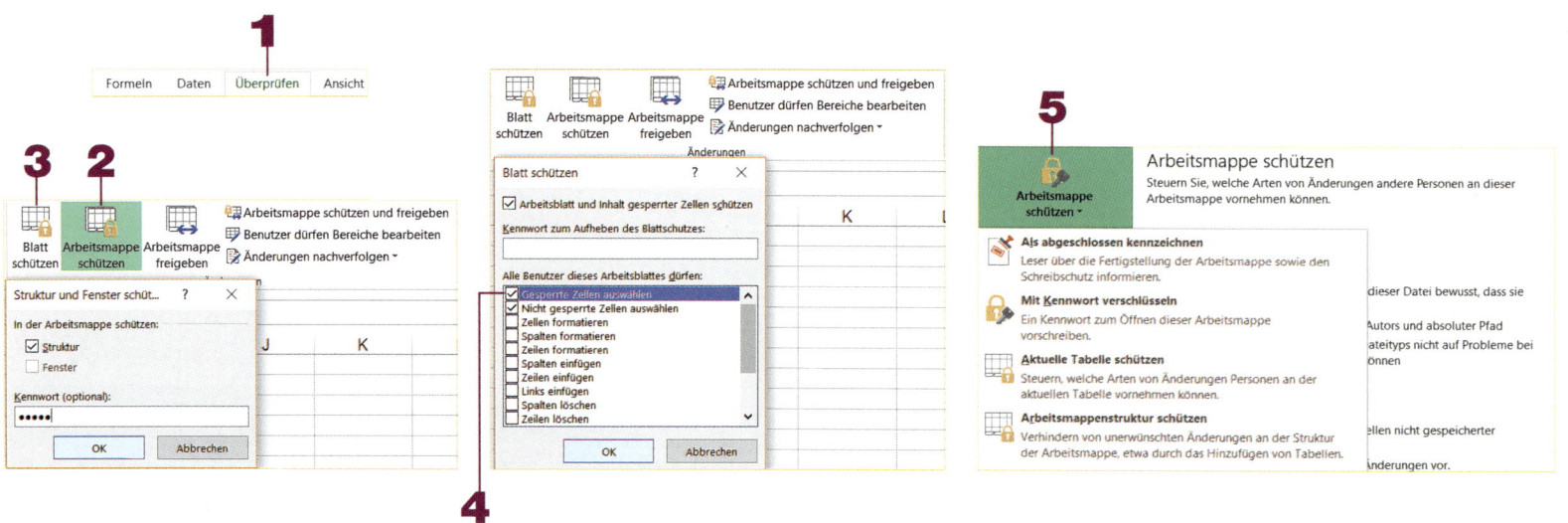

Mal schnell öffnen

1 ▶ Bereits gespeicherte Arbeitsmappen öffnen Sie über *Datei* und *Öffnen*. Natürlich geht das schneller mit dem Tastenkürzel Strg+O oder per Mausklick auf das Symbol *Öffnen* in der *Symbolleiste für den Schnellzugriff*.

Dazu muss diese zunächst eingebunden werden.

2 ▶ Öffnen Sie die Auswahl in der *Symbolleiste für den Schnellzugriff*.

3 ▶ Wählen Sie die Angabe *Öffnen* aus.

Mit einem Mausklick auf das Symbol gelangen Sie nun in das Dialogfeld *Öffnen*.

WICHTIGE INFORMATION

Bereits gespeicherte Arbeitsmappen öffnen Sie mit der Tastenkombination Strg+O, neue Arbeitsmappen starten Sie mit Strg+N.

TIPP ➡ Mit der Entf-Taste legen Sie Dateien in den Papierkorb. Mit der Tastenkombination ⇧+Entf wird eine Datei sofort gelöscht.

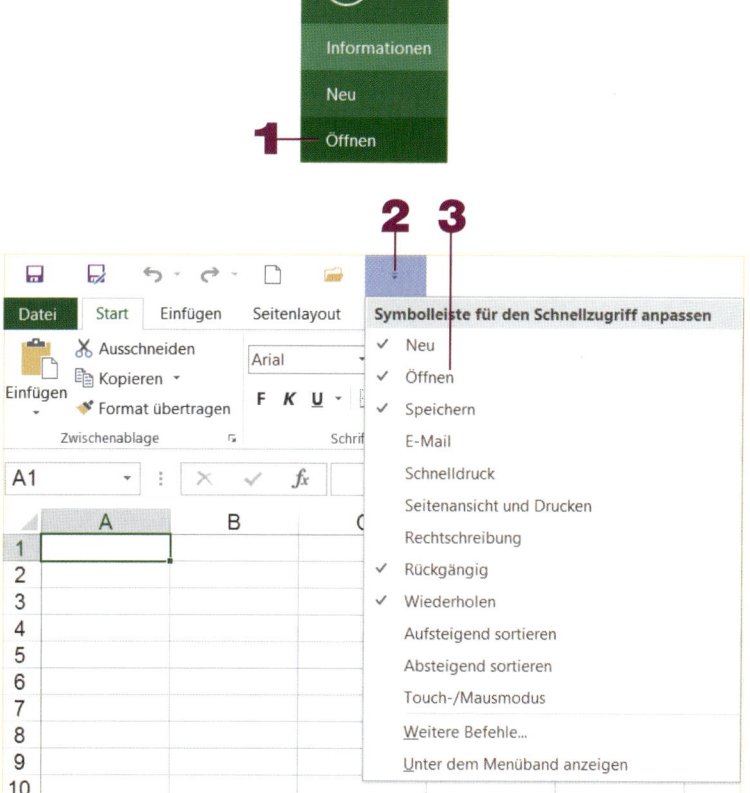

Das ist wohl das Letzte ...

1 ▶ Über *Datei* und *Öffnen* können Sie die letzten Arbeitsmappen, mit denen Sie gearbeitet haben, schnell wieder öffnen.

2 ▶ Excel 2016 bietet Ihnen hier sogar eine zeitliche Chronologie an: *Heute, Diese Woche, Letzte Woche, Älter.* Dabei kommt es auf die Anzahl der Einträge an.

3 ▶ Durch Anklicken des Pin-Symbols verbleibt die Anzeige der Arbeitsmappe dauerhaft in der Liste.

Unter *Zuletzt verwendet* werden auch die Arbeitsmappen angezeigt, die Sie bereits gelöscht haben. Klicken Sie auf den Eintrag, können Sie die Arbeitsmappe natürlich nicht mehr öffnen – das Gleiche gilt bei umbenannten Dateien und Dateien, deren Speicherort verändert wurde. Das kann verwirren! Schaffen Sie da mal Ordnung. Diesem Tohuwabohu können Sie leicht Abhilfe schaffen:

4 ▶ Ein Rechtsklick mit der Maus in die Liste der zuletzt verwendeten Arbeitsmappen hilft Ihnen dabei, Ordnung in die Liste zu bekommen.

5 ▶ Hier können Sie auch nicht gespeicherte Arbeitsmappen wiederherstellen.

Zuletzt verwendet mal erweitern

Viele Anwender starten ihre Dateien zum Beispiel unter *Datei* über *Zuletzt verwendet*. Die Anzahl der Dateien ist zurzeit auf 25 eingestellt. Diese Zahl lässt sich jedoch auf bis zu 50 erhöhen.

1 ▶ Wählen Sie unter *Datei* die *Optionen*. Wenn Sie nicht über das Menü gehen möchten, wählen Sie den schnellen Weg mit der Tastenkombination Alt+D+O.

2 ▶ Klicken Sie dann *Erweitert* an.

3 ▶ Scrollen Sie nach unten, bis *Anzeige* erscheint.

4 ▶ Bei *Diese Anzahl zuletzt verwendeter Arbeitsmappen anzeigen* ändern Sie die Anzahl.

Sie können sich die zuletzt verwendeten Arbeitsmappen auch innerhalb des Menüs *Datei* anzeigen lassen.

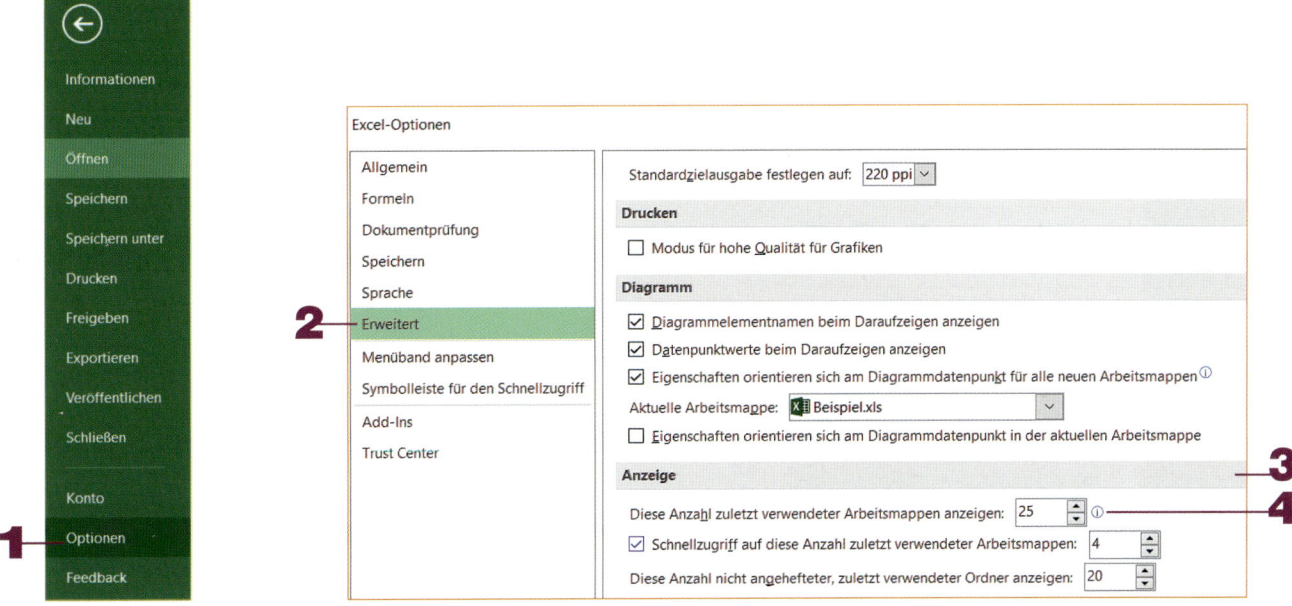

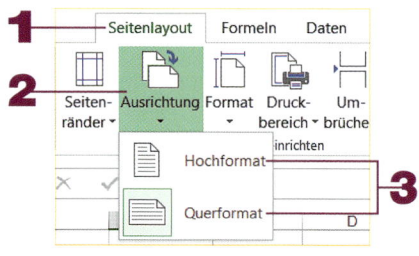

Hoch- und Querformat

Passt Ihre breite Kalkulation nicht auf eine Seite, da diese auf das Hochformat eingestellt ist, wechseln Sie zum Querformat.

1 ▶ Aktivieren Sie dazu die Registerkarte *Seitenlayout*.

2 ▶ Klicken Sie dort auf die Schaltfläche *Ausrichtung*.

3 ▶ Wechseln Sie hier zwischen *Hoch- und Querformat*.

4 ▶ Aber auch beim Drucken können Sie zwischen Hoch- und Querformat wechseln. Gehen Sie über *Datei/Drucken* in den Druckdialog.

5 ▶ Hier legen Sie Ihre gewünschte Ausrichtung über *Hochformat* bzw. *Querformat* fest.

TIPP ➡ Bereits in der *Druckvorschau/Seitenansicht* erkennen Sie, wie Hoch- und Querformat wechseln.

Die Umbruchvorschau

Bevor Sie eine Kalkulation ausdrucken, sollten Sie den Ausdruck auf seine Korrektheit hin zuerst am Bildschirm prüfen.

Durch den Befehl *Umbruchvorschau* wird eine Kalkulation auf **Druckseiten** verkleinert. Hier können Sie auch Änderungen vornehmen.

1 ▶ Holen Sie die Registerkarte *Ansicht* in den Vordergrund.

2 ▶ Aktivieren Sie die Schaltfläche *Umbruchvorschau*.

3 ▶ Die Umbruchvorschau passt die Druckseite entsprechend der Größe der Kalkulation an.

4 ▶ Bewegen Sie den Mauszeiger auf den rechten unteren Eckpunkt der blauen Markierung, können Sie mit gedrückter linker Maustaste die Druckseite anpassen.

5 ▶ Über die Schaltfläche *Normal* beenden Sie die Umbruchvorschau.

TIPP ➡ Klicken Sie in der Registerkarte *Ansicht* auf die Schaltfläche *Seitenlayout*, können Sie die Kopfzeile bearbeiten. Klicken Sie in diese, erscheint die Registerkarte *Kopf- und Fußzeilentools/Entwurf* auf dem Bildschirm. Über diese können Sie u. a. auch zur Fußzeile wechseln.

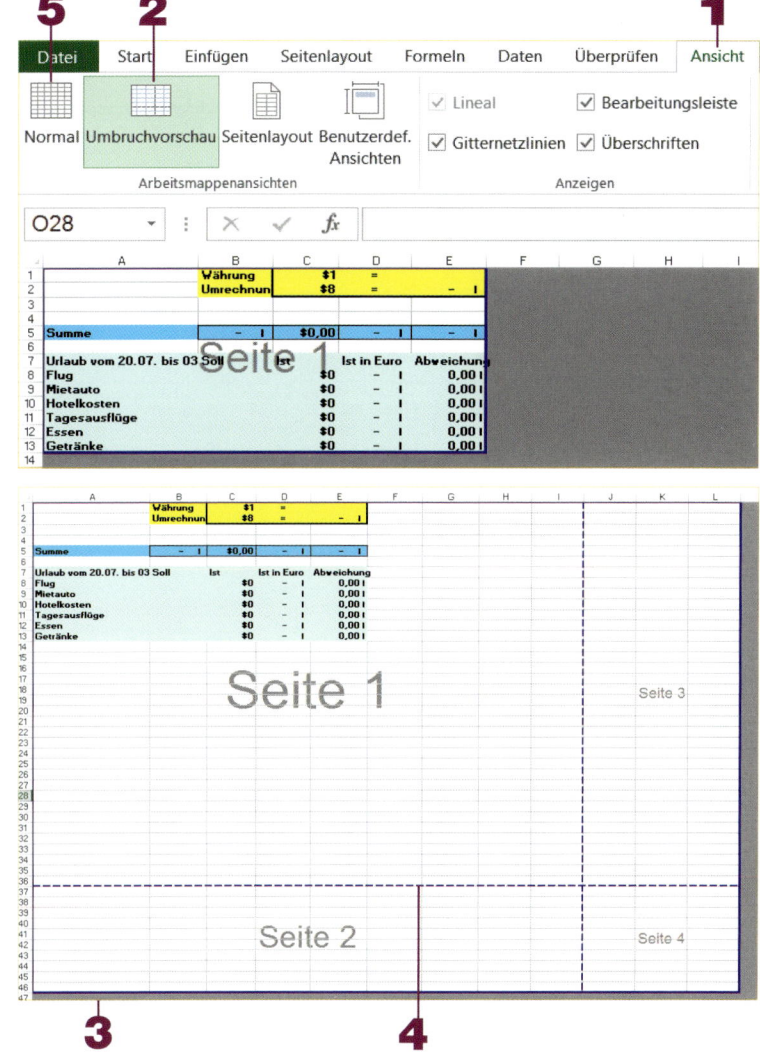

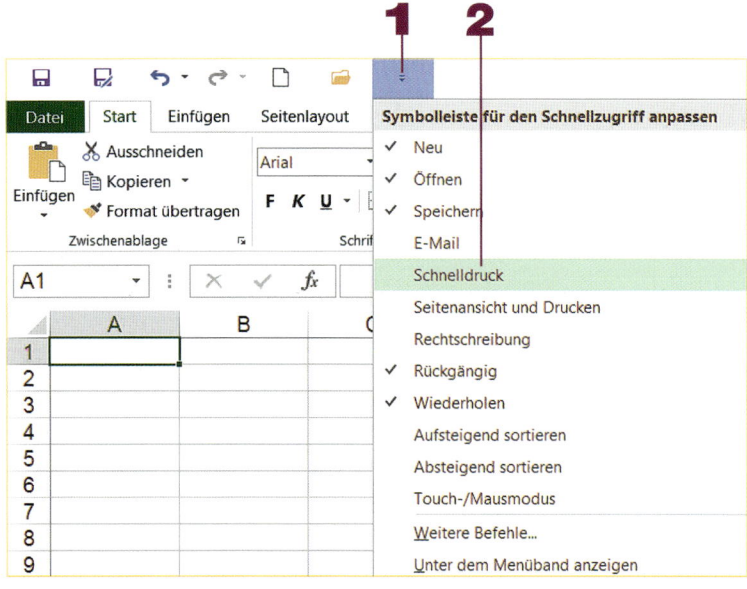

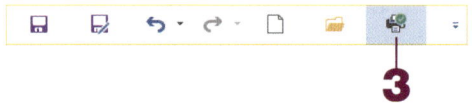

Der Schnelldruck

Um ein Dokument schnell auszudrucken, steht Ihnen die Funktion *Schnelldruck* zur Verfügung.

Dafür legen Sie das Symbol *Schnelldruck* in der *Symbolleiste für den Schnellzugriff* an.

1▶ Öffnen Sie die Auswahl bei der *Symbolleiste für den Schnellzugriff*.

2▶ Aktivieren Sie den Schnelldruck.

3▶ Das Symbol befindet sich in der Symbolleiste für den Schnellzugriff. Pro Mausklick drucken Sie das Tabellenblatt aus.

WICHTIGE INFORMATION

Achtung! Sie drucken hier nur das jeweilige Tabellenblatt aus – nicht die Arbeitsmappe.

TIPP ➡ Sie sollten den Ausdruck in einer Druckvorschau überprüfen, um eventuelle Korrekturen vorzunehmen, bevor Sie unnötig Papier verschwenden. Mehr dazu finden Sie auf den nachfolgenden Seiten.

Der Druck im Detail

1 ▶ Für den Ausdruck steht Ihnen zusätzlich auf der Registerkarte *Datei* der Menübefehl *Drucken* zur Verfügung. Sie erreichen das Dialogfeld auch mit der Tastenkombination [Strg]+[P].

2 ▶ Hier können Sie Ihre Angaben noch detaillierter festlegen. So geben Sie hier zum Beispiel an, wie viele *Exemplare* gedruckt werden sollen.

3 ▶ Würden Sie nun den Befehl über die Schaltfläche *Drucken* ausführen, würde nur das einzelne Tabellenblatt gedruckt. Möchten Sie dagegen die gesamte Arbeitsmappe ausdrucken, geben Sie das unter *Einstellungen* an.

4 ▶ Über die Schaltfläche *Benutzerdefinierte Seitenränder* legen Sie noch fest, wie die Seitenränder eingestellt werden sollen.

Sie können Ihre Druckangaben hier immer weiter und weiter detaillieren. Es würde aber zu weit führen, das alles hier zu erklären.

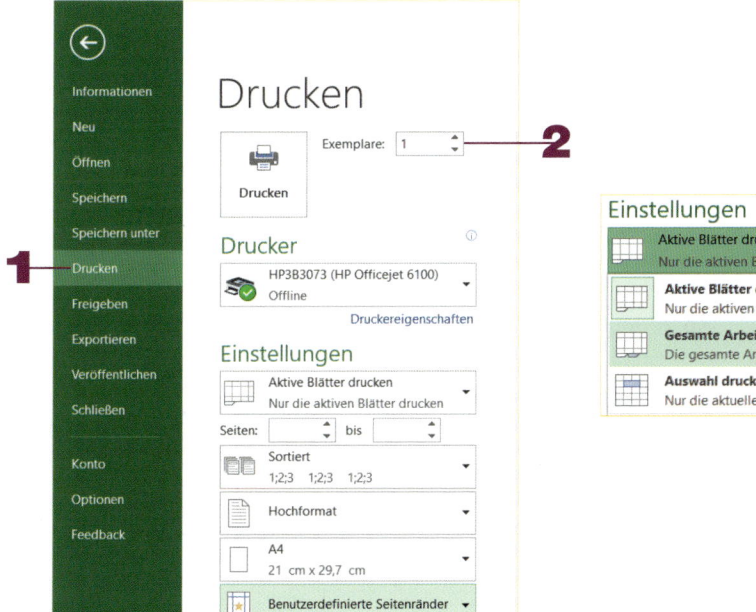

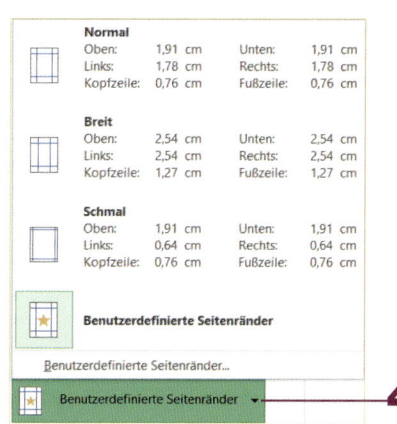

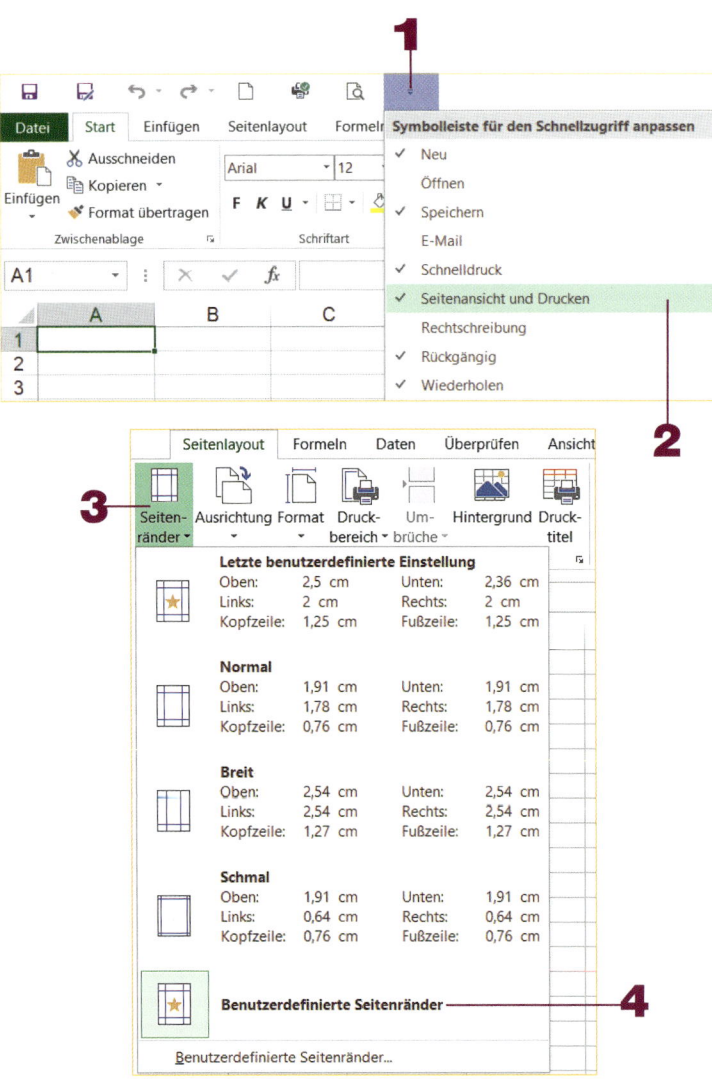

Die Seitenansicht

Die Seitenansicht zeigt den Druck so, wie das Papier aus dem Drucker kommen würde. Das spart Zeit und vor allem Papier und schont vielleicht sogar Ihre Nerven, bevor Sie immer wieder und wieder drucken.

Das Symbol *Seitenansicht und Drucken* können Sie dazu in die *Symbolleiste für den Schnellzugriff* legen.

1 ▶ Öffnen Sie die Auswahl in der *Symbolleiste für den Schnell-zugriff*.

2 ▶ Wählen Sie *Seitenansicht und Drucken*.

3 ▶ Vielleicht möchten Sie die Seitenränder vor dem Drucken noch ändern? Sie können die Seitenränder in *Normal*, *Breit* oder *Schmal* ändern. Wählen Sie dazu die Registerkarte *Seitenlay-out* und die Schaltfläche *Seitenränder*.

4 ▶ Über den Eintrag *Benutzerdefinierte Seitenränder* erscheint das Dialogfeld *Seite einrichten* auf dem Bildschirm. Sie können die Angaben hier selbst festlegen.

Seitenränder schnell ändern

Sie können in der Seitenansicht die Seitenränder schnell anpassen. Fast unauffällig sind die kleinen Symbole rechts unten.

1 ▶ Das rechte Symbol zoomt per Mausklick die Tabellen größer oder kleiner.

2 ▶ Mit dem linken Symbol schalten Sie rechts unten die Randsymbole ein.

3 ▶ Hier können Sie Spaltenbreiten, Seitenränder und/oder Kopf- und Fußzeilenbereiche direkt durch Ziehen der Maus ändern.

Schnell in die Seitenansicht geht es mit der Tastenkombination ⌷Strg⌷+⌷F2⌷.

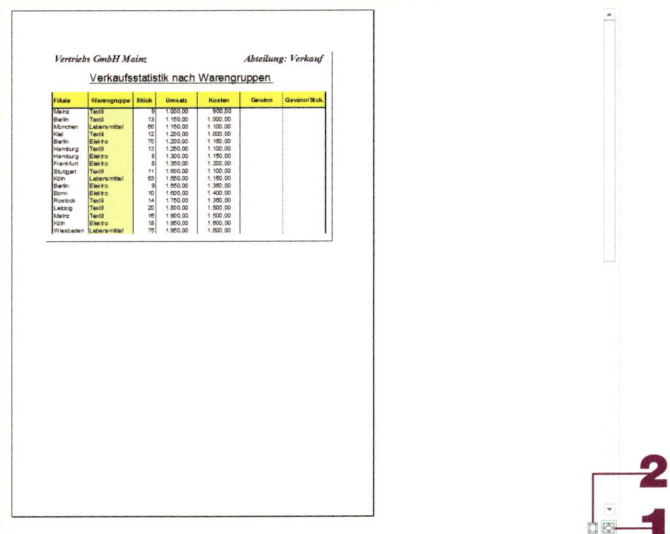

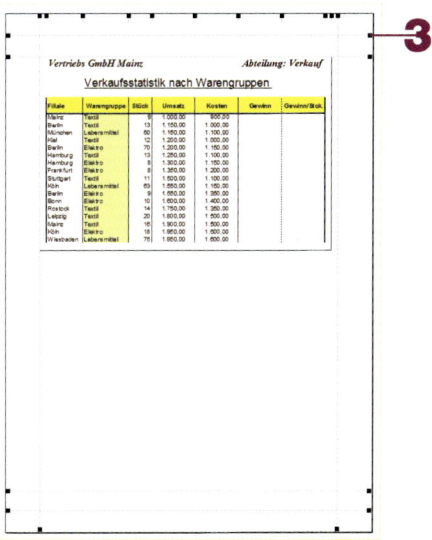

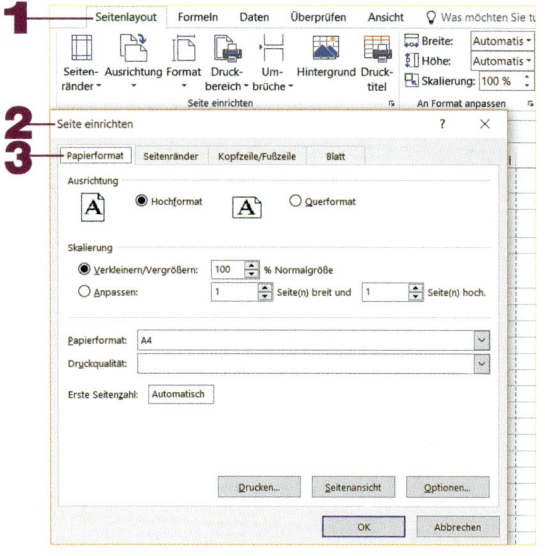

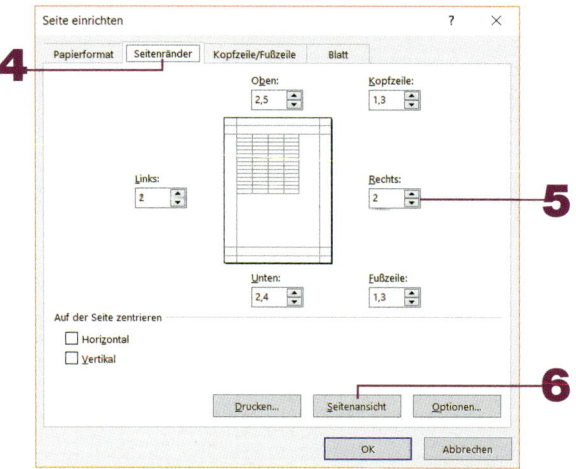

Seitenränder einrichten

Haben Sie bestimmte Vorgaben? Möchten Sie die Seitenränder präzise anpassen? Dann nutzen Sie am besten das Dialogfeld *Seite einrichten*.

1 ▶ Holen Sie die Registerkarte *Seitenlayout* in den Vordergrund.

2 ▶ Starten Sie in der Gruppe *Seite einrichten* das gleichnamige Dialogfeld.

3 ▶ Auf der Registerkarte *Papierformat* können Sie zum Beispiel zwischen Hoch- und Querformat wechseln oder unter *Skalierung* die Seiten anpassen.

4 ▶ Holen Sie die Registerkarte *Seitenränder* in den Vordergrund.

5 ▶ Mit präzisen Angaben in den jeweiligen Feldern ändern Sie die Abstände der einzelnen Seitenränder.

6 ▶ Von hier aus gelangen Sie schnell über die gleichnamige Schaltfläche in die **Seitenansicht**.

Damit alles auf eine Seite passt

Sie können eine Tabelle durch Verkleinern an die Druckseite angleichen. Dadurch wird die Tabelle automatisch bei jedem Ausdruck angepasst. Mehrere Seiten eines Tabellenblattes lassen sich hier auch
auf eine Seite angleichen. Beachten Sie dabei, dass die Seiten dazu
stark verkleinert werden. Unter Umständen sind sie überhaupt nicht
mehr lesbar.

1 ▶ Holen Sie die Registerkarte *Seitenlayout* in den Vordergrund.

2 ▶ Bei *Breite* und *Höhe* können Sie festlegen, auf wie vielen Seiten die Tabelle angezeigt werden soll.

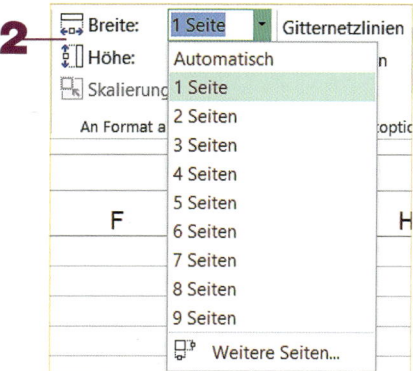

3 ▶ Unter *Skalierung* können Sie den Prozentsatz des Ausdrucks verkleinern. Das funktioniert aber nur, wenn bei *Breite* und *Höhe*
auf *Automatisch* eingestellt ist.

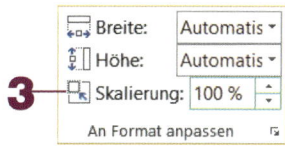

4 ▶ Sobald Sie eine Auswahl getroffen haben, erscheint im Tabellenblatt eine gestrichelte Linie. Diese zeigt den Seitenumbruch an.

TIPP ➡ Diese Skalierung können Sie auch beim Drucken
(*Datei/Drucken*) vornehmen. Die Angaben dazu finden Sie unter
Einstellungen.

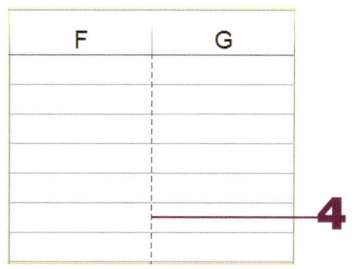

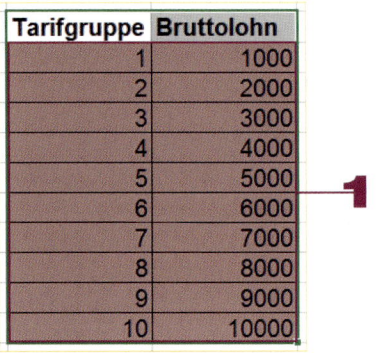

1

2

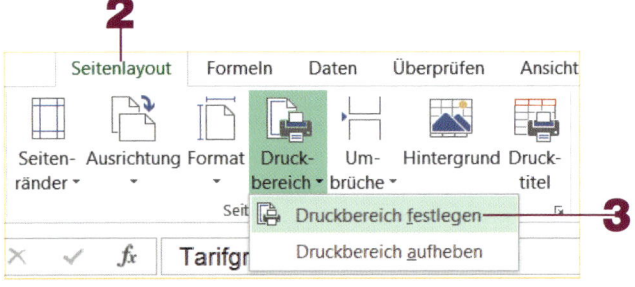

3

Der Druckbereich (1)

Möchten Sie nur einen bestimmten (Zell-)Bereich innerhalb eines Arbeitsblattes ausdrucken, können Sie einen bestimmten Druckbereich festlegen.

1 ▶ Markieren Sie den Zellbereich, den Sie ausdrucken möchten. Eine Liste bzw. einen Druckbereich können Sie über die Tasten Strg + A markieren.

2 ▶ Holen Sie die Registerkarte *Seitenlayout* in den Vordergrund.

3 ▶ Klicken Sie auf die Schaltfläche *Druckbereich* und *Druckbereich festlegen*. Der Druckbereich wird festgelegt.

Beim nächsten Ausdruck wird nur dieser Bereich gedruckt. Soll später die gesamte Tabelle ausgedruckt werden, wählen Sie wieder die Registerkarte *Seitenlayout*. Aktivieren Sie dann unter *Druckbereich* die Angabe *Druckbereich aufheben*.

TIPP ➡ Sie können auch einen bestimmten Zellbereich drucken, indem Sie diesen markieren. Sie starten z. B. über die Tasten Strg + P das Dialogfeld. Öffnen Sie dann die Auswahl unter *Einstellungen*, indem Sie zuerst auf die Schaltfläche *Aktive Blätter drucken* und dann auf den Eintrag *Auswahl drucken* klicken.

Der Druckbereich (2)

Um verschiedene Zellbereiche zu markieren, wählen Sie diese mithilfe der ⌈Strg⌉-Taste aus. Halten Sie dazu die Taste gedrückt, während Sie die gewünschten Zellen markieren.

1 ▶ Sind mehrere Bereiche markiert, wird jeder markierte Block einzeln ausgedruckt.

2 ▶ Excel merkt sich den Druckbereich über einen Bereichsnamen. Diesen können Sie im *Namens-Manager* leicht bearbeiten.

3 ▶ Den *Namens-Manager* erreichen Sie über die Registerkarte *Formeln* oder die Tastenkombination ⌈Strg⌉+⌈F3⌉.

> **TIPP** ➡ Legen Sie einen Druckbereich mit der Funktion *BEREICH.VERSCHIEBEN()* an, werden immer alle Zeilen und Spalten ab der Zelle A1 gedruckt. Geben Sie die Funktion im *Namens-Manager* über die Schaltfläche *Bearbeiten* bei *Bezieht sich auf* an.

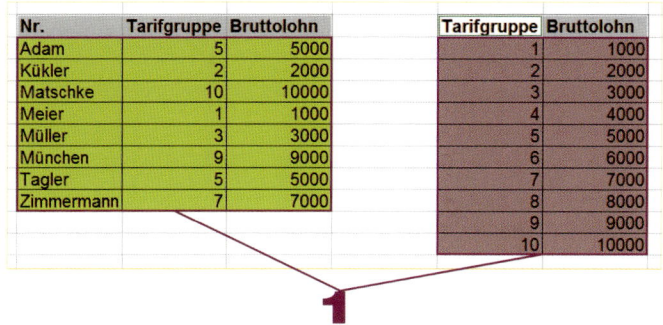

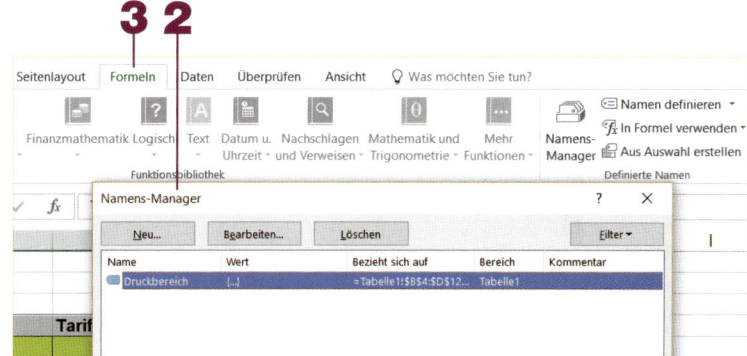

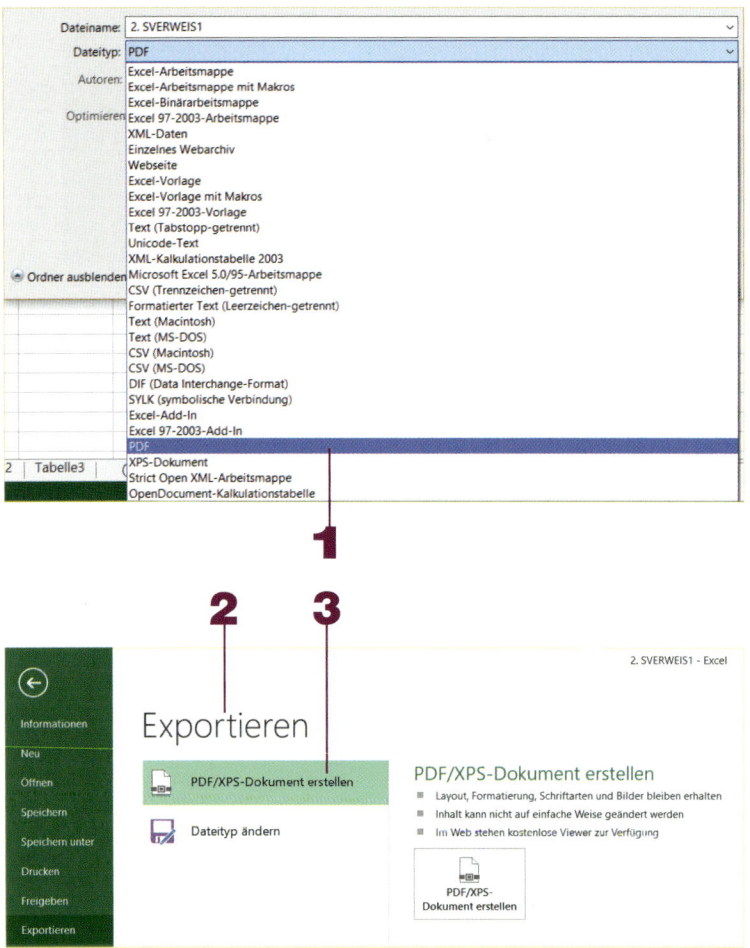

Her mit dem PDF

Im Zusammenhang mit dem Thema »Drucken« soll hier noch kurz auf das Erstellen von PDF-Dateien eingegangen werden.

1 ▶ Sie haben die Möglichkeit, PDF-Dateien zu erstellen. Dazu wählen Sie einfach im Dialogfeld *Speichern unter* als Dateityp *PDF* aus.

2 ▶ Sie können aber auch den Menüpunkt *Datei* mit dem Eintrag *Exportieren* und ...

3 ▶ ... der Schaltfläche *PDF/XPS-Dokument erstellen* wählen.

> **TIPP** ➡ Sobald Sie im Dialogfeld *Speichern unter* den Dateityp *PDF* festlegen, erscheint die Schaltfläche *Optionen*. Hier können Sie weitere Details angeben.

Zwei Klicks, ein PDF

Sie können mit einem Mausklick schnell eine Arbeitsmappe in eine PDF-Datei umwandeln. Dazu nutzen Sie das Symbol *Als PDF oder XPS veröffentlichen* in der *Symbolleiste für den Schnellzugriff*. Dieses Symbol muss erst angelegt werden.

1 ▶ Klicken Sie auf die Registerkarte *Datei* und wählen Sie die *Optionen*.

2 ▶ Aktivieren Sie den Eintrag *Symbolleiste für den Schnellzugriff*.

3 ▶ Wählen Sie bei *Befehle auswählen* die Angabe *Alle Befehle* aus.

4 ▶ Binden Sie den Befehl *Als PDF oder XPS veröffentlichen* über *Hinzufügen >>* in die *Symbolleiste für den Schnellzugriff* ein.

5 ▶ Bestätigen Sie mit der Schaltfläche *OK*.

Das Symbol befindet sich nun in der *Symbolleiste für den Schnellzugriff*. Per Mausklick gelangen Sie in das Dialogfeld *Speichern unter*. Als Dateityp wird automatisch *PDF* aktiviert.

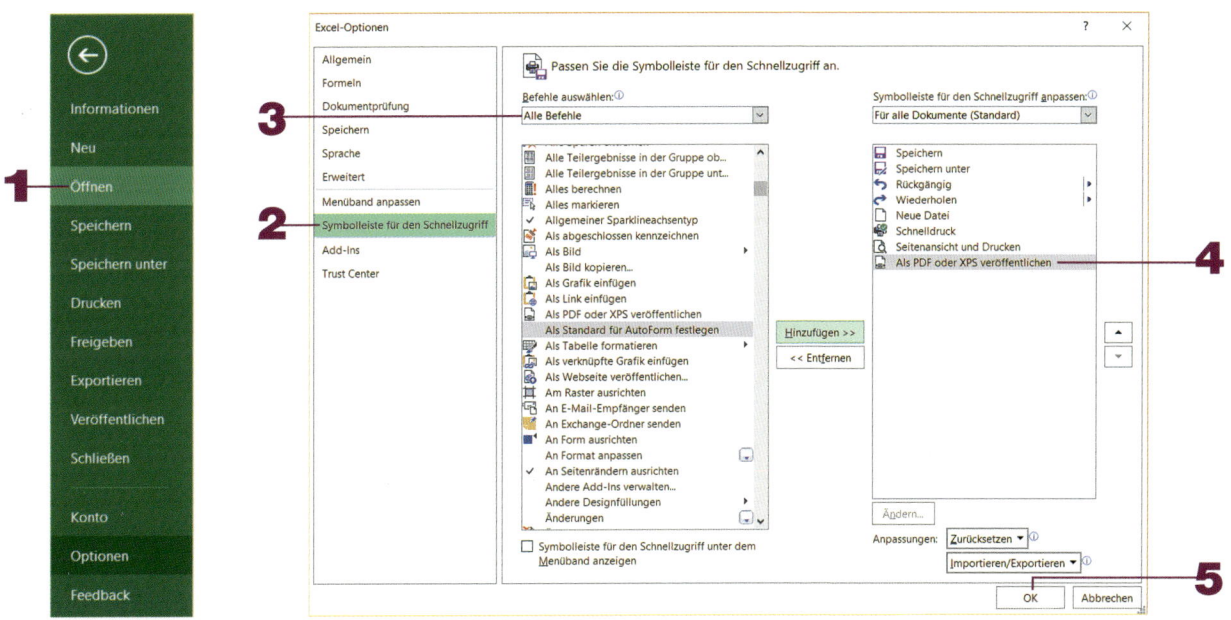

Das Kapitel im Überblick

- ▶ Der Zellzeiger – schneller als die Polizei erlaubt
- ▶ In Tabellen schnell sein
- ▶ Richtiges Markieren spart Zeit
- ▶ Passt nicht gibt es nicht!
- ▶ Excel übernimmt das schon
- ▶ Formeln kopieren
- ▶ Markieren und rechnen
- ▶ Mehrere Zellen, eine Rechnung
- ▶ Kopieren und ausschneiden
- ▶ Mit der Maus: ausschneiden und kopieren
- ▶ Die Zwischenablage nutzen
- ▶ Spalten in Zeilen (und umgekehrt)
- ▶ Mo, Di, Mi – schnell geht's
- ▶ Die Auto-Ausfülloptionen
- ▶ Schnell (auto)gezählt
- ▶ Nur die Wochentage anzeigen
- ▶ Den Wochentag ermitteln

- ▶ Wenn es nervt: die Auto-Ausfülloptionen abschalten
- ▶ Zeit sparen: eigene Aufzählungen erstellen
- ▶ Ein flottes Datum
- ▶ Noch eine Registerkarte: Entwicklertools
- ▶ Schaltflächen – wofür?
- ▶ Schaltflächen anlegen
- ▶ Schaltflächen zuweisen
- ▶ Schaltflächen für die Auswahl
- ▶ Schaltflächen mit Listen
- ▶ Makro anlegen
- ▶ Makro aufzeichnen
- ▶ Makro starten und bearbeiten
- ▶ Dein Makro, deine Schaltfläche
- ▶ Eine Form mit Makro
- ▶ Eine Form mit Makro – Makro aufzeichnen
- ▶ Eine Form mit Makro – Makro der Schaltfläche zuweisen
- ▶ Arbeitsmappe mit Makros speichern

Speedy Excel

»Speedy Working« ist ein neuer Begriff in unserer schnelllebigen Zeit, den auch wir jetzt umsetzen möchten. Die Handhabung in Excel kann mit ein paar Tasten sehr schnell sein, denn Sie wissen ja, schneller arbeiten – mehr Freizeit oder noch mehr Arbeit? Das hängt ganz von Ihnen ab. Per Tastenkombination wird das Jetzt und Heute (Datum) eingefügt.

Einmal eingeben reicht, dann wird kopiert und verschoben. Für das Kopieren und Verschieben gibt es verschiedene Möglichkeiten. Mit Maus und gedrückter Strg-Taste geht's schnell und einfach. Genauso wie die Umwandlung von Zeilen in Spalten und/oder umgekehrt.

Excel bietet vorhandene Ausfüll-Optionen an. Ob Tage oder Monate, ob in Englisch oder Deutsch, ob Aufzählungen oder Zahlenreihen, die Tabellenkalkulation bietet hier verschiedene Möglichkeiten. Wiederholen sich Ihre Eingaben, legen Sie eine Aufzählung über die Excel-Optionen selbst an.

Eigene Schaltflächen sind toll. Per Mausklick geben Sie Werte an und die Berechnungen erfolgen wie von selbst.

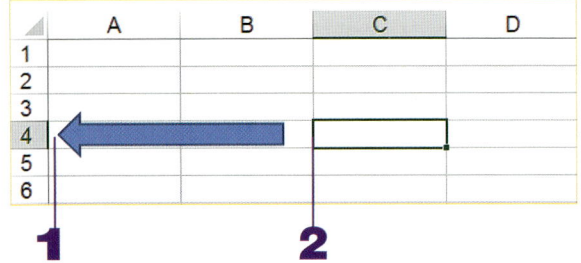

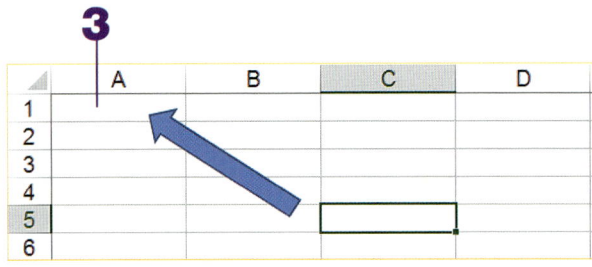

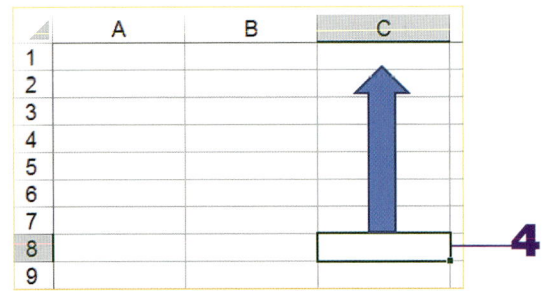

Der Zellzeiger – schneller als die Polizei erlaubt

Um ehrlich zu sein, habe ich mich noch nie damit beschäftigt, wie der Eingabekasten in Excel eigentlich heißt. Der professionelle Ausdruck ist wohl »Zellzeiger«. Aber egal, Hauptsache Sie wissen, was ich meine.

Der Eingabekasten (wir können ihn auch »Zellzeiger« nennen) kann schnell hin und her springen.

1 ▶ Drücken Sie die Taste ⌷Pos1⌷, springt der Zellzeiger in die erste Zelle der Zeile.

2 ▶ Klicken Sie doppelt auf den linken Rand, springt er in die erste Zelle der Zeile.

3 ▶ Möchten Sie in die Zelle »A1« gelangen, drücken Sie ⌷Strg⌷+⌷Pos1⌷.

4 ▶ Wenn Sie mit dem Mauszeiger doppelt auf den oberen Rand des Zellzeigers klicken, springt er automatisch in die erste Zelle der Spalte.

WICHTIGE INFORMATION

Dabei darf sich der Zellzeiger aber nicht in einer Liste befinden. Als Liste bezeichnet man den geschlossenen Bereich von Zellen.

In Tabellen schnell sein

In großen Tabellen bzw. Listen – in der Abbildung ist sie sehr klein – erleichtert das schnelle Springen des Zellzeigers die Arbeit sehr.

1 ▶ Mit einem Doppelklick auf den jeweiligen Rand springt er entsprechend zum ersten oder letzten Eintrag in der Zeile oder Spalte.

2 ▶ Um den Zellzeiger von der aktiven Zelle in die letzte Zelle zu setzen, drücken Sie die ⌈Strg⌉- und entsprechend eine Pfeiltaste.

3 ▶ Mit der Tastenkombination ⌈Strg⌉+⌈Ende⌉ gelangen Sie in die Zelle unter der letzten Zelle der Liste.

> **TIPP** ➡ »Übung macht den Meister.« So heißt es doch. Probieren Sie es einfach in der Praxis aus. Ein Doppelklick auf den jeweiligen Rand des Zellzeigers und er »rast« in die entsprechende Richtung. Das funktioniert innerhalb einer Tabelle/Liste mit jedem Rand des Zellzeigers. Befinden Sie sich dagegen nicht in einer Tabelle, klappt das nur mit dem linken und oberen Rand.

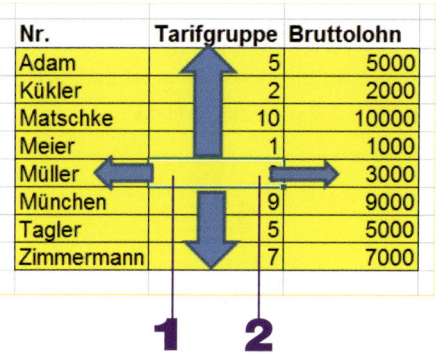

Nr.	Tarifgruppe	Bruttolohn
Adam	5	5000
Kükler	2	2000
Matschke	10	10000
Meier	1	1000
Müller		3000
München	9	9000
Tagler	5	5000
Zimmermann	7	7000

1 **2**

Nr.	Tarifgruppe	Bruttolohn
Adam	5	5000
Kükler	2	2000
Matschke	10	10000
Meier		1000
Müller		3000
München	9	9000
Tagler	5	5000
Zimmermann	7	000

3

4

WICHTIGE INFORMATION

Mit der ⬚-Taste bewegen Sie sich – damit ist natürlich der Zellzeiger gemeint – innerhalb eines markierten Zellbereichs.

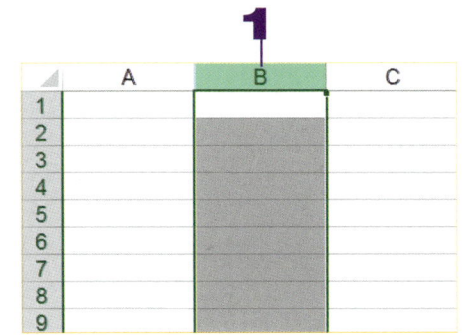

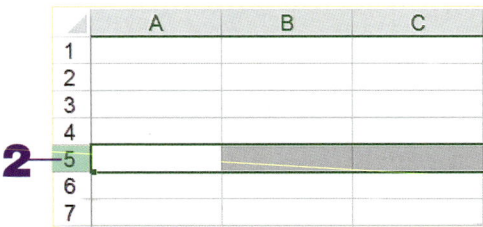

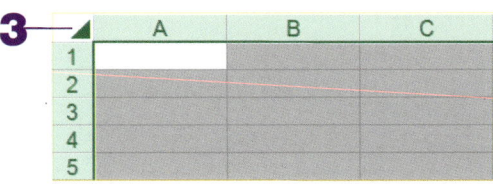

Richtiges Markieren spart Zeit

Sie können in Excel ruck, zuck markieren. Und dabei helfen Ihnen die Tasten sehr, denn richtiges Markieren spart Zeit und vielleicht sogar Nerven. So können Sie einheitlich Formate vergeben.

1 ▶ Bewegen Sie den Mauszeiger auf den Spaltenkopf. Mit einem Klick ist die Spalte markiert.

2 ▶ Mit einem Mausklick auf eine Zeilenbezeichnung ist die Zeile markiert.

3 ▶ Klicken Sie auf das Dreieck-Symbol zwischen Spalten und Zeile, ist das gesamte Tabellenblatt markiert.

Mit ⌨Strg+⬚ markieren Sie schnell die ganze Spalte und mit ⇧+⬚ markieren Sie genauso schnell die ganze Zeile eines Tabellenblattes. Und mit ⌨Strg+A markieren Sie das gesamte Tabellenblatt.

Ebenso können Sie in Tabellen bzw. Listen schnell markieren.

Tastenkombination	Erklärung
Strg + ⇧ + +	Tabelle markieren
Strg + ⇧ + Ende	Tabelle markieren
Strg + ⇧ + ⬚	Tabelle markieren
Strg + Pfeiltasten	markiert in Pfeilrichtung
Strg + Mausklick	markiert einzelne oder mehrere Bereiche

Passt nicht gibt es nicht!

Manchmal reicht der Platz in einer Spalte nicht aus. Zur besseren Optik können Sie die Spaltenbreite anpassen.

1 ▶ Bewegen Sie dazu den Mauszeiger auf die Trennlinie zwischen zwei Spaltennamen.

2 ▶ Mit gedrückter Maustaste ändern Sie die Spaltenbreite, bis die gewünschte Breite erreicht wird. Dann lassen Sie die Maustaste los.

3 ▶ Doch es geht noch einfacher: Klicken Sie doppelt mit der linken Maustaste auf die Spaltentrennlinie, passt Excel die Spalte optimal an. Die Breite der Spalte richtet sich nach dem längsten Ausdruck (Zahl oder Wort).

> **TIPP** ➡ **Wenn Sie eine Anzeige in der Form ####### erhalten, heißt das bei einer Kalkulation nicht, dass Sie falsch gerechnet haben, sondern dass der Platz in der Zelle nicht reicht. Mit einem Doppelklick auf die Spaltentrennlinie bringen Sie die Zahl zum Vorschein.**

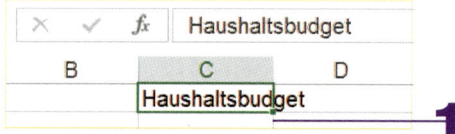

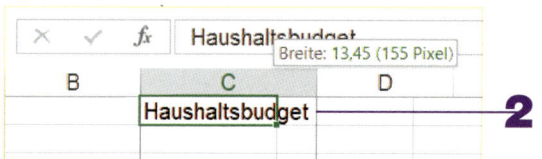

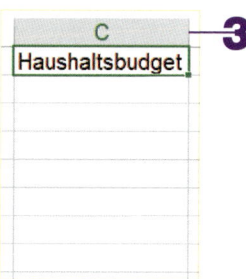

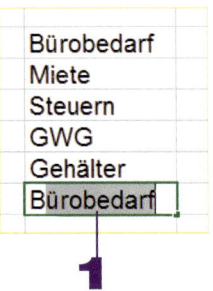

1

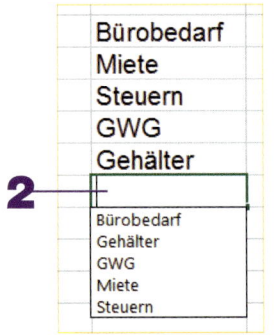

2

Excel übernimmt das schon

1 ▶ Tippen Sie eine Liste und wiederholen Sie den Anfangsbuch-staben eines Eintrags, schlägt Ihnen Excel einen bereits ge-tippten Eintrag aus der Liste vor. Den Vorschlag übernehmen Sie mit der ⏎-Taste.

2 ▶ Sie können aber auch in der letzten Zelle der Spaltenliste die Alt-Taste und die ↓-Taste drücken. Per Mausklick übernehmen Sie einen Eintrag aus der Liste.

WICHTIGE INFORMATION

Der Ausfüllhelfer funktioniert aber nur, wenn sich die Einträge in einer Spalte ohne Leerzellen befinden. Die AutoAusfüll-Funktion kann auch nicht ausgeführt werden, wenn es sich bei der Dateneingabe um Zahlen-, Datums- oder Zeitwerte handelt. Excel erkennt die Begriffe nur anhand der Buchstabenfolge.
Diese Option können Sie auch abschalten. Wählen Sie dazu die *Excel-Optio-nen* und die Kategorie *Erweitert*. Unter *Bearbeitungsoptionen* blenden Sie das Häkchen bei *AutoVervollständigen für Zellwerte aktivieren* aus.

Formeln kopieren

Für neue Berechnungen brauchen Sie nicht jedes Mal eine neue Formel einzugeben. Sie kopieren dazu einfach eine Formel für mehrere Berechnungen.

1 ▶ Erstellen Sie die kleine Kalkulation.

2 ▶ Die erste Spalte hier im Beispiel wird mithilfe des Summenzeichens ermittelt (Registerkarte *Start*).

3 ▶ Dann ziehen Sie einfach die Formel in die Zellen, die auch berechnet werden sollen, und die Formel wird schnell kopiert.

4 ▶ Das gilt sowohl für Spalten als auch für Zeilen.

WICHTIGE INFORMATION

Sie können verschieben und kopieren über die entsprechenden Schaltflächen auf der Registerkarte *Start*. Diese kennen Sie ja bestimmt schon.

TIPP ➡ Die Funktion *AutoSumme* können Sie auch über die Tastenkombination [Alt]+[⇧]+[0] ausführen.

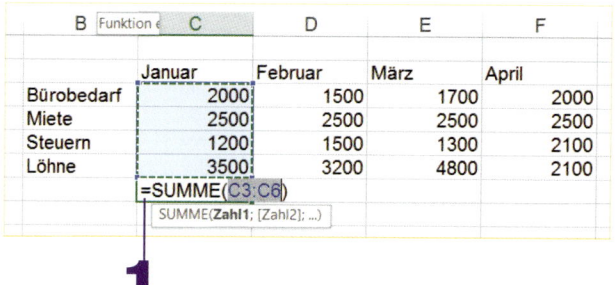

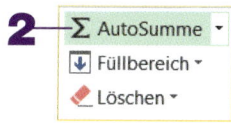

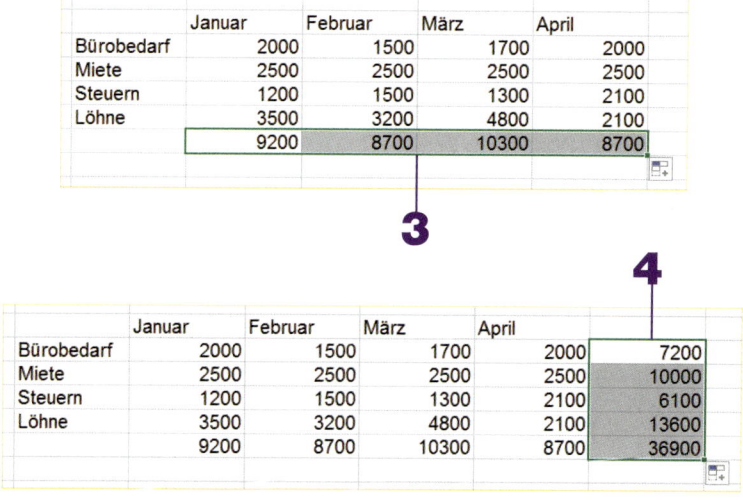

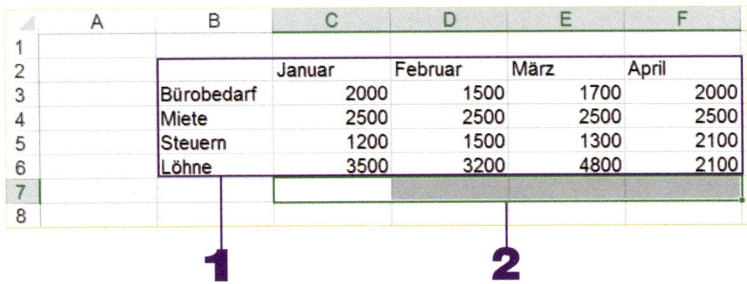

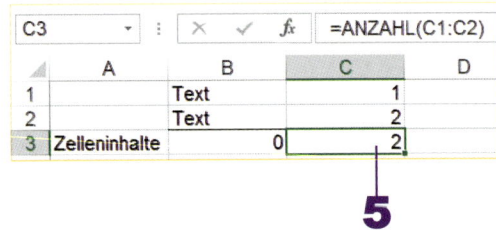

Markieren und rechnen

Sie können mehrere Berechnungen gleichzeitig mit einem Mausklick durchführen.

1 ▶ Stellen Sie eine Kalkulation, wie sie hier »ungefähr« dargestellt ist, auf.

2 ▶ Markieren Sie die gesamten Ergebniszellen.

3 ▶ Öffnen Sie die Auswahl der Schaltfläche *AutoSumme*.

4 ▶ Wählen Sie eine Funktion unter *AutoSumme* aus:

- **Summe**

- **Mittelwert** (= Durchschnittsberechnung)

- **Anzahl**

- **Max** (= Maximum)

- **Min** (= Minimum)

5 ▶ Entsprechend der ausgewählten Funktion erscheinen die Ergebnisse in den markierten Zellen gleichzeitig.

Was für Spalten gilt, funktioniert natürlich auch bei Zeilen.

TIPP ➡ Die Funktion *ANZAHL* zählt Zellen mit Inhalten. Dazu zählen aber nur Zahlen und keine Texte.

Mehrere Zellen, eine Rechnung

Schnelles Rechnen von Funktionen erreichen Sie, indem Sie die Zellen, in die Sie einfügen möchten, mit der [Strg]-Taste und per Mausklick markieren. Dann brauchen Sie nur noch den Befehl *Einfügen* zu aktivieren.

1 ▶ Stellen Sie eine Kalkulation auf und markieren Sie die einzelnen Ergebniszellen, indem Sie die [Strg]-Taste gedrückt halten und die entsprechenden Zellen jeweils anklicken.

2 ▶ Klicken Sie nun auf die Funktion – hier die Schaltfläche *Auto-Summe.*

3 ▶ Das Ergebnis wird für sämtliche markierte Zellen **gleichzeitig** berechnet.

> **TIPP** ➡ In der Bearbeitungsleiste wird Ihnen die Formel dazu angezeigt. Die Zellen werden hier jeweils durch ein Semikolon ; getrennt angegeben. Entsprechend dem Aufbau der Formel können Sie natürlich die Formel selbst eintippen.

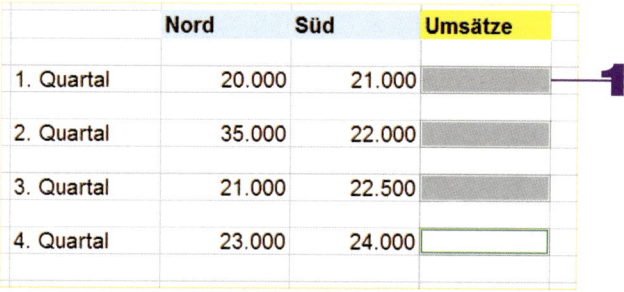

	Nord	Süd	Umsätze
1. Quartal	20.000	21.000	
2. Quartal	35.000	22.000	
3. Quartal	21.000	22.500	
4. Quartal	23.000	24.000	

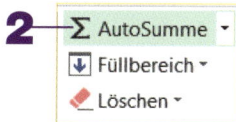

Σ AutoSumme ▾
↓ Füllbereich ▾
✎ Löschen ▾

	Nord	Süd	Umsätze
1. Quartal	20.000	21.000	41.000
2. Quartal	35.000	22.000	57.000
3. Quartal	21.000	22.500	43.500
4. Quartal	23.000	24.000	47.000

4

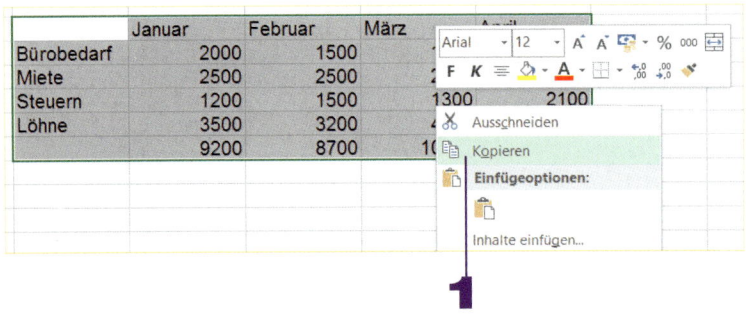

1

2

Kopieren und ausschneiden

1 ▶ Sie können zum Verschieben (Ausschneiden) oder Kopieren auch das Kontextmenü öffnen, also die rechte Maustaste drücken und die entsprechenden Befehle wählen.

2 ▶ Die entsprechenden Schaltflächen dazu finden Sie auch auf der Registerkarte *Start*.

> **TIPP** ➡ **Um einen kopierten oder ausgeschnittenen Bereich wieder einzufügen, genügt auch ein Drücken der ⏎-Taste:**
> **1. Sie kopieren oder schneiden aus.**
> **2. Klicken Sie dann in den Bereich, in den Sie einfügen möchten.**
> **3. Drücken Sie die ⏎-Taste.**

Für das Ausschneiden, Kopieren und Einfügen bestehen weitere Möglichkeiten über die entsprechenden Tastenkürzel:

Tastenkombination	Funktion
Strg+X oder ⇧+Entf	Ausschneiden
Strg+C	Kopieren
Strg+V oder ⇧+Einfg	Einfügen

Mit der Maus: ausschneiden und kopieren

Leicht und vor allem schneller geht das Ausschneiden und Kopieren mit der Maus.

1▶ Möchten Sie einen markierten Bereich verschieben, platzieren Sie den Mauszeiger einfach auf den Rand der Markierung.

2▶ Ziehen Sie dann den markierten Zellbereich mit gedrückter linker Maustaste an die neue Position.

Möchten Sie nicht verschieben, sondern kopieren, halten Sie zusätzlich die (Strg)-Taste gedrückt.

3▶ Schnelles Verschieben und Einfügen erreichen Sie, indem Sie in die erste Zelle, in die Sie einfügen möchten, klicken.

4▶ Dann brauchen Sie nur noch den Befehl *Einfügen* zu aktivieren. Über die (Esc)-Taste schalten Sie die Funktion wieder aus.

TIPP ➡ Beim Kopieren und Verschieben mit der Maus erscheint die Schaltfläche *Schnellanalyse* (siehe auch Schritt 1). Beim Kopieren und Verschieben über die Schaltflächen erscheint die *Strg*-Schaltfläche (siehe auch Schritt 4). Beide Schaltflächen sind jeweils bei der nächsten Arbeitsaktion mit Excel verschwunden.

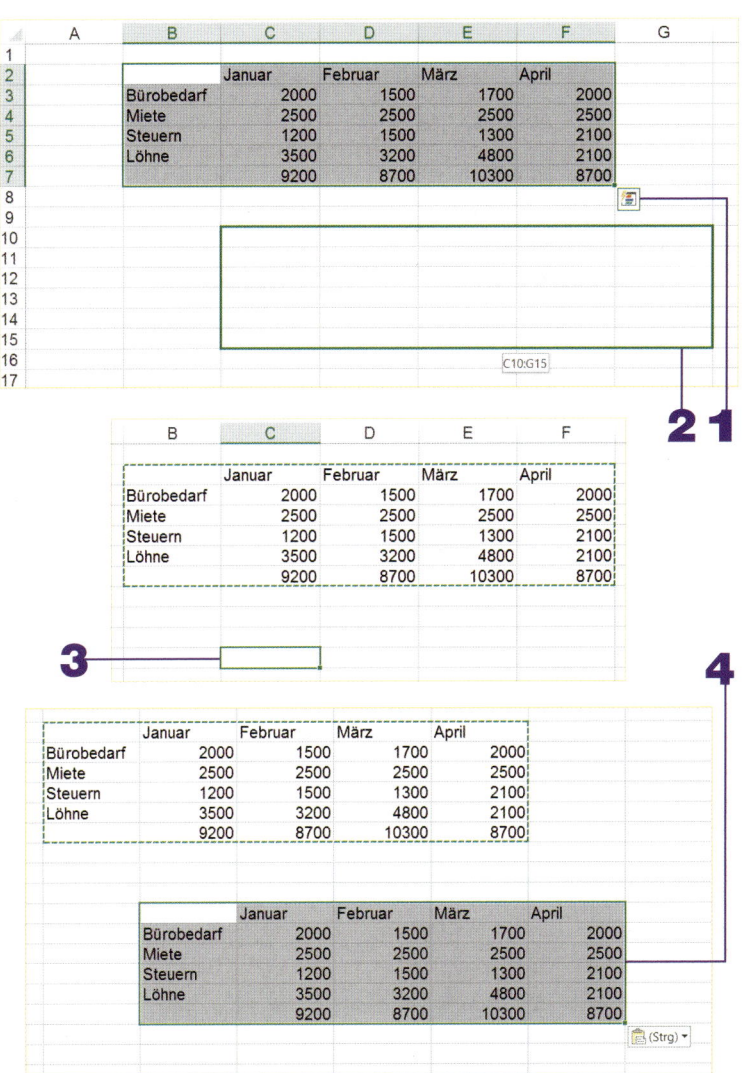

121

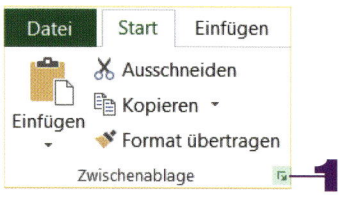

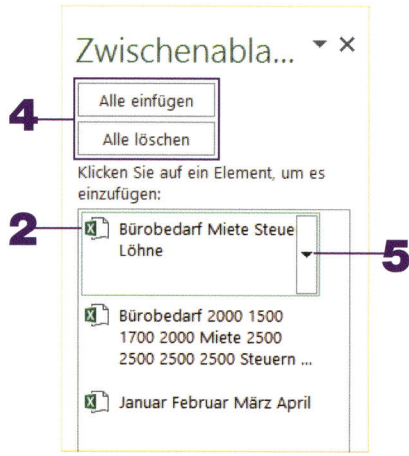

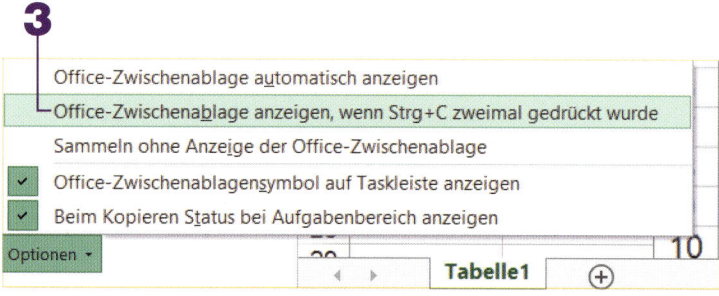

Die Zwischenablage nutzen

Auf der Registerkarte *Start* finden Sie die **Zwischenablage**.

1 ▶ Um die Zwischenablage zu öffnen, klicken Sie auf den kleinen Pfeil.

2 ▶ Sie haben die Möglichkeit, bis zu 24 Elemente, die Sie zum Beispiel ausgeschnitten und/oder kopiert haben, wieder einzufügen. Der Vorteil dabei ist, dass Sie zwischen den einzelnen Elementen auswählen können.

3 ▶ In der Zwischenablage können Sie über die Schaltfläche *Optionen* die Zwischenablage so einstellen, dass diese eingeblendet wird, wenn Sie **zweimal** [Strg]+[C] drücken.

4 ▶ Beachten Sie, dass Sie über die entsprechenden Schaltflächen alle Elemente der Zwischenablage gleichzeitig einfügen und löschen können.

5 ▶ Sie können einzelne Elemente mit einem Mausklick einfügen oder die Auswahl über den kleinen Pfeil öffnen. Dieser Pfeil erscheint nur, wenn Sie den Mauszeiger auf den einzelnen Eintrag bewegen. Öffnen Sie die Auswahl, können Sie das Element einfügen, aber auch löschen.

Spalten in Zeilen (und umgekehrt)

Sie möchten bei einer Tabelle die Spalten in Zeilen (und umgekehrt) umwandeln? Zeilen und Spalten werden schnell umgewandelt. Das Zauberwort heißt hier »Transponieren«. Das hört sich ähnlich an wie »Transpirieren«, aber das soll uns nicht »ins Schwitzen bringen«.

1 ▶ Kopieren Sie die markierte Tabelle.

2 ▶ Markieren Sie nun die Zellen, in die eingefügt werden soll.

3 ▶ Aktivieren Sie das kleine Dreieck bei der Schaltfläche *Einfügen*.

4 ▶ Wählen Sie den Befehl *Transponieren*.

5 ▶ Die Zeilen und Spalten werden umgewandelt.

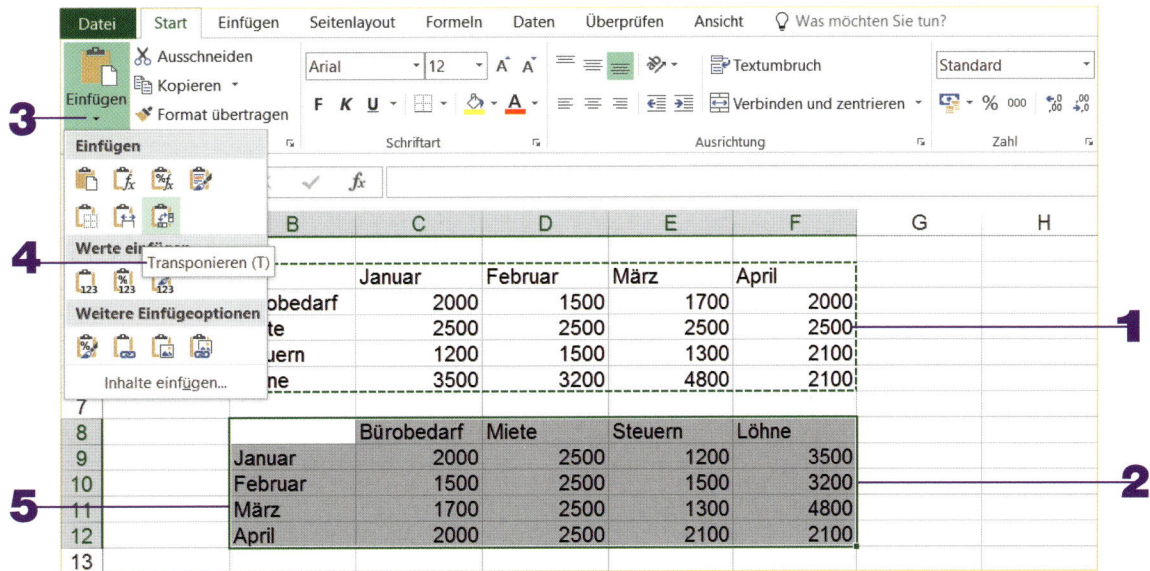

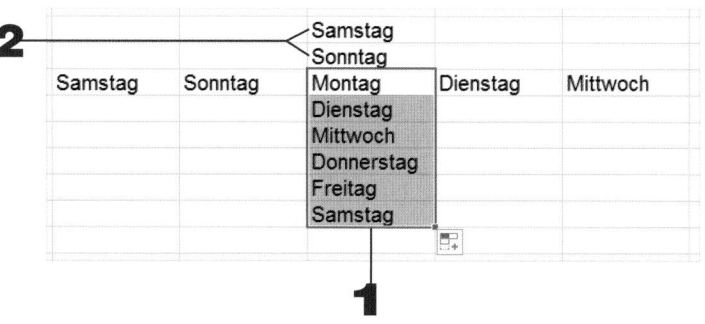

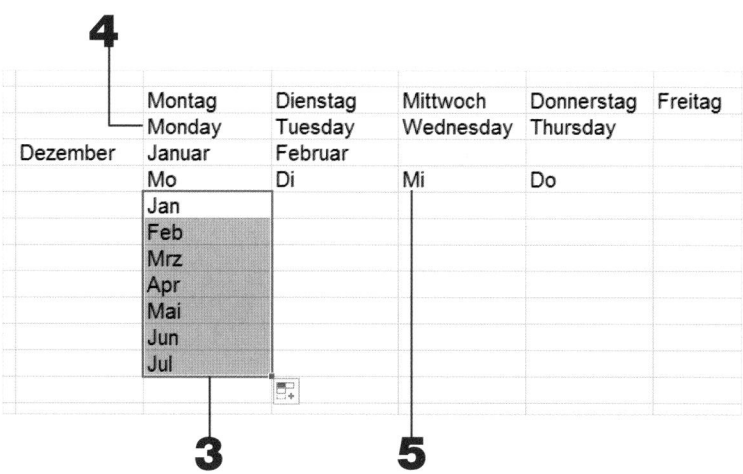

Mo, Di, Mi – schnell geht's

Möchten Sie zum Beispiel Tage aufzählen, brauchen Sie nicht zeitaufwendig jedes Wort einzeln einzutippen. Sparen Sie sich Zeit und Mühe.

1 ▶ Geben Sie einen beliebigen Tag ein und bewegen Sie den Mauszeiger auf das **Ausfüllkästchen**. Ziehen Sie nun mit gedrückter linker Maustaste in die benachbarten Zellen: Montag, Dienstag, Mittwoch und so weiter.

2 ▶ Entsprechend der Richtung, in die Sie ziehen, füllt Excel die Zellen aus: Montag, Sonntag, Samstag und so weiter.

3 ▶ Auch für die Monate des Jahres können Sie sich die AutoAusfüll-Funktion zunutze machen.

4 ▶ Und beides funktioniert auch in Englisch: Monday, Tuesday, Wednesday und/oder January, February, March und so weiter.

5 ▶ Excel kennt auch Kürzel wie Mo, Di, Mi, Jan, Feb, Mrz und so weiter.

Die Auto-Ausfülloptionen

Nach dem Ziehen des Ausfüllkästchens wird die Schaltfläche *Auto-Ausfülloptionen* angezeigt, sodass Sie auswählen können, wie die Auswahl ausgefüllt wird. Diese verschwindet, sobald Sie die nächste Aktion in Excel ausführen.

1 ▶ Abhängig davon, was Sie ausfüllen, ändern sich die Angaben der Ausfülloptionen.

2 ▶ Bei Zahlen können Sie diese kopieren oder die Datenreiche auffüllen: »1, 2, 3, 4, …«.

3 ▶ Die Zellen können ohne oder mit Formatierung übernommen werden. Dazu zählen Formatierungen wie Fett oder Kursiv, aber auch Prozente, Währungen und so weiter.

4 ▶ Was bei Zahlen funktioniert, können Sie zum Beispiel auch mit Tagen und/oder Monaten durchführen.

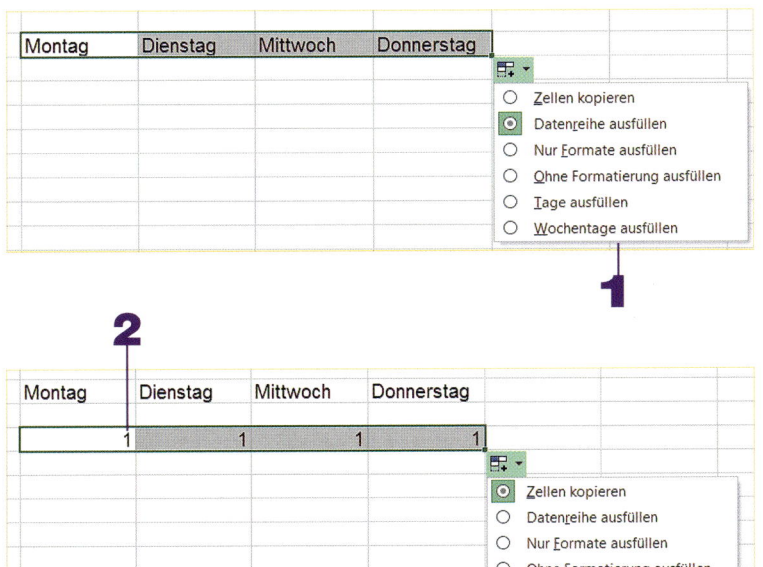

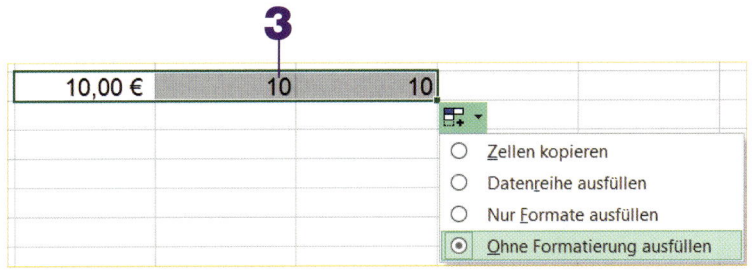

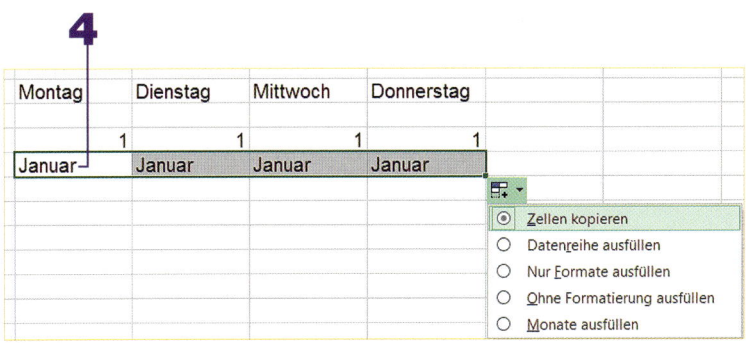

4

Schnell (auto)gezählt

Zahlen für eine laufende Nummerierung müssen nicht jedes Mal extra eingetippt werden.

1 ▶ Sie brauchen auch nicht mit der Zahl *1* anzufangen. Excel muss nur den Wert wissen, mit dem Sie starten möchten. Sie müssen zusätzlich die Strg-Taste drücken, ansonsten wird der Wert nur kopiert.

2 ▶ Anstelle der Taste können Sie auch die Schaltfläche *Auto-Ausfülloptionen* verwenden und die Funktion *Datenreihe ausfüllen* wählen.

Möchten Sie Excel einen Zählrhythmus wie »1, 3, 5, …« oder »4, 8, 12, …« mitteilen, müssen Sie in **mindestens zwei Zellen** eine Zahl eintragen und diese markieren, dann zählen Sie mithilfe der Ausfüll-Funktion.

3 ▶ So können Sie sich die letzten **Schaltjahre** anzeigen lassen. Markieren Sie dazu die beiden Zellen und füllen Sie die übrigen Zellen aus.

4 ▶ Wie clever Excel doch manchmal ist: Bei der Angabe von Quartalen zählt Excel nur bis 4.

Excel bieten Ihnen noch weitere Möglichkeiten der Aufzählung. So gilt die Funktion *AutoAufzählen* nicht nur für numerische Werte, sondern auch für Eingaben wie:

- Fahrzeug 1, Fahrzeug 2, Fahrzeug 3 …
- Bezirk 1, Bezirk 2, Bezirk 3 …
- Wahlkreis 1, Wahlkreis 2, Wahlkreis 3 ..
- 1. Jahr, 2. Jahr, 3. Jahr …

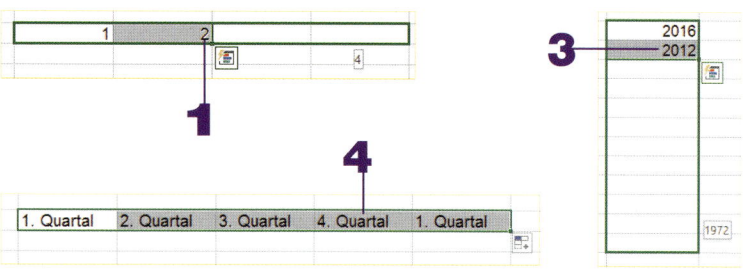

Nur die Wochentage anzeigen

Mit dem Füllkästchen können Sie das Ausfüllen der Zellen detaillieren. Nach dem Ziehen wird die Optionsschaltfläche angezeigt, die beim Öffnen mehrere Möglichkeiten bietet. So können Sie sich hier nur die Wochentage anzeigen lassen.

1 ▶ Geben Sie zum Beispiel ein Datum ein.

2 ▶ Füllen Sie mithilfe des Ausfüllkästchens die benachbarten Zellen aus. Die Tage werden aufgezählt. Eine Unterscheidung zwischen Samstag/Sonntag und Wochentag findet nicht statt.

3 ▶ Öffnen Sie über die Optionsschaltfläche die Auswahl.

4 ▶ Wählen Sie *Wochentage ausfüllen*. Nur die Wochentage werden angezeigt.

5 ▶ Zur Kontrolle formatieren Sie die Zellen in *Datum, lang* um.

Jetzt werden Ihnen auch die Tagesbezeichnungen angezeigt. Kein Samstag und Sonntag dabei. Stimmt also!

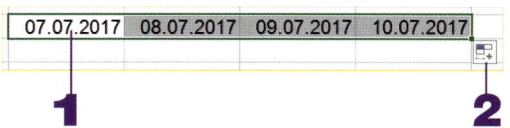

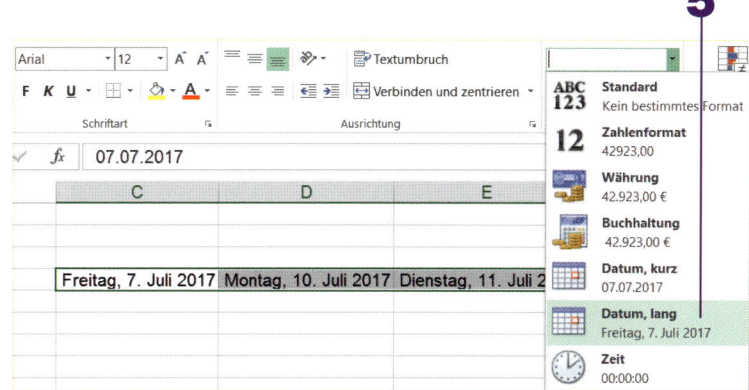

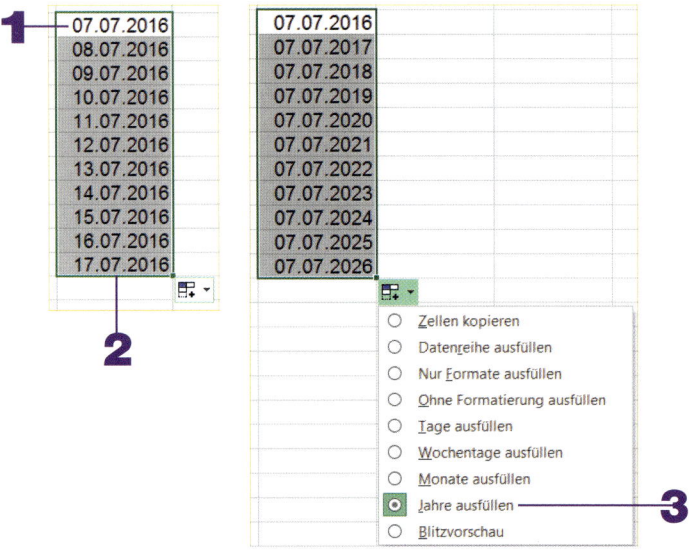

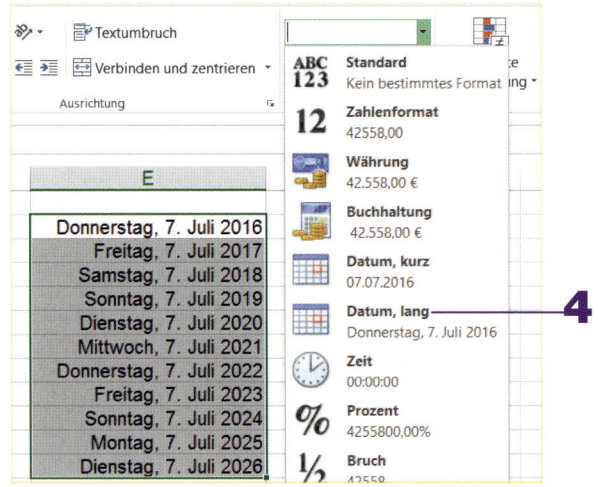

Den Wochentag ermitteln

An welchem Tag habe ich noch mal Geburtstag? Möchten Sie beispielsweise wissen, auf welche Wochentage Ihre Geburtstage fallen, um besser zu planen? Dann gehen Sie so vor:

1 ▶ Geben Sie Ihr Geburtsdatum ein.

2 ▶ Füllen Sie die nächsten Zellen aus.

3 ▶ Aktivieren Sie über die Optionsschaltfläche *Jahre ausfüllen*.

4 ▶ Wandeln Sie das Datum auf der Registerkarte *Start* in der Gruppe *Zahl* auf *Datum, lang* um.

So wissen Sie nun genau, ob »Ihr« Geburtstag auf einen Werktag oder auf ein Wochenende fällt. Viel Spaß beim Feiern!

TIPP ➡ Starten Sie das Dialogfeld *Zahl* (z. B. über den Eintrag *Mehr*), erhalten Sie in der Kategorie *Datum* noch mehr Formatmöglichkeiten für die Darstellung.

Wenn es nervt: die Auto-Ausfülloptionen abschalten

Manche klagen darüber: Die Auto-Ausfülloptionen nerven! Kann man die auch abschalten? Ja, Sie können die Schaltfläche *Auto-Ausfülloptionen* ausschalten (oder auch wieder einschalten).

1 ▶ Wählen Sie unter *Datei* die *Excel-Optionen*.

2 ▶ Wählen Sie hier den Eintrag *Erweitert*.

3 ▶ Deaktivieren Sie unter *Ausschneiden, Kopieren und Einfügen* das Kontrollkästchen bei *Schaltfläche für Einfügeoptionen anzeigen, wenn Inhalt eingefügt wird*.

Jetzt werden Ihnen die Auto-Ausfülloptionen nicht mehr angezeigt.

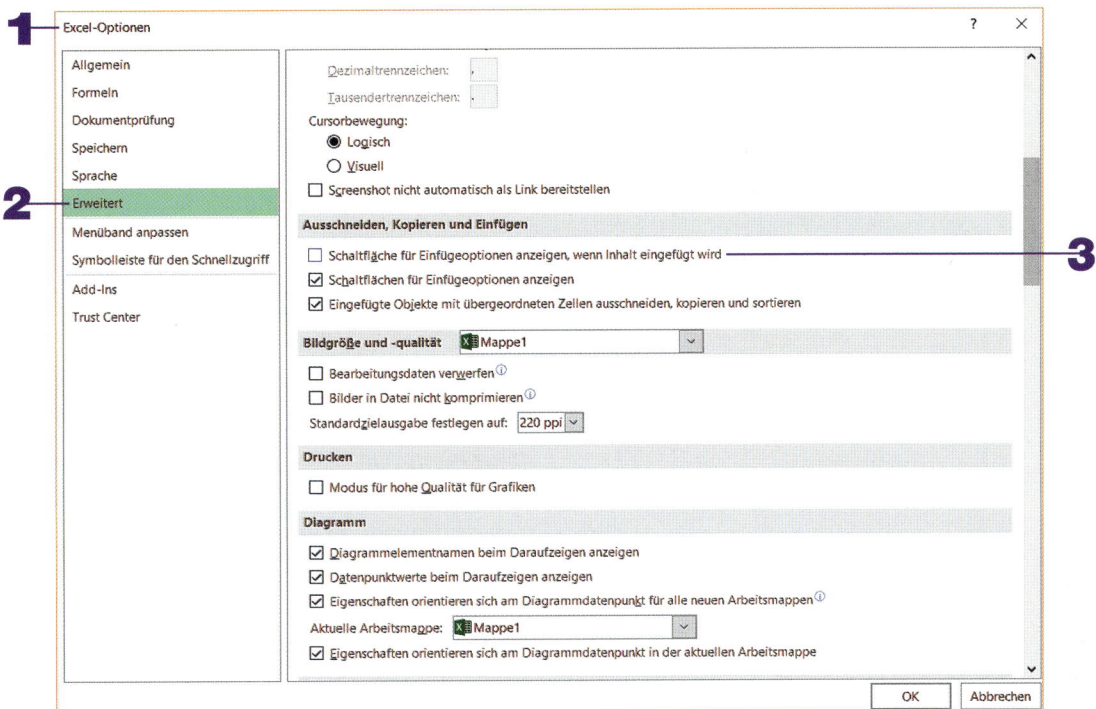

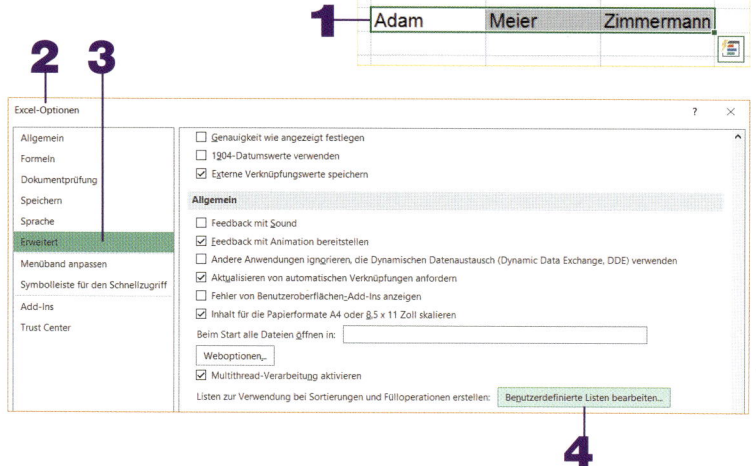

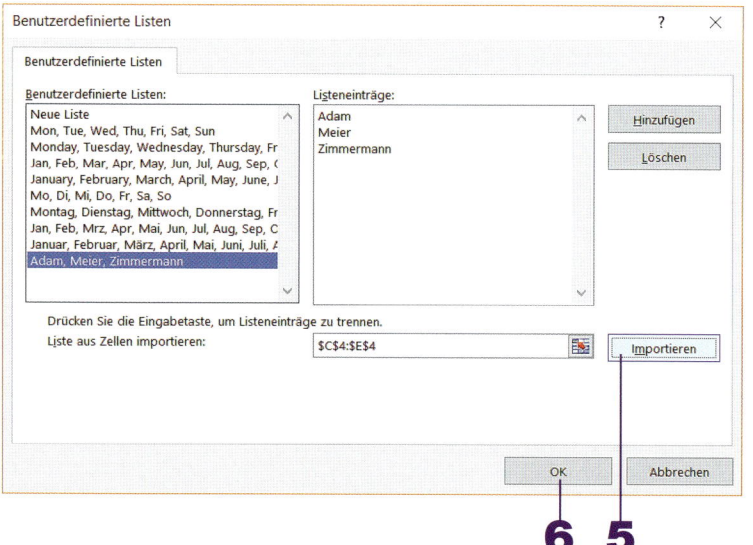

Zeit sparen: eigene Aufzählungen erstellen

Excel bietet bereits vordefinierte Füllreihen an. Einträge für Aufzählungen können geändert und ergänzt werden. Selbst eine eigene Reihenfolge können Sie hier festlegen.

1 ▶ Markieren Sie dazu die Zellen.

2 ▶ Starten Sie über *Datei* die *Excel-Optionen*.

3 ▶ Klicken Sie auf *Erweitert*.

4 ▶ Bewegen Sie die Bildlaufleiste weiter nach unten. Aktivieren Sie die Schaltfläche *Benutzerdefinierte Listen bearbeiten*.

5 ▶ Klicken Sie auf die Schaltfläche *Importieren*.

6 ▶ Klicken Sie auf *OK*, bis sämtliche offene Dialogfelder geschlossen sind.

WICHTIGE INFORMATION

Sie können eine Liste auch direkt anlegen. Dazu klicken Sie auf *Neue Liste* und geben Ihre persönliche Aufzählung unter *Listeneinträge* ein.

Um die Einträge zu trennen, drücken Sie die ⏎-Taste. Die Liste wird per Klick auf die Schaltfläche *Hinzufügen* aufgenommen.

Mit der Schaltfläche *Löschen* können Sie eine Liste wieder entfernen. Dazu muss die zu löschende Liste markiert sein.

Ein flottes Datum

1 ▶ Möchten Sie das aktuelle Datum und die aktuelle Uhrzeit erhalten, tippen Sie in eine Zelle ein: *=jetzt()*.

2 ▶ Für die Angabe nur des Datums geben Sie ein: *=heute()*.

Wichtig sind die Klammern () bei der Eingabe der Funktion. Sie gehören dazu wie die Schale zur Banane.

3 ▶ Möchten Sie beispielsweise in einer Rechnung angeben, dass diese in 30 Tagen gezahlt werden soll, geben Sie *=heute()+30* ein.

> **TIPP** ➡ Beachten Sie, dass sich das Datum bzw. auch die Uhrzeit bei jedem Öffnen stets aktualisiert. Möchten Sie ein Datum festhalten, zum Beispiel um zu wissen, wann Sie eine Kalkulation erstellt haben, sollten Sie auf die Funktionen verzichten.

Flott geht es auch über die Tastatur:

Tastenkombination	Aktuell einfügen
Strg + ⇧ + .	Uhrzeit
Strg + .	Datum

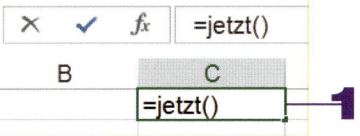

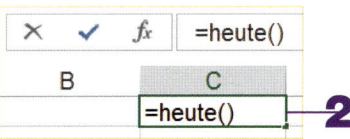

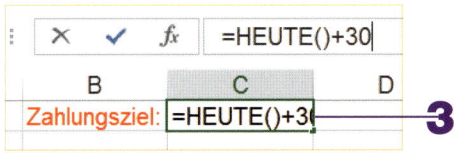

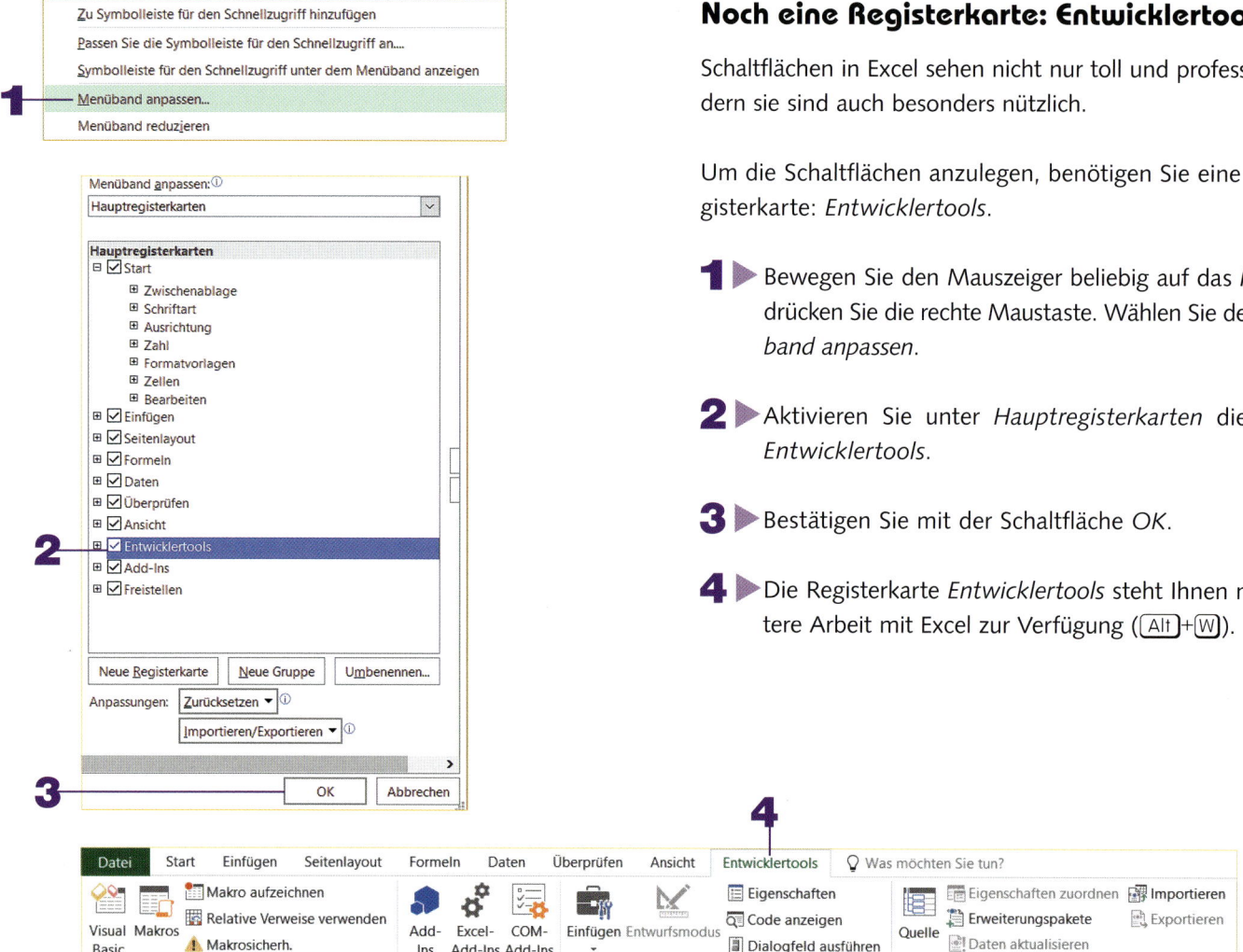

Noch eine Registerkarte: Entwicklertools

Schaltflächen in Excel sehen nicht nur toll und professionell aus, sondern sie sind auch besonders nützlich.

Um die Schaltflächen anzulegen, benötigen Sie eine bestimmte Registerkarte: *Entwicklertools*.

1 Bewegen Sie den Mauszeiger beliebig auf das Menüband und drücken Sie die rechte Maustaste. Wählen Sie den Befehl *Menüband anpassen*.

2 Aktivieren Sie unter *Hauptregisterkarten* die Registerkarte *Entwicklertools*.

3 Bestätigen Sie mit der Schaltfläche *OK*.

4 Die Registerkarte *Entwicklertools* steht Ihnen nun für die weitere Arbeit mit Excel zur Verfügung (Alt+W).

Schaltflächen – wofür?

Um den Vorteil von Schaltflächen zu verdeutlichen, sollten Sie am besten eine kleine Kalkulation mit Formel aufstellen.

1 ▶ In unserem Beispiel soll ermittelt werden, wie viele Dollar Sie für Euro erhalten. In der Zelle **F1** kann der aktuelle Euro-US-Dollar-Kurs eingegeben werden.

2 ▶ Daraus ergibt sich, wie viel 10 $, 20 $, 30 $ und so weiter in Euro sind.

3 ▶ Es soll zum Beispiel immer um 10 $ per Mausklick erhöht werden und die Rechnung passt sich automatisch an.

Wie erwähnt, mit Schaltflächen können Sie das hier elegant lösen. Das spart Zeit, denn Sie müssen nicht jedes Mal einen neuen Wert eingeben. Hier soll Excel schrittweise einen Wert verändern und die Formel bzw. das Ergebnis automatisch angepasst werden (siehe auch die nächste Seite).

TIPP ⇨ Zahlen – wie hier der aktuelle Währungskurs – können direkt aus dem Internet kopiert werden. Sie fügen den Wert in die entsprechende Zelle ein. Excel erkennt ihn meistens (Ausnahmen bestätigen die Regel) als Zahl an.

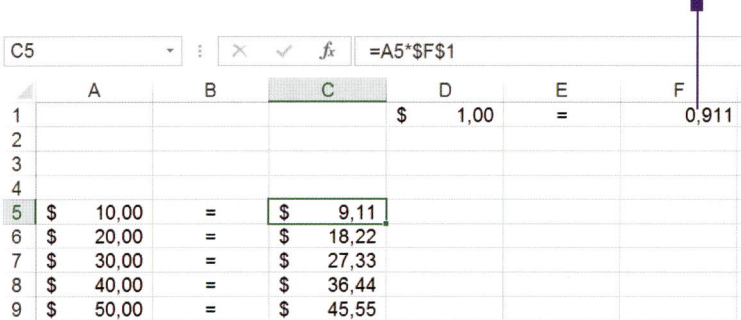

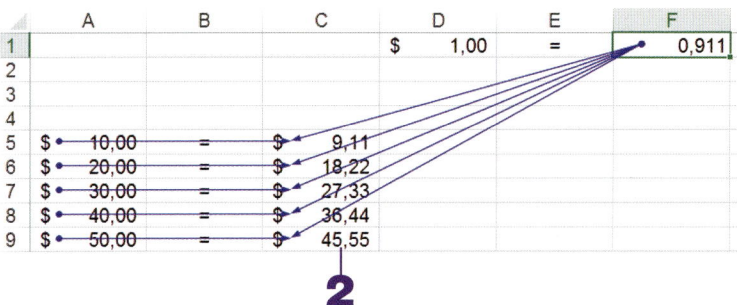

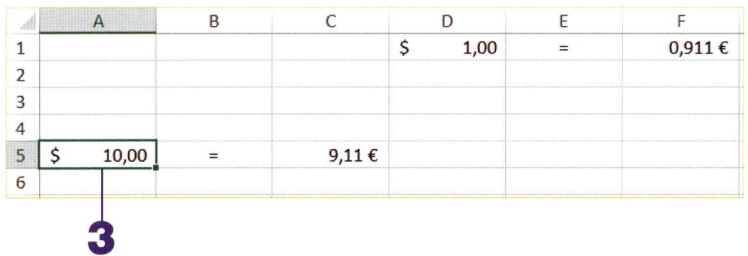

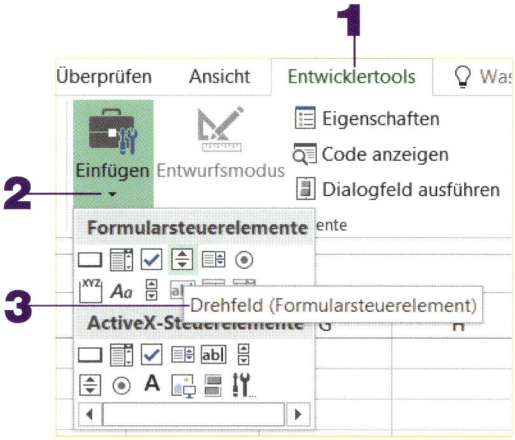

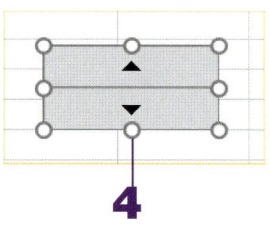

Schaltflächen anlegen

Sie können unter anderem Schaltflächen – sogenannte Steuerelemente – einfügen.

1 ▶ Holen Sie die Registerkarte *Entwicklertools* in den Vordergrund.

2 ▶ Klicken Sie auf die Schaltfläche *Einfügen*.

In der Auswahl können Sie sich das eine oder andere Steuerelement aussuchen. Auf die einzelnen einzugehen, würde sicherlich den Rahmen dieses Buches sprengen

3 ▶ In diesem Beispiel wählen Sie das Steuerelement *Drehfeld*.

4 ▶ Mit gedrückter linker Maustaste ziehen Sie das Steuerelement im Tabellenblatt auf. Sobald Sie die Maustaste loslassen, erscheinen um das Feld die Begrenzungslinien und -punkte.

W I C H T I G E   I N F O R M A T I O N

Sie können das Steuerelement vergrößern oder verkleinern. Bewegen Sie den Mauszeiger auf das Steuerelement, können Sie es mit gedrückter linker Maustaste im Tabellenblatt verschieben.

Schaltflächen zuweisen

Was soll die Schaltfläche ausführen? Dem Steuerelement können bestimmte Anweisungen zugewiesen werden. Dazu ist es auch da.

1 ▶ Klicken Sie mit der rechten Maustaste auf das Steuerelement, öffnet sich ein Kontextmenü. Hier können Sie zum Beispiel auch ein Makro zuweisen. In diesem Beispiel führen Sie den Befehl *Steuerelement formatieren* aus.

2 ▶ Wichtig ist die ***Schrittweite.*** Sie geben hier an, in welchen Schritten gezählt werden soll. In unserem Beispiel sind das *10*.

3 ▶ Bei ***Zellverknüpfung*** geben Sie an, wo – also in welcher Zelle – schrittweise gezählt werden soll. Das wäre in dem Beispiel die Zelle *A5*.

4 ▶ Sobald Sie bestätigt haben, ist die Schaltfläche aktiv. Mit Mausklick auf die entsprechenden Pfeiltasten stellen Sie den Wert in der Zelle ein.

Anhand der bereits vorhandenen Rechnung bzw. Formel wird das Ergebnis automatisch angepasst.

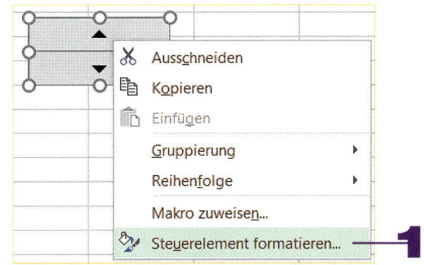

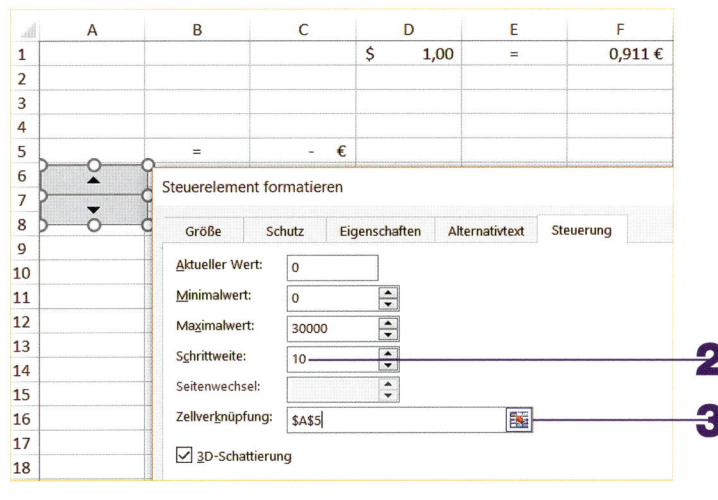

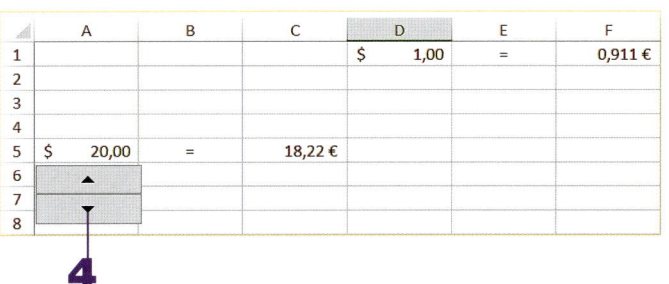

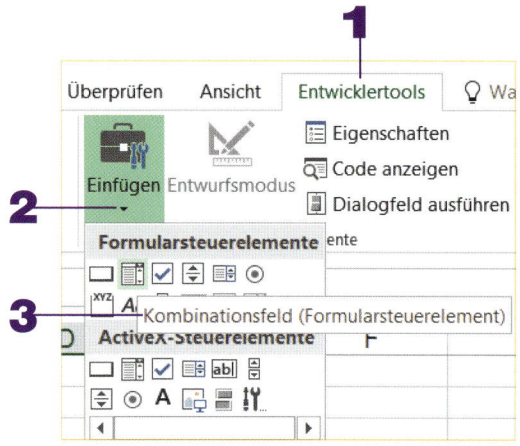

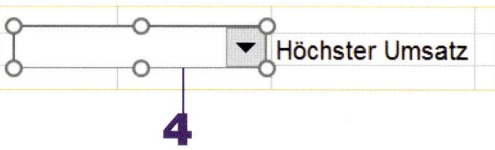

Schaltflächen für die Auswahl

Sie können auch eine Liste über die Registerkarte *Entwicklertools* erstellen. In diese Liste binden Sie Elemente ein, die per Mausklick ausgewählt werden.

1 ▶ Wählen Sie die Registerkarte *Entwicklertools*.

2 ▶ Öffnen Sie die Auswahl über die Schaltfläche *Einfügen*.

3 ▶ Klicken Sie auf die Schaltfläche *Kombinationsfeld*.

4 ▶ Legen Sie das Feld mit gedrückter linker Maustaste an und platzieren Sie es im Tabellenblatt.

> **TIPP** ➡ Steuerelemente lassen sich in der Regel schlecht aktivieren, um z. B. ihre Größe zu ändern. Halten Sie die ⌨Strg-Taste gedrückt und klicken Sie das Steuerelement an. Jetzt ist es markiert und kann bearbeitet werden.

Schaltflächen mit Listen

Ein Steuerelement bearbeiten Sie, indem Sie es mit der rechten Maustaste anklicken. Das Wichtige dabei ist die Zuweisung. In diesem Beispiel wird ein Name aus einer Liste angeklickt. Das Ergebnis: Die Position innerhalb der Liste wird als Ergebnis in einer anderen Zelle angezeigt.

1 ▶ Klicken Sie mit der rechten Maustaste auf das Kombinationslistenfeld.

2 ▶ Geben Sie im *Eingabebereich* die Daten der Liste an, hier von **B5 bis B13**.

3 ▶ Bei der *Zellverknüpfung* geben Sie die Zelle an, in der das Ergebnis der Auswertung stehen soll, hier im Beispiel **D17**.

4 ▶ Im Kombinationslistenfeld klicken Sie auf einen Namen, und die Position in der Liste wird Ihnen angezeigt.

5 ▶ Sie können ein **Listenfeld** auf gleiche Art und Weise anlegen.

TIPP ➡ Auch wenn sich die Liste auf einem anderen Tabellenblatt befindet, können Sie sie einbinden.

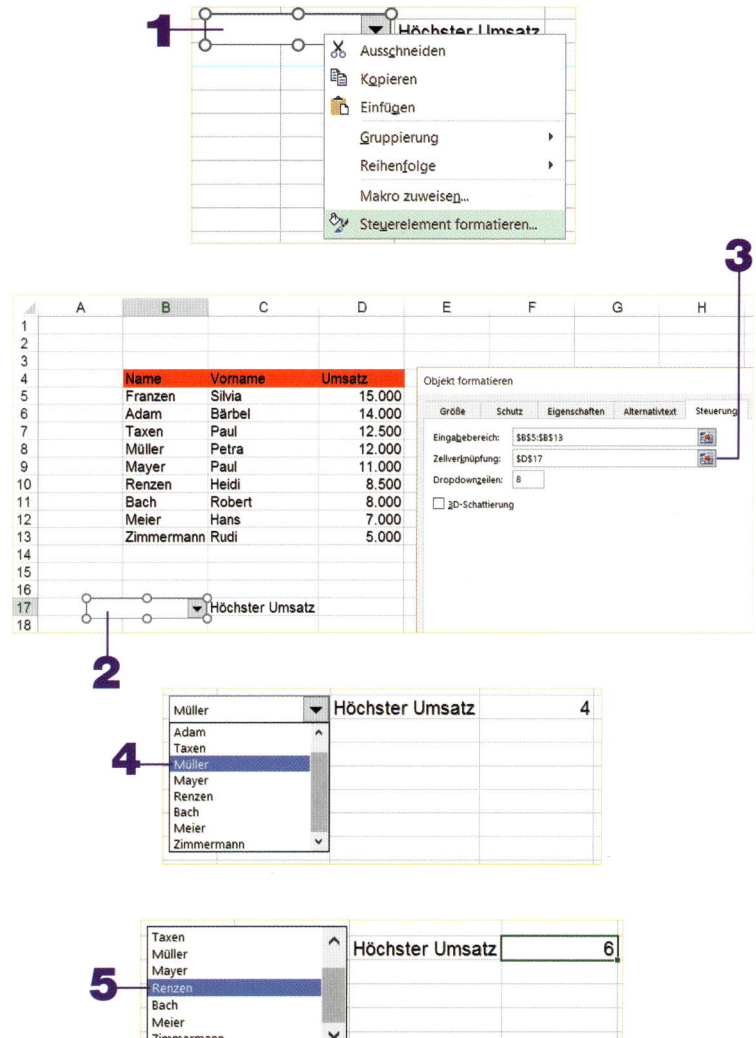

Makro anlegen

Immer wieder dieselben Befehle ausführen ... das können Sie einfacher haben. Legen Sie Makros an, die eine bestimmte Befehlsreihenfolge aufzeichnen und dann später ausführen.

Makros sind ein großes Thema, über das es bereits zahlreiche Bücher gibt. Die einfache Handhabung wird Ihnen anhand eines Beispiels erklärt: **Eine eingegebene Zahl soll in US-Dollar umgewandelt und die Dezimalstellen sollen anschließend entfernt werden.**

1 ▶ Klicken Sie ganz unten links in der **Statusleiste** auf das Symbol *Makro aufzeichnen*. Falls Sie die Registerkarte *Entwicklertools* aktiviert haben, finden Sie das Symbol auch dort.

2 ▶ Vergeben Sie nun einen Namen. Achtung! Hier dürfen keine Leer- oder unzulässigen Sonderzeichen verwendet werden, sonst moniert das Programm dies.

3 ▶ Tippen Sie Ihre Tastenkombination ein, mit der das Makro ausgeführt werden soll. Beispiel: Strg+⇧+D.

4 ▶ Legen Sie gegebenenfalls fest, für welche Arbeitsmappen das Makro gültig sein soll:

- *Diese Arbeitsmappe*
- *Neue Arbeitsmappe*
- *Persönliche Makroarbeitsmappe*

5 ▶ Geben Sie ggf. eine Beschreibung ein.

6 ▶ Sobald Sie das Dialogfeld über *OK* schließen, beginnt die Aufzeichnung.

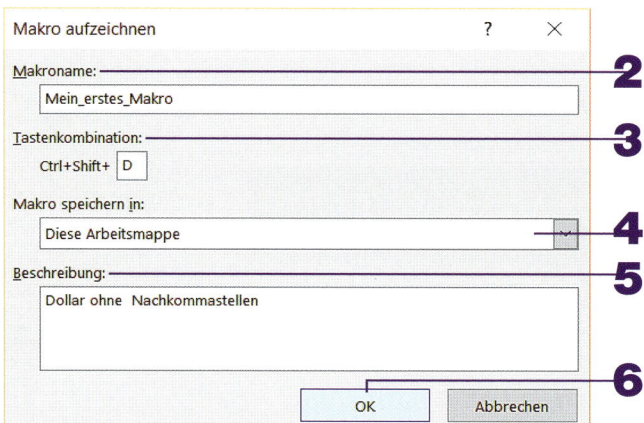

Makro aufzeichnen

Sie befinden sich mitten in einer Aufzeichnung. Jeder Schritt wird aufgezeichnet. Wenn Sie sich verklicken sollten, ist das nicht schlimm. Was zählt, ist das Ergebnis.

Führen Sie Ihre Schritte, die aufgezeichnet werden sollen, aus. Wir greifen dafür auf das Beispiel der vorherigen Seite zurück.

1 ▶ Wählen Sie das Buchhaltungsformat *$* aus.

2 ▶ Klicken Sie auf das Symbol *Dezimalstellen entfernen*.

3 ▶ Beenden Sie die Aufzeichnung über die Schaltfläche in der Statusleiste. Das Makro ist aufgezeichnet. Das ist jetzt Ihr Makro! Sie können es gleich ausprobieren.

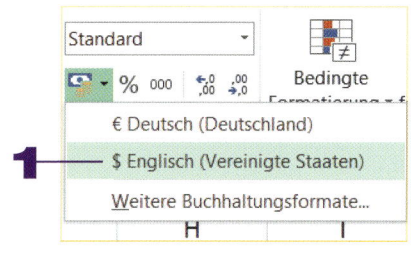

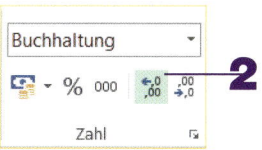

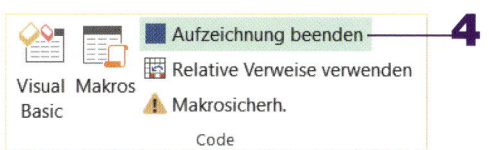

In der Registerkarte *Entwicklertools* können Sie ebenfalls ein Makro *aufzeichnen*. Dazu muss die Registerkarte *Entwicklertools* aktiviert sein.

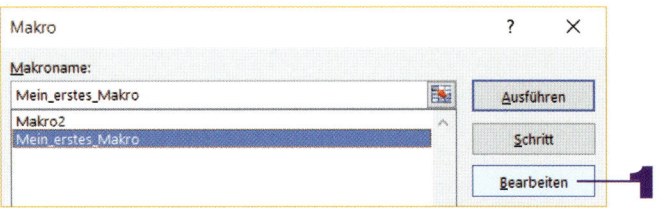

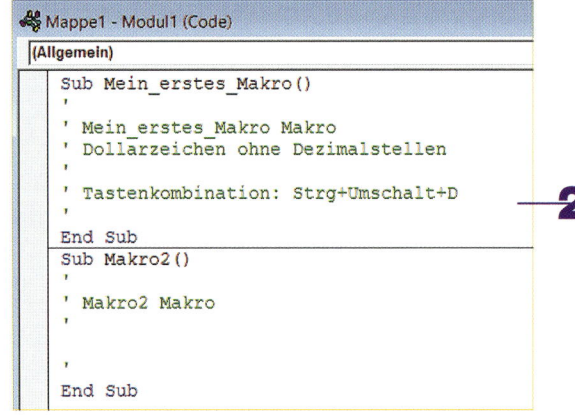

Makro starten und bearbeiten

Jetzt starten Sie Ihr Makro. **Für das Beispiel zuvor gilt:** Geben Sie eine Zahl in eine Zelle ein. Drücken Sie die Tasten Ihres gerade aufgezeichneten Makros: `Strg`+`⇧`+`D`. Die Formate werden gleichzeitig automatisch übertragen.

Genauso funktioniert es mit anderen Befehlsreihenfolgen, die Sie aufzeichnen möchten. Sie müssen nur wissen, was und wie Sie es haben wollen.

1 ▶ Möchten Sie ein **Makro bearbeiten**, drücken Sie die Tastenkombination `Alt`+`F8`.

2 ▶ Wenn Sie auf die Schaltfläche *Bearbeiten* klicken, öffnet sich der **Visual Basic-Editor**. Hier können Sie, wenn Sie wollen, Ihre Makro-Programmierkenntnisse unter Beweis stellen.

3 ▶ Und alle Schaltflächen für Makros finden Sie wiederum in der Registerkarte *Entwicklertools*.

4 ▶ Arbeitsmappen, die Makros enthalten, müssen als *Excel-Arbeitsmappe mit Makros* gespeichert werden. Beim späteren Öffnen erscheint eine **Makrosicherheitswarnung**. Die Optionen dazu finden Sie auf der Registerkarte *Entwicklertools* unter *Makrosicherheit*. Wählen Sie in der *Makrosicherheit* immer *Alle Makros mit Benachrichtigung deaktivieren*. Wenn Sie die erste Option *Alle Makros ohne Benachrichtigung deaktivieren* wählen, lassen sich die Makros nicht mehr ausführen.

Dein Makro, deine Schaltfläche

Sie können für Ihr eigenes Makro ein Symbol in der *Symbolleiste für den Schnellzugriff* anlegen. Ein Klick darauf und das Makro wird ausgeführt.

1 ▶ Öffnen Sie die Auswahl in der *Symbolleiste für den Schnellzugriff*.

2 ▶ Wählen Sie *Weitere Befehle*.

3 ▶ Aktivieren Sie unter *Befehle auswählen* Ihr zuvor angelegtes Makro.

4 ▶ Fügen Sie diesen Befehl über *Hinzufügen >>* in die *Symbolleiste für den Schnellzugriff* ein.

Bestätigen Sie mit der Schaltfläche *OK*. Mithilfe der Schaltfläche können Sie nun per Mausklick Ihr selbst angelegtes Makro ausführen.

> **TIPP** ➡ Sobald Sie das Makro hinzufügen, ist die Schaltfläche *Ändern...* ausführbar. Über diese können Sie das Aussehen der Schaltfläche und den Anzeigenamen ändern.

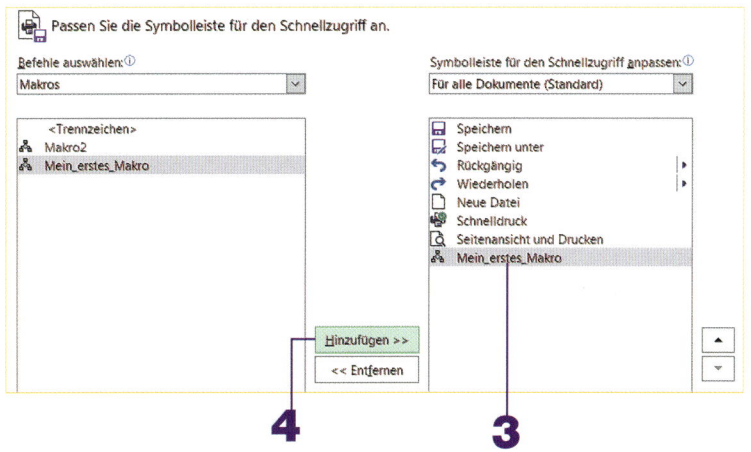

4

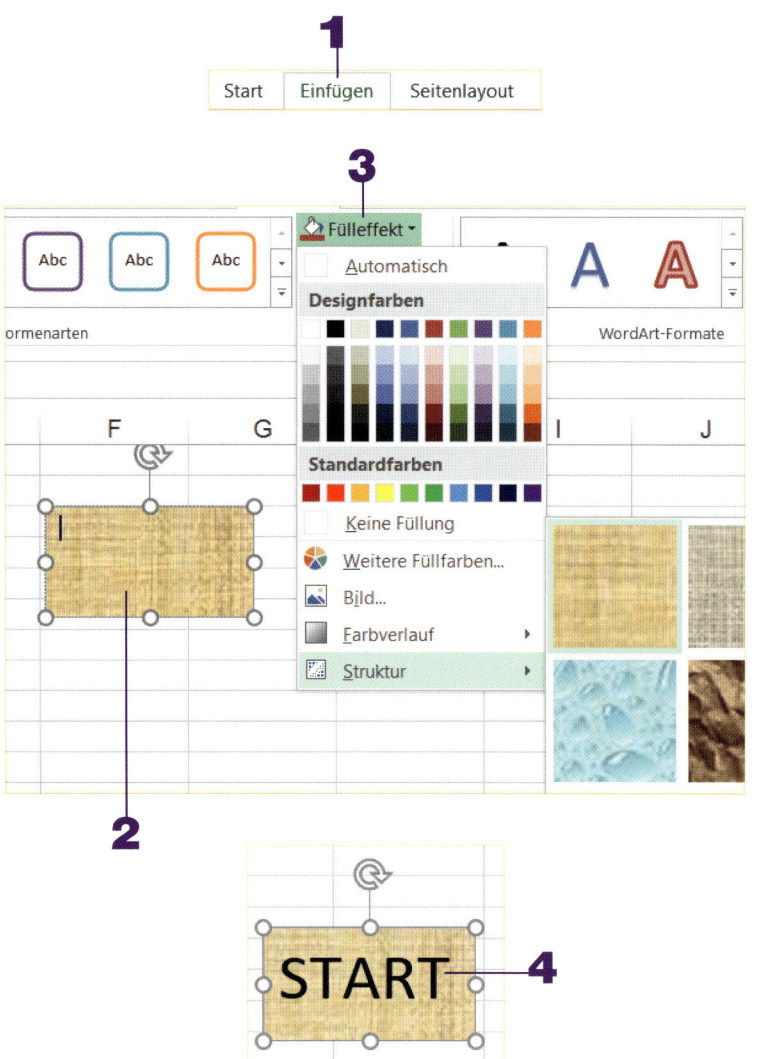

Eine Form mit Makro

Sie können in Excel auch eigene Schaltflächen kreieren. Dazu nutzen Sie eine der Formen, die Ihnen auf der Registerkarte *Einfügen* zur Verfügung stehen. In diesem Beispiel fügen Sie ein Textfeld ein.

1 ▶ Holen Sie die Registerkarte *Einfügen* in den Vordergrund.

2 ▶ Fügen Sie ein Textfeld ein und legen Sie es mit gedrückter linker Maustaste an.

3 ▶ Ist das Textfeld aktiviert, erscheint die Registerkarte *Zeichentools/Format*. Wählen Sie hier unter *Fülleffekt* eine Angabe aus.

4 ▶ Tippen Sie in das Textfeld zum Beispiel den Text *Start*.

Das Textfeld kann nun für die Zuweisung eines Makros genutzt werden.

> **TIPP** ➡ In Excel können Sie einer Form ein Makro zuweisen. Das geht zum Beispiel so in Word nicht. Sie brauchen nur auf die Form zu klicken und das Makro startet. Die Form muss übrigens kein Textfeld sein. Es klappt auch mit anderen Formen.

Eine Form mit Makro – Makro aufzeichnen

Zuerst muss ein Makro aufgezeichnet werden. In diesem Fall soll ein Datensatz eingetragen und automatisch in eine Tabelle übertragen werden.

1 ▶ Starten Sie die Makroaufzeichnung per Mausklick in der Statusleiste.

2 ▶ Vergeben Sie für das Makro einen Namen. Eine Tastenkombination ist hier nicht nötig, da Sie dazu eine selbst angelegte Schaltfläche nutzen werden.

3 ▶ Sobald Sie mit der Schaltfläche *OK* bestätigen, beginnt die Aufzeichnung.

4 ▶ Markieren Sie die Zeile in der Tabelle. Drücken Sie die Tastenkombination [Strg]+[+] zum Einfügen von Zeilen. So kann hier später an erster Stelle ein neuer Datensatz eingefügt werden.

5 ▶ Markieren Sie die Zellen. Aktivieren Sie *Kopieren*.

6 ▶ Fügen Sie die Zellen ein. Zum Beenden der Kopierfunktion drücken Sie die [Esc]-Taste.

7 ▶ Beenden Sie die Aufzeichnung.

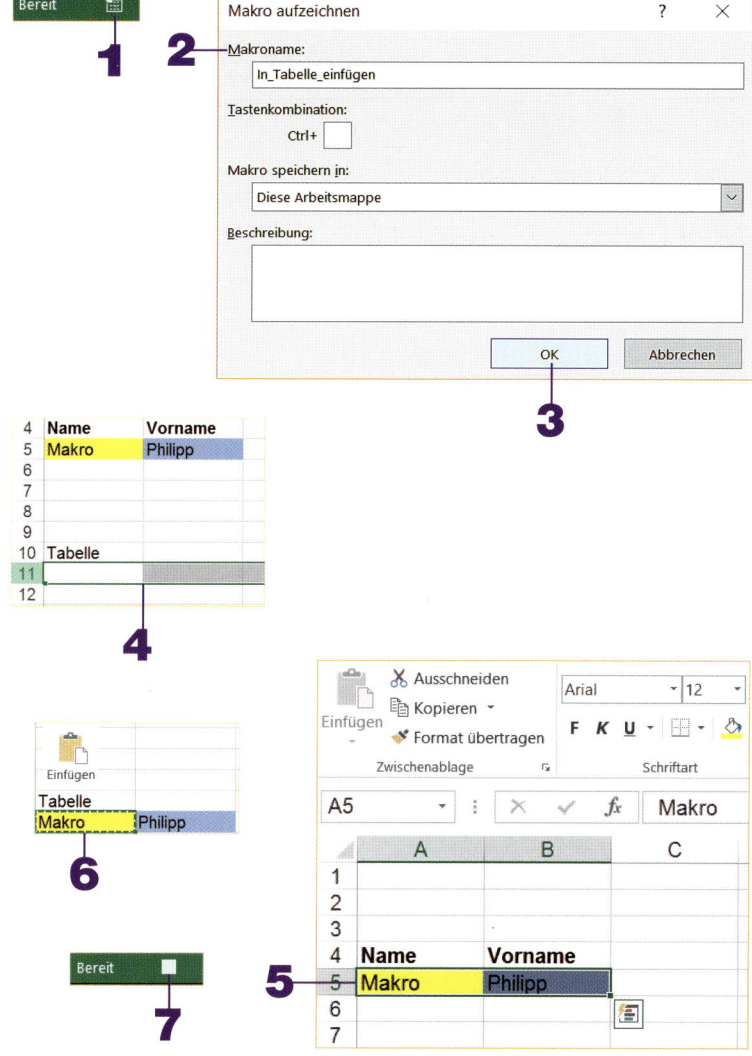

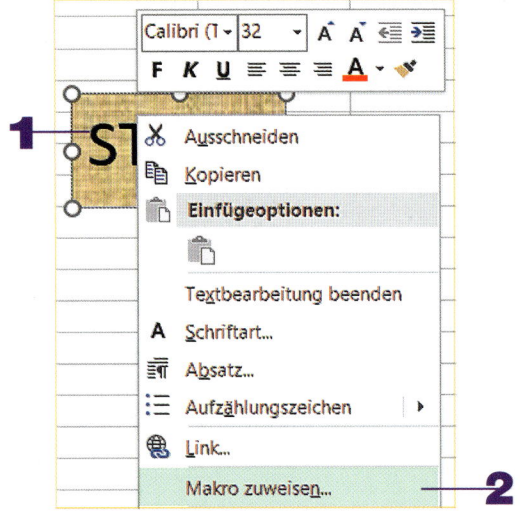

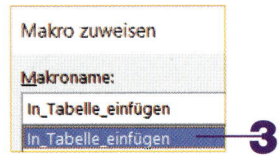

Eine Form mit Makro – Makro der Schaltfläche zuweisen

Jetzt müssen Sie nur noch das zuvor erstellte Makro der Schaltfläche zuweisen.

1▶ Klicken Sie mit der rechten Maustaste auf die Schaltfläche.

2▶ Wählen Sie den Eintrag *Makro zuweisen*.

3▶ Geben Sie das entsprechende Makro per Mausklick an. Bestätigen Sie mit der Schaltfläche *OK*. Das Makro ist zugewiesen.

4▶ Geben Sie einen Datensatz ein. Mit einem Mausklick auf die Schaltfläche *START* wird das Makro ausgeführt und in die Tabelle übertragen.

Diese Tabelle könnte eigentlich noch automatisch sortiert werden. Dazu müsste das Makro geändert bzw. überschrieben werden.

Arbeitsmappe mit Makros speichern

Das Dateiformat, das Excel 2016 verwendet, basiert auf XML. Es erleichtert die Weiterverarbeitung mit anderen Programmen. Arbeitsmappen, die Makros enthalten, müssen als »Excel-Arbeitsmappe mit Makros« gespeichert werden.

1 ▶ Starten Sie das Dialogfeld *Speichern unter* (Taste F12).

2 ▶ Aktivieren Sie den Speicherort.

3 ▶ Vergeben Sie gegebenenfalls den Dateinamen.

4 ▶ Öffnen Sie die Auswahl unter *Dateityp*.

5 ▶ Geben Sie als Dateityp *Excel-Arbeitsmappe mit Makros* an.

6 ▶ Klicken Sie auf die Schaltfläche *Speichern*.

Bei Arbeitsmappen mit Makros endet die Erweiterung mit dem Buchstaben **m** (z. B. **xlsm** oder **xltm**). So sollen potenziell gefährliche Dateien direkt beim Öffnen zu erkennen sein. Office-Programme erkennen, dass die betroffene Datei Makros enthält, und verhindern deren Ausführung.

Dateityp	Dateiendung
Arbeitsmappe mit Makros	.xlsm
Excel-Vorlagen mit Makros	.xltm

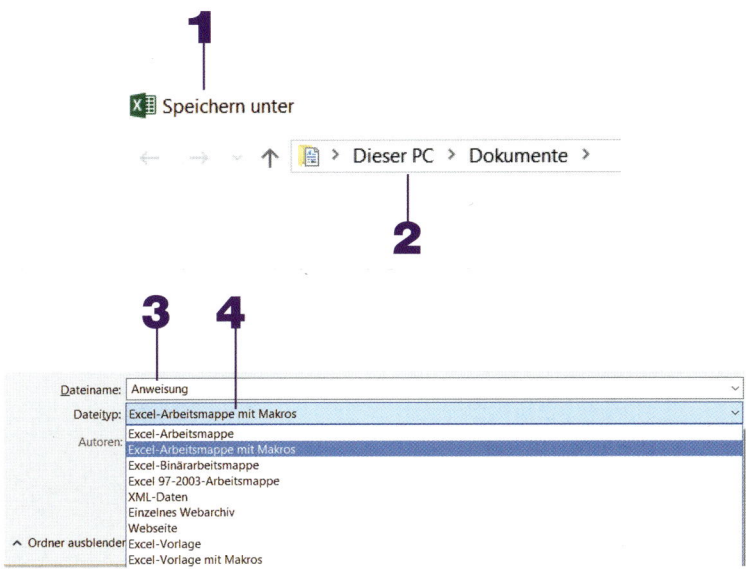

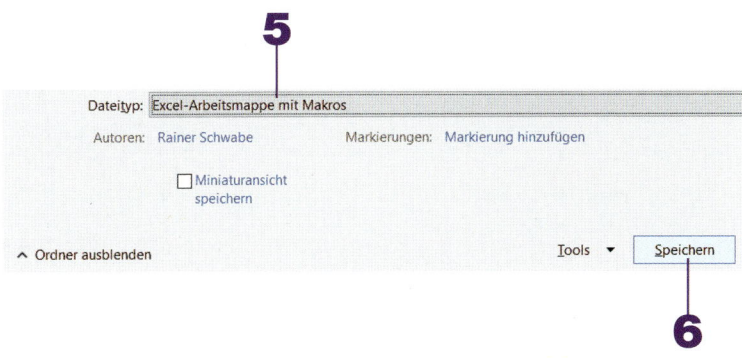

Das Kapitel im Überblick

5

Dafür ist Excel da: Formeln und Funktionen

Excel ist ein »exzellentes« Programm – es bietet Ihnen eine Vielzahl von Funktionen und Formeln, mit denen Sie von einfachen Tabellen bis umfangreichen Berechnungen alles Mögliche mit Zahlen anstellen können.

Nun, was können Sie von diesem Kapitel noch erwarten? In der Kürze liegt die Würze – damit Sie mit einem »Minimum« an Aufwand das »Maximum« an Wissen erwerben. Ich stelle Ihnen zwei häufig angewendete Funktionen kurz und bündig vor, mit denen Sie eine Vielzahl von Aufgabenstellungen im Griff haben.

Eine Funktion ist eine vorgefertigte Formel. Diese führt Berechnungen für bestimmte Fälle in den entsprechenden Zellen durch. Funktionen und Formeln lassen sich leicht bearbeiten und ändern. Sie müssen nur die Syntax beachten.

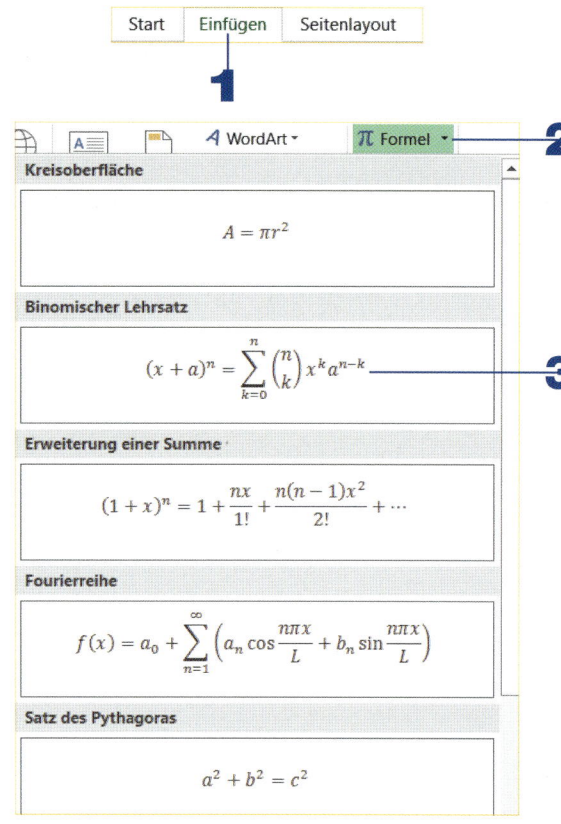

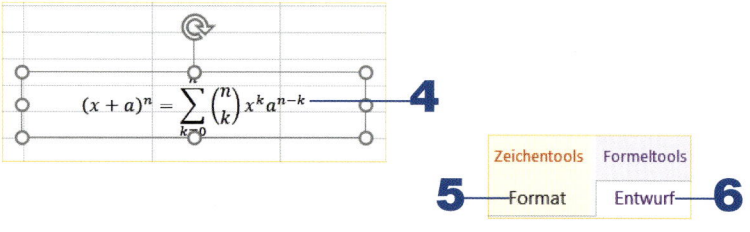

Formeln für Pythagoras

Auf der Registerkarte *Einfügen* finden Sie die Schaltfläche *Formel*. Das hier Angebotene können Sie jedoch für eine Berechnung nicht gebrauchen. Diese Formeln dienen nur der Darstellung.

1 ▶ Holen Sie die Registerkarte *Einfügen* in den Vordergrund.

2 ▶ Aktivieren Sie die Schaltfläche *Formel*.

3 ▶ Wählen Sie eine Darstellungsform aus.

4 ▶ Ein Textfeld mit der entsprechenden Formel erscheint. Klicken Sie in das Textfeld, können Sie Eingaben in den Formeln tätigen.

5 ▶ Wenn das Textfeld aktiviert ist, erscheint zur Bearbeitung die Registerkarte *Zeichentools/Format*.

6 ▶ Klicken Sie in das Textfeld, erscheint die Registerkarte *Formeltools/Entwurf*.

TIPP ➡ Eine Funktion wird immer folgendermaßen dargestellt: *=FUNKTION()*

SUMME, MIN, MAX, MITTELWERT

Die Funktionen *SUMME, MIN, MAX, MITTELWERT* sind Ihnen bestimmt bekannt und gehören zum Einsteigerwissen. Sie finden sie in der Registerkarte *Start* oder *Formeln*.

1 ▶ Aktivieren Sie die Zelle, in der das Ergebnis stehen soll. Öffnen Sie in der Registerkarte *Start* die Auswahl über die Schaltfläche *AutoSumme*.

2 ▶ Wählen Sie entsprechend eine Funktion aus. Gleichgültig, welche Sie wählen, die Vorgehensweise ist immer dieselbe.

3 ▶ Markieren Sie mit gedrückter linker Maustaste den Bereich, der ausgewertet werden soll.

Sobald Sie bestätigen, wird das Ergebnis angezeigt.

WICHTIGE INFORMATION

Die Funktionen funktionieren nur eingeschränkt, wenn sie Fehlerwerte, leere Zellen, Filter oder Teilergebnisse berücksichtigen müssen. In Excel steht Ihnen die Funktion *=AGGREGAT()* zur Verfügung, die solche Funktionsprobleme – allerdings nur für die Berechnung von Spalten – löst.

TIPP ➡ Manchmal geht es schneller, als man denkt. Kein Problem, wenn es immer dieselbe Funktion ist. So ermittelt Excel in Tabellen schnell die Ergebnisse. Sie brauchen nur die Tabelle einschließlich Ergebniszellen zu markieren und die Funktion zu aktivieren.

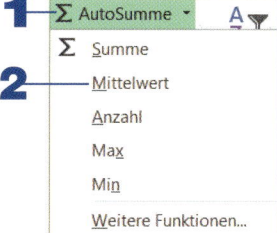

Den Funktionsbereich erweitern (1)

Was ist eigentlich, wenn Sie Informationen in einer Tabelle erweitern? In diesem Beispiel könnte das der Monat sein. Die Funktion muss nicht jedes Mal neu eingegeben werden, sondern Sie erweitern den angegebenen Zellbereich.

1 ▶ Klicken Sie doppelt in die Zelle, in der die Funktion steht. Der Zellbereich, auf den sich die Funktion bezieht, wird angezeigt.

2 ▶ Bewegen Sie den Mauszeiger auf den rechten blauen Eckpunkt des markierten Zellbereichs.

3 ▶ Erweitern Sie mit gedrückter linker Maustaste den Zellbereich. Sobald Sie die Maustaste loslassen, wird das Ergebnis der Funktion automatisch angepasst.

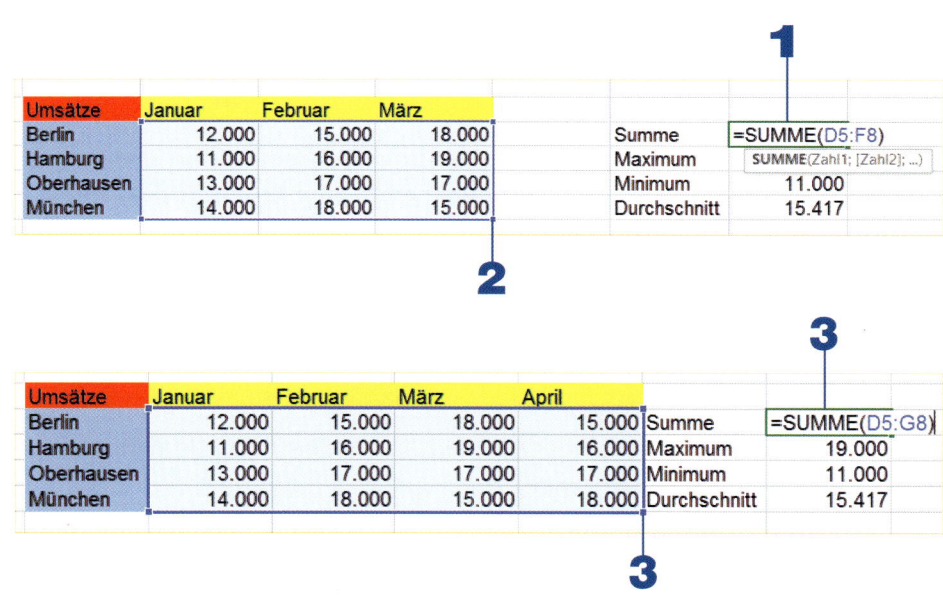

Den Funktionsbereich erweitern (2)

Noch schneller und leichter geht es, wenn Sie die Tabelle/Liste für Excel **als Tabelle formatieren**. Damit weiß Excel, wenn Sie in benachbarten Zellbereichen etwas eintragen, dass Sie Ihre Tabelle erweitern möchten. Automatisch werden die Funktionen, die sich auf diesen Zellbereich beziehen, angepasst.

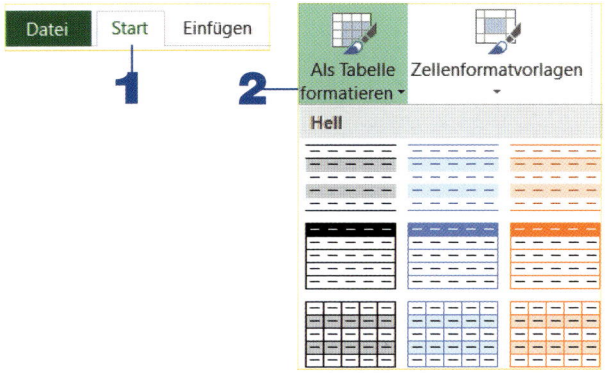

1 ▶ Klicken Sie in eine beliebige Zelle innerhalb der Tabelle/Liste. Aktivieren Sie die Registerkarte *Start*.

2 ▶ Wählen Sie über die Schaltfläche *Als Tabelle formatieren* eine Darstellungsform aus.

3 ▶ Bestätigen Sie den Zellbereich mit der Schaltfläche *OK*. Beachten Sie, ob die Tabelle eine Überschrift hat.

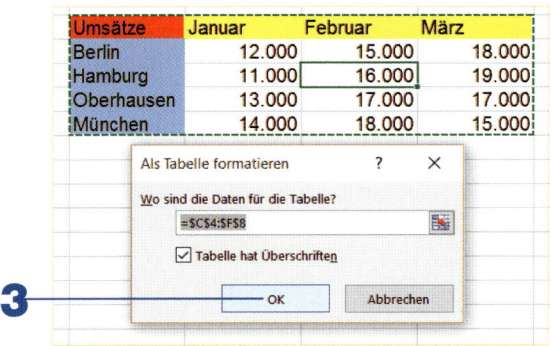

4 ▶ Sobald Sie Informationen neben bzw. unterhalb der Tabelle angeben, erweitert Excel automatisch den Bereich. Zahlen, die nun eingegeben werden, werden in den entsprechenden Funktionen berücksichtigt.

WICHTIGE INFORMATION

Die Formatierung der Tabelle heben Sie wieder auf, indem Sie eine Zelle innerhalb der Tabelle aktivieren und in der Registerkarte *Tabellentools/Entwurf* auf die Schaltfläche *In Bereich konvertieren* klicken.

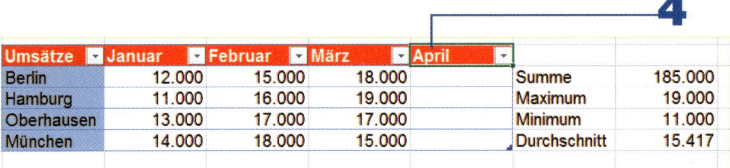

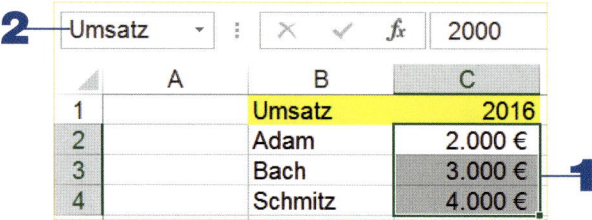

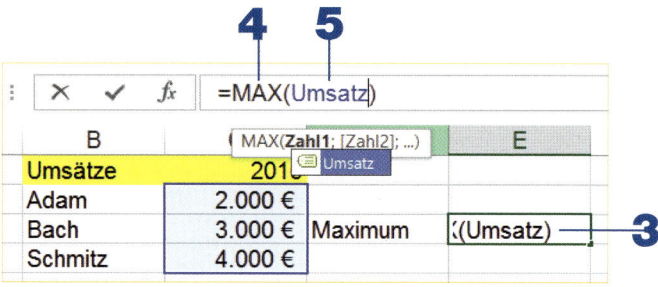

Formeln mit Zellbereichen eingeben

Formeln können Sie über die Tastatur in der **Bearbeitungsleiste** eingeben, und dabei helfen Zellbereiche, die Sie auch benennen können.

1 ▶ Markieren Sie den entsprechenden Zellbereich.

2 ▶ Klicken Sie in das *Namenfeld* und tippen Sie den Namen des Zellbereichs ein. Bestätigen Sie mit der ⏎-Taste. Der markierte Zellbereich hat nun einen Namen, den nur er hat.

3 ▶ Aktivieren Sie die Zelle, in der die entsprechende Funktion eingefügt werden soll.

4 ▶ Klicken Sie in die Bearbeitungsleiste und geben Sie eine Funktion ein, hier zum Beispiel das Maximum.

5 ▶ Markieren Sie nicht – wie sonst – den Zellbereich, sondern tippen Sie den **Namen** des Zellbereichs zwischen den Klammern ( ) ein.

6 ▶ Sobald Sie bestätigen, wird das Ergebnis für den genannten Zellbereich eingefügt.

> **TIPP** ➡ Namen von Zellbereichen bearbeiten Sie in der Registerkarte *Formeln* über die Schaltfläche *Namens-Manager*.

1, 2, 3, ... Zellen zählen

Wenn Sie in der Registerkarte *Start* die Auswahl der Schaltfläche *AutoSumme* öffnen, erhalten Sie neben den bekannten Funktionen *SUMME*, *MITTELWERT*, *ANZAHL*, *MAX* und *MIN* noch die Möglichkeit, die Funktion *ANZAHL* zu starten.

Die Funktion *ANZAHL()* zählt nur Zellen, die Zahlen enthalten. Sie berücksichtigt also keine Zellinhalte mit Texten.

Aktivieren Sie die Zelle, die die Anzahl von Zellinhalten anzeigen soll.

1 ▶ Öffnen Sie die Auswahl über die Schaltfläche *AutoSumme* und starten Sie die Funktion *Anzahl*.

2 ▶ Geben Sie den auszuwertenden Bereich an und bestätigen Sie.

Die Funktion *ANZAHL2 ()* berücksichtigt dagegen Zellen, die nicht leer sind. Diese finden Sie im Funktions-Assistenten (siehe auch den nachfolgenden Abschnitt »Den Funktions-Assistenten starten«).

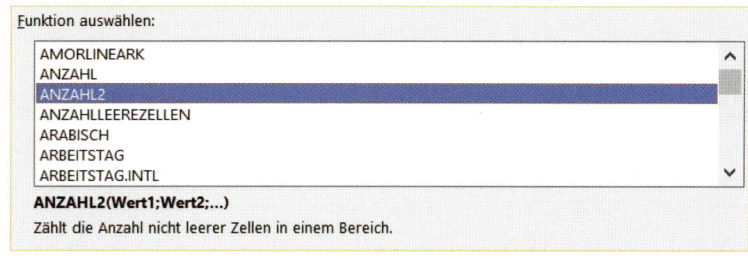

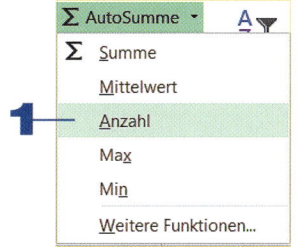

Den Funktions-Assistenten starten

1 ▶ Funktionen gibt es eine Menge ... und auf alle einzugehen, würde sicherlich zu weit gehen. Das erkennen Sie auch an der Vielzahl der Funktionen in der Registerkarte *Formeln*. Dazu bestehen mehrere Möglichkeiten, Funktionen zu starten. Hier sind nur einige erwähnt.

2 ▶ Es gibt einen **Funktions-Assistenten**, der Ihnen bei der Erstellung der Funktion helfen soll. Sie starten ihn mit einem einfachen Mausklick.

3 ▶ In der Registerkarte *Start* können Sie aber auch den Funktions-Assistenten starten. Öffnen Sie hier die Auswahl bei der Schaltfläche *AutoSumme* und klicken Sie *Weitere Funktionen* an.

4 ▶ Sobald Sie das Gleichheitszeichen (=) und den Anfangsbuchstaben einer Funktion eingeben, zeigt Ihnen Excel sämtliche Funktionen mit diesem Buchstaben an. Geben Sie weitere Buchstaben ein, selektiert Excel weiter.

5 ▶ Sie können aber auch die Funktion in die Bearbeitungsleiste tippen: *Zählenwenn(*. Dann starten Sie den Funktions-Assistenten über die Schaltfläche *fx*.

> **TIPP** ➡ Sie starten den Funktions-Assistenten ebenfalls, indem Sie die Tastenkombination ⇧+F3 drücken.

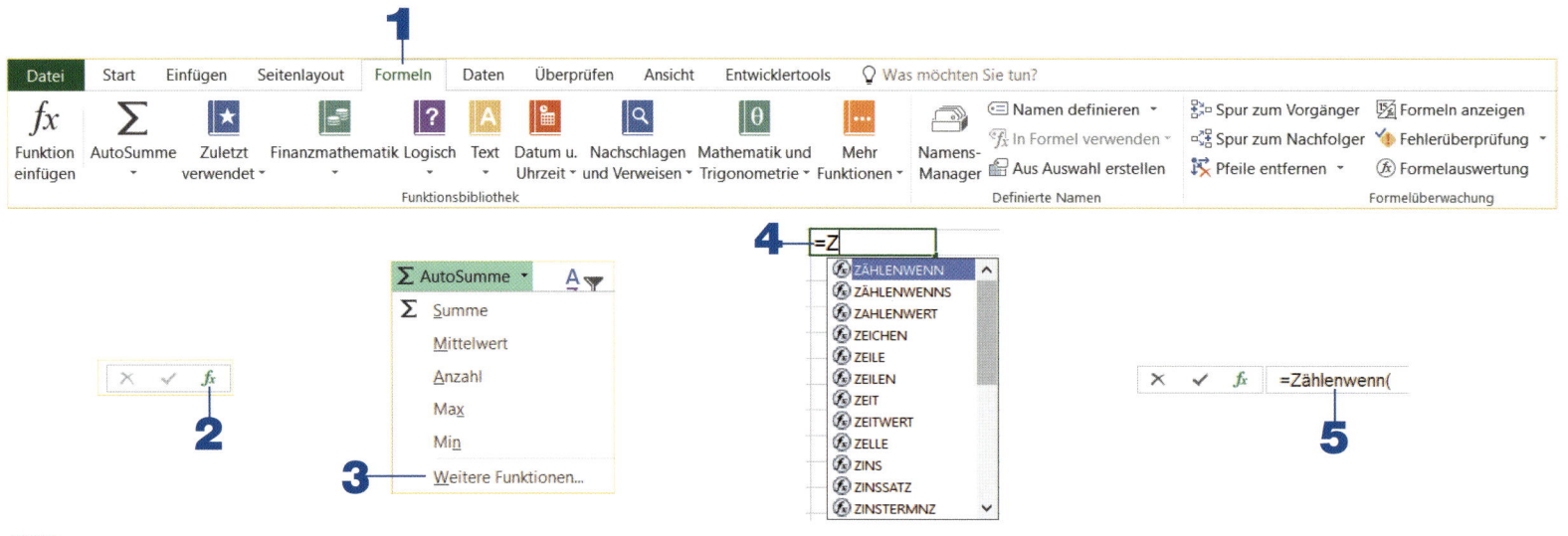

Funktionen starten

Funktionen sind beim Funktions-Assistenten in Kategorien eingeteilt. Dabei muss man allerdings wissen, in welcher Kategorie die gesuchte Funktion eingeordnet ist.

1 ▶ Unter *Funktion suchen* geben Sie Suchwörter ein. Excel springt automatisch in die Kategorie *Empfohlen* und schlägt Ihnen Funktionen zum eingegebenen Suchwort vor.

2 ▶ Unter *Kategorie auswählen* wählen Sie die Kategorie.

3 ▶ Bei *Zuletzt verwendet* werden die Funktionen angezeigt, die Sie zuletzt aktiviert haben. Dazu müssen diese jedoch mindestens einmal gestartet worden sein.

4 ▶ Unter der Kategorie *Alle* finden Sie sämtliche Funktionen von **A bis Z** sortiert.

5 ▶ Um Funktionen schneller im Funktions-Assistenten zu finden, brauchen Sie lediglich den **Anfangsbuchstaben** einzutippen. Klicken Sie zum Beispiel in der Kategorie *Alle* auf die erste Funktion und geben Sie ein *A* ein, springt Excel zu der ersten Funktion, die mit A anfängt.

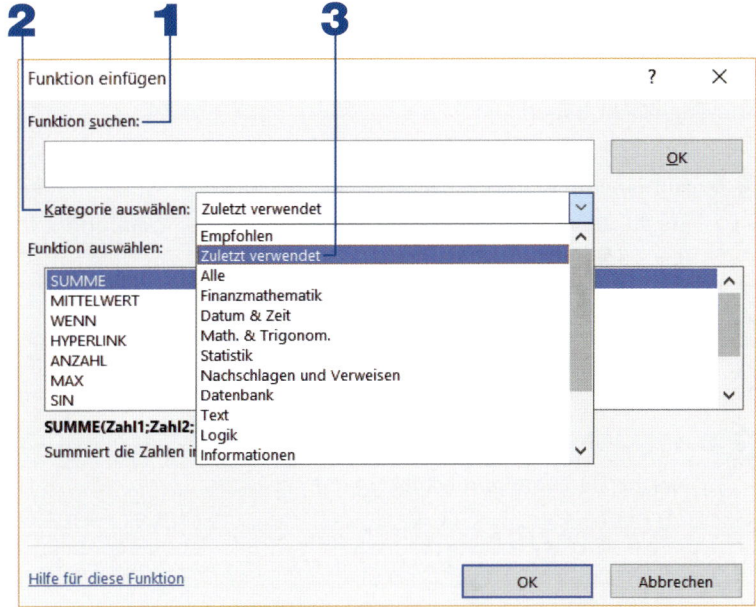

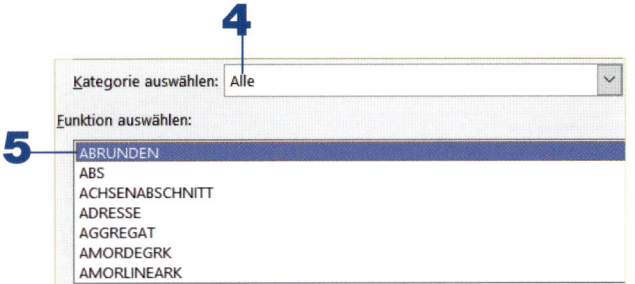

Hilfen beim Funktions-Assistenten

Eine Beschreibung der Funktion erkennen Sie, sobald Sie eine Funktion angeklickt haben.

1 ▶ Mit einem Doppelklick starten Sie die Funktion schnell. Oder Sie starten eine Funktion, indem Sie diese anklicken und mit der Schaltfläche *OK* bestätigen.

2 ▶ Sie können sich aber auch über *Hilfe für diese Funktion* zunächst die Hilfe durchlesen.

3 ▶ Hier wird Ihnen angezeigt, was diese Funktion ausführt und welche Bedingungen erfüllt werden müssen.

4 ▶ Die **Syntax** (Aufbau der Funktion/Formel) wird Ihnen anhand einiger Beispiele erklärt.

WICHTIGE INFORMATION

Eine Formel hat einen bestimmten Aufbau, eine Syntax. Zuerst folgt der Name der **Funktion**. In Klammern werden **Prüfungen** und **Anweisungen** geschrieben, die jeweils durch ein Semikolon (;) getrennt werden. Angaben in Anführungszeichen wie *"Budget überschritten"* sind Texte. Die Angabe ohne Text in Gänsefüßchen "" soll bewirken, dass nichts ausgeführt wird.

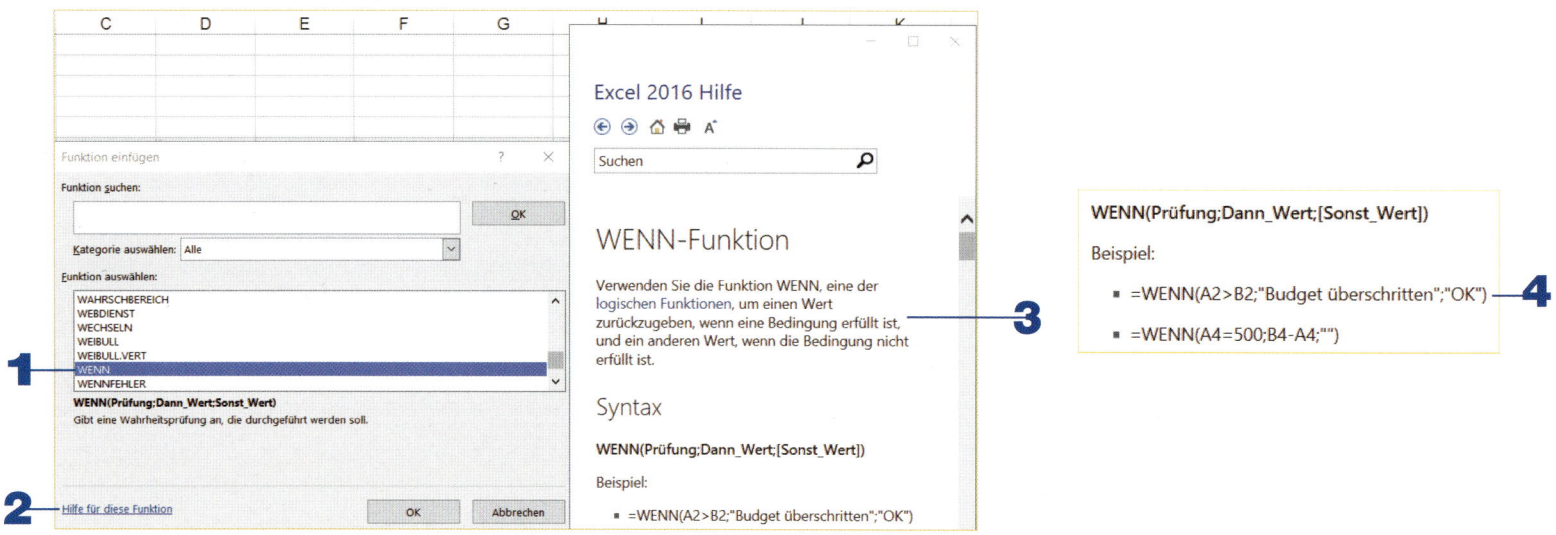

Zählen, wenn das so ist

Die Funktion *ZÄHLENWENN ()* zählt (wie der Name es schon sagt) nur dann, wenn ein bestimmtes Kriterium zutrifft. Hier sollen als Beispiel die Umsätze ausgewertet werden. Es wird die Anzahl der Zellen, deren Umsatz größer als 20.000 ist, aufgeführt.

1 ▶ Klicken Sie die Zelle an, in der die Funktion eingetragen werden soll.

2 ▶ Tippen Sie *Zählenwenn(* und starten Sie den Funktions-Assistenten.

3 ▶ Geben Sie den Auswertungsbereich ein.

4 ▶ Geben Sie die Bedingung (Suchkriterium) ein.

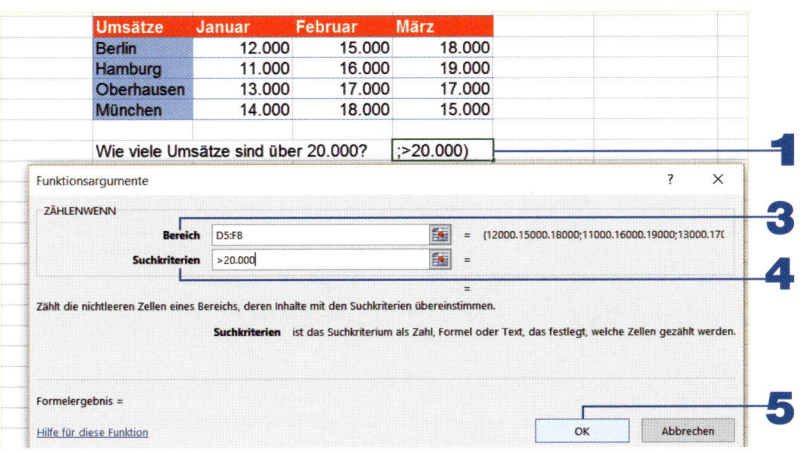

5 ▶ Bestätigen Sie mit der Schaltfläche *OK*.

Zeichen	Vergleich	Beispiel 20
>	Größer	21, 22, 23, ...
>=	Größer gleich	20, 21, 22, ...
<	Kleiner	19, 18, 17, ...
<=	Kleiner gleich	20, 19, 18, ...

W I C H T I G E   I N F O R M A T I O N

Allerdings können Sie mit der Funktion ZÄHLENWENN () keine Zellinhalte als Bedingung angeben (wie hier: Zähle die Umsätze, die über dem Durchschnitt liegen).

TIPP ➡ Blenden Sie Formeln und Funktionen schnell ein und aus: Sie können dazu in der Registerkarte *Formeln* auf die Schaltfläche *Formeln anzeigen* klicken oder die Tastenkombination [Strg]+[⇧]+[`] drücken.

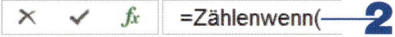

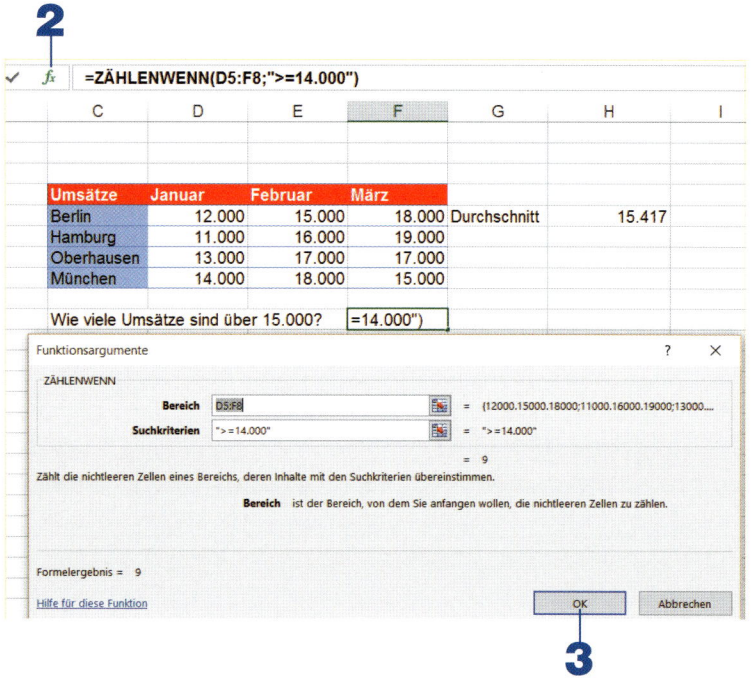

Formeln bearbeiten

Klicken Sie eine Zelle doppelt an, in der eine Formel bzw. Funktion enthalten ist, zeigt Ihnen Excel an, aus welchem Bereich die Auswertungen stammen.

1 ▶ Wenn Sie eine Funktion bearbeiten möchten, ändern Sie die Angaben in der **Bearbeitungsleiste** oder …

2 ▶ … Sie starten den **Funktions-Assistenten**. Die Funktion aus der aktivierten Zelle wird Ihnen angezeigt.

3 ▶ Ändern Sie hier die Angaben und bestätigen Sie mit der Schaltfläche *OK*.

Mit der Taste F2 schalten Sie direkt in den **Bearbeitungsmodus** der Bearbeitungsleiste. Mit der Tastenkombination Strg+⇧+U erweitern Sie die Bearbeitungsleiste.

Wenn's passt ... dann macht Excel das ...

Sie müssen nur verstehen, wie die Funktionen funktionieren. Anwenden müssen Sie sie selbst. Es gibt eine Formel, die häufig Anwendung findet: die *WENN*-Funktion.

- Wenn etwas zutrifft ...

- dann macht Excel das ...

- sonst macht es etwas anderes ...

1 ▶ In diesem Beispiel soll neben den Werten die Zahl in Textform angegeben werden. Bei *1* erscheint der Text *Eins*, ansonsten muss es eine *0* sein und damit wird der Text *Null* geschrieben. Klicken Sie die Zelle an, in der das erscheinen soll.

2 ▶ Geben Sie *=Wenn(* ein.

3 ▶ Starten Sie den Funktions-Assistenten.

4 ▶ Geben Sie die Prüfung ein. (Wenn die Zelle = *1* ist.)

5 ▶ Klicken Sie in das Eingabefeld bei *Dann_Wert*. Dann soll der Text *Eins* geschrieben werden.

6 ▶ Klicken Sie in das Eingabefeld bei *Sonst_Wert*. Wenn die Bedingung nicht zutrifft, soll der Text *Null* eingefügt werden.

7 ▶ Bestätigen Sie die Funktion mit der Schaltfläche *OK*.

8 ▶ Bewegen Sie den Mauszeiger auf das Ausfüllkästchen und kopieren Sie die Funktion in die Zellen.

TIPP ➡ Mit der F2-Taste blenden Sie die Formel für die aktive Zelle ein. Über die Esc-Taste schalten Sie wieder zurück.

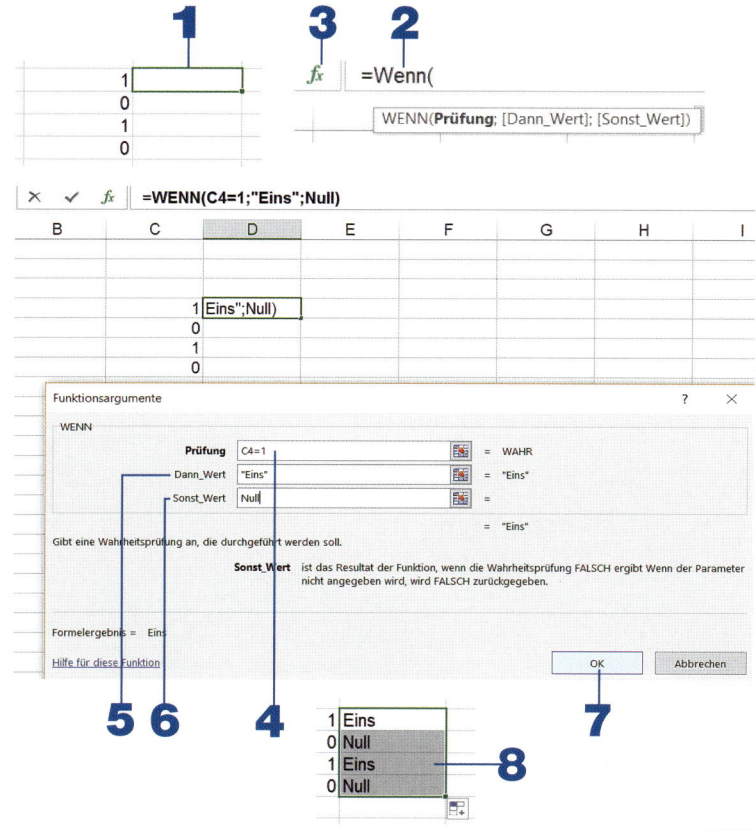

Wenn ... dann macht Excel mehr

Innerhalb der *WENN*-Funktion kann immer wieder abgefragt (verschachtelt) werden. Hier soll als Beispiel ein Text erscheinen, wenn es sich um die Zahl 1, 2 oder 3 handelt.

Wenn ...	Anweisung Text
1	Eins
2	Zwei
Beides nicht zutrifft	Drei

Sie können zur leichteren Handhabung den Funktions-Assistenten starten oder die Funktion direkt in die Bearbeitungsleiste eingeben.

1 ▶ Klicken Sie in die Zelle, in der die Anweisung erfolgen soll.

2 ▶ Geben Sie die Funktion ein: *=WENN(*.

3 ▶ Wenn die Prüfung zutrifft, dann soll Excel das ausführen, sonst nichts (*=""*).

4 ▶ Bestätigen Sie über die Schaltfläche *OK*. Die Funktion wird eingefügt.

5 ▶ Auf zweimal Klammer auf **(** folgt zweimal Klammer zu **)**. Haben Sie das vergessen, moniert das Programm das. Bestätigen Sie.

6 ▶ Kopieren Sie die Formel in die anderen Zellen.

So können Sie weiter und weiter verschachteln.

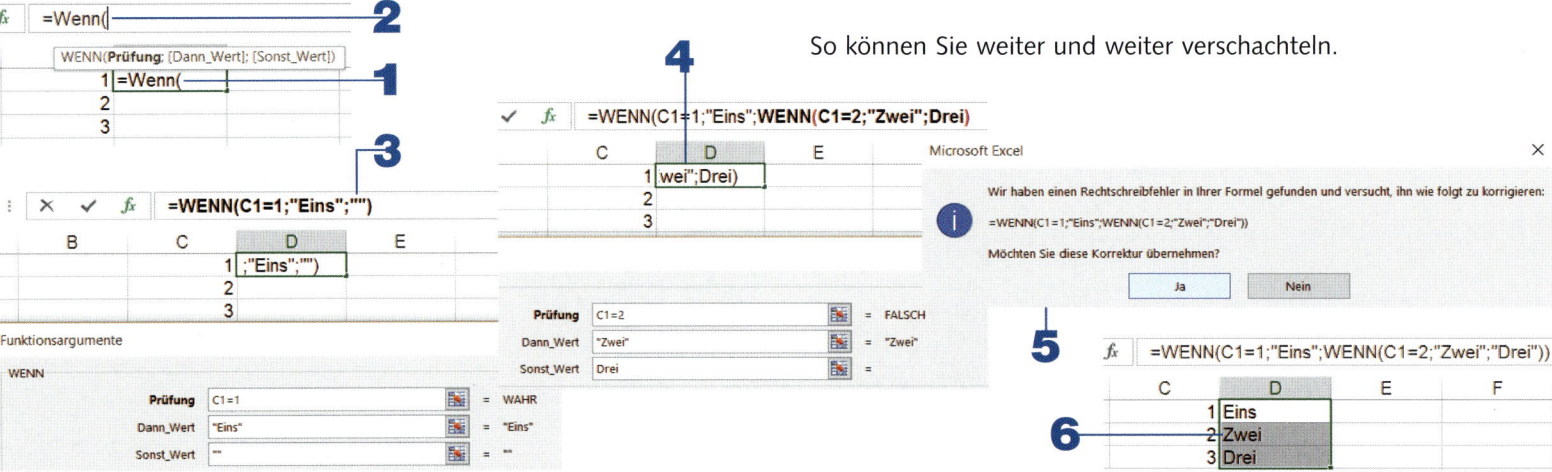

Wenn ... du gut oder schlecht bist

Übung macht den Excel-Meister. Anhand einiger Übungsbeispiele soll Ihnen das gelingen. Hier arbeiten Sie mit Texten, die Excel einfügen soll, wenn etwas zutrifft.

In diesem Beispiel haben Vertreter einen Umsatz erzielt. Liegt der einzelne Umsatz über dem durchschnittlichen Umsatz, erhält der Verkäufer einen Vermerk »Bonus«, liegt der Umsatz dagegen unter dem Durchschnitt, soll der Vermerk »Schulung« erscheinen.

1 ▶ Ermitteln Sie den **Mittelwert**.

2 ▶ Starten Sie die *WENN*-Funktion.

3 ▶ Geben Sie die Prüfung ein. Fixieren Sie die Zelle, in der der Durchschnitt steht, mit der Taste F4 als festen Bezug.

4 ▶ Geben Sie die Texte bei *Dann_Wert* und *Sonst_Wert* ein und bestätigen Sie.

Sobald Sie mithilfe des Auswahlkästchens die Formel in die anderen Zellen kopieren, erscheint für jeden einzelnen Umsatz die Auswertung bezogen auf den Durchschnittswert (Mittelwert).

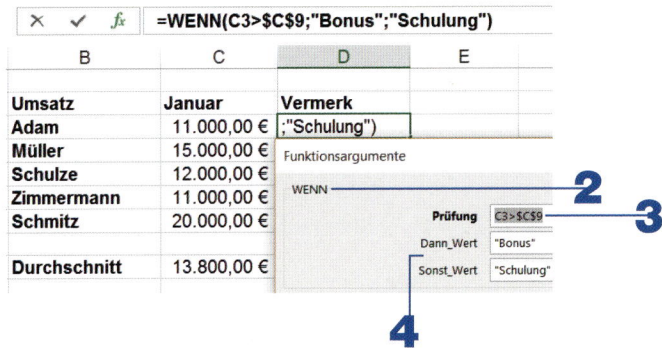

Wenn ... mehrere Fragen sind

Abfragen können immer wieder wie in diesem Beispiel aufgestellt werden. Hier sollen Verkäufer entsprechend ihres Umsatzes einen Vermerk erhalten.

Umsatz	Vermerk
Maximum	Bester Verkäufer
Minimum	Schlechtester Verkäufer
Über Durchschnitt	Über Durchschnitt
Unter Durchschnitt	Unter Durchschnitt

Drei Fragen (3 x WENN) und vier Antworten

1 ▶ Ermitteln Sie jeweils für die Zellen den Mittelwert, das Maximum und Minimum mit den entsprechenden Funktionen.

2 ▶ Starten Sie die *WENN*-Funktion. Geben Sie die entsprechende Syntax der Funktion ein.

3 ▶ Kopieren Sie die Funktion in die entsprechenden Zellen.

Da Sie bei Maximum, Minimum und Durchschnitt mit **festen Bezügen** arbeiten, setzen Sie diese mit der [F4]-Taste fest.

> **TIPP** ➡ Mit der Funktion *=SUMMEWENNS()* können Sie gleich mehrere Bedingungen festlegen.

WICHTIGE INFORMATION

So viele öffnende Klammern (Sie setzen, so viele schließende Klammern) müssen getippt werden. Wenn Sie das vergessen, nicht schlimm, Excel weist Sie darauf hin.

2

		fx	=MIN(C3:C7)	
	B	C	D	
	Umsatz	Januar	Vermerk	
	Adam	11.000,00 €		
	Müller	15.000,00 €		
	Schulze	12.000,00 €		
	Zimmermann	11.000,00 €		
	Schmitz	20.000,00 €		
	Durchschnitt	13.800,00 €		
	Maximum	13.800,00 €		
	Minimum	11.000,00 €		**1**

3

	fx	=WENN(C3=$C$10;"Bester Verkäufer";WENN(C3=$C$11;"Schlechtester Verkäufer";WENN(C3>$C$9;"Über Durchschnitt";"Unter Durchschnitt")))								
B	C	D	E	F	G	H	I	J	K
Umsatz	Januar								
Adam	11.000,00 €	Schlechtester Verkäufer							
Müller	15.000,00 €	Über Durchschnitt							
Schulze	12.000,00 €	Unter Durchschnitt							
Zimmermann	11.000,00 €	Schlechtester Verkäufer							
Schmitz	20.000,00 €	Bester Verkäufer							
Durchschnitt	13.800,00 €								
Maximum	20.000,00 €								
Minimum	11.000,00 €								

Wenn ... die Rechnung kommt

Vertreter haben einen Umsatz erzielt. Liegt der Umsatz über dem Durchschnitt, erhalten die Vertreter einen Bonus (hier im Beispiel 2 %) in Euro ausgezahlt. Die Berechnungen können natürlich auch anders durchgeführt werden. Sie sollen nur als Beispiel dienen.

1 ▶ Ermitteln Sie den Durchschnittswert mithilfe der Funktion *MIT-TELWERT*. Stellen Sie die Syntax für die *WENN*-Funktion auf.

2 ▶ Kopieren Sie die *WENN*-Funktion in die anderen Zellen.

> **TIPP** ➡ Sie können auch die Gesamtzahlung in Euro aus-rechnen: C3+C3*2%

> **TIPP** ➡ Sie können anstatt der Anweisung "" für »Nichts« die Zahl 0 angeben. Dann werden in den entsprechenden Zellen numerische Nullen aufgeführt. Wer die Nullen ausblenden möch-te, kann diese unter *Datei/Optionen* deaktivieren. Die Option dazu finden Sie unter *Erweitert* und *Anzeige*. Die entsprechende Option lautet *In Zellen mit Nullwert eine Null anzeigen*.

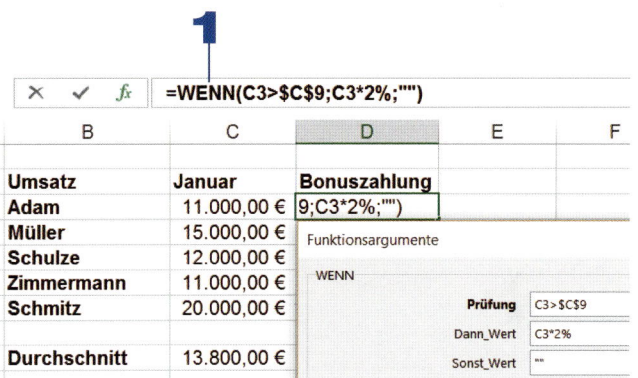

Beachten Sie bei diesem Beispiel, dass das aktuelle Datum in einer festen Zelle steht. Setzen Sie daher mit der Taste `F4` einen **absoluten Bezug** fest, ansonsten gelingt das Kopieren der Funktion in die anderen Zellen nicht.

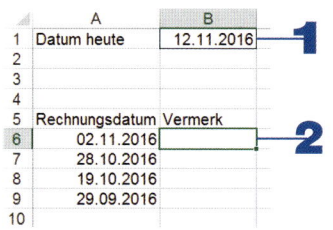

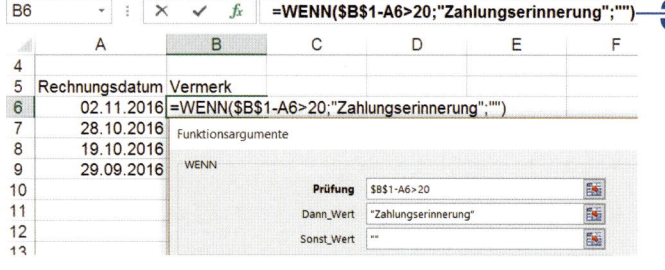

Wenn ... es Zeit wird

Vergleichen Sie das heutige Datum =heute() mit einem Rechnungsdatum. Ist die Rechnung älter als 20 Tage, dann soll der Text »Zahlungserinnerung« geschrieben werden. Ansonsten soll nichts geschrieben werden.

Funktion	Tasten	Anzeige
=heute()	`Strg`+`.`	Aktuelles Datum
=jetzt()	`Strg`+`⇧`+`.`	Aktuelle Uhrzeit

1 ▶ Geben Sie die Funktion =heute() in die Zelle ein.

2 ▶ Klicken Sie in die Zelle, in der die Funktion WENN() eingefügt werden soll.

3 ▶ Starten Sie die WENN-Funktion und geben Sie die Syntax ein.

4 ▶ Kopieren Sie die Formel in die entsprechenden Zellen.

TIPP ➡ Das Datum aktualisiert sich durch die Funktion jeden Tag, sodass auch die Berechnung ständig aktualisiert wird.

Wenn: Ja und Ja

Sie können Bedingungen auch gleichzeitig mit Anweisungen verknüpfen. Trifft das eine **und** das andere zu, wird die Anweisung ausgeführt.

In diesem Beispiel wird ein Bonus in Höhe von 2 % nur dann ausgezahlt, wenn der Umsatz über dem Durchschnitt liegt **und** die Betriebszugehörigkeit seit über fünf Jahren besteht.

1 ▶ Stellen Sie die Syntax der *WENN*-Funktion auf.

2 ▶ Kopieren Sie die Funktion in die Zellen.

Nur derjenige, der die gestellten **Bedingungen erfüllt**, erhält die Bonuszahlung.

3 ▶ Klicken Sie in das *UND* der Funktion, können Sie leicht den Funktions-Assistenten starten. Klicken Sie in das letzte Eingabefeld für den *Wahrheitswert2*, erscheint automatisch das nächste Eingabefeld. So können Sie immer weitere Bedingungen angeben.

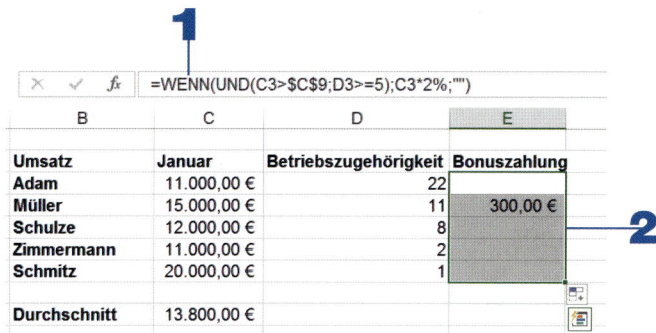

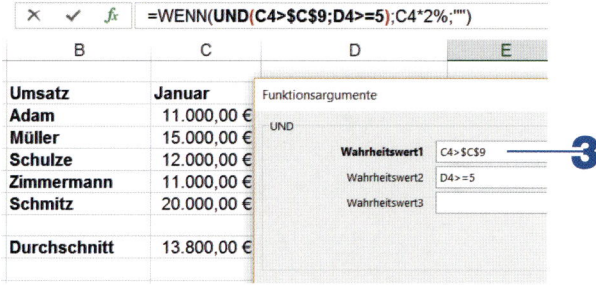

TIPP ➡ Durch das UND geben Sie an, dass sämtliche Bedingungen zutreffen müssen. Wenn Sie möchten, dass nur die eine oder andere zutreffen muss, geben Sie ODER an. Wie das geht, sehen Sie auf der nächsten Seite.

Wenn: Ja oder Ja

Bei der *ODER*-Funktion muss **entweder** die eine oder die andere Bedingung erfüllt sein.

In diesem Beispiel wird eine Bonuszahlung gewährt, wenn der Umsatz über dem durchschnittlichen Umsatz liegt **oder** die Dauer der Betriebszugehörigkeit mehr als fünf Jahre beträgt.

1 ▶ Tippen Sie die Syntax der *WENN*-Funktion ein.

2 ▶ Kopieren Sie die Formel in die entsprechenden Zellen.

Wer die eine oder andere Bedingung erfüllt, erhält die Bonuszahlung.

1

`=WENN(ODER(C3>$C$9;D3>=5);C3*2%;"")`

B	C	D	E	F
Umsatz	**Januar**	**Betriebszugehörigkeit**	**Bonuszahlung**	
Adam	11.000,00 €	22	220,00 €	
Müller	15.000,00 €	11	300,00 €	
Schulze	12.000,00 €	8	240,00 €	
Zimmermann	11.000,00 €	2		
Schmitz	20.000,00 €	1	400,00 €	
Durchschnitt	13.800,00 €			

2

Klicken Sie auf **ODER** in der Funktionssyntax, können Sie den Funktions-Assistenten starten.

Einfach gerechnet – mit Matrixformeln

Viele Wege führen nach Rom – manche sind länger, manche kürzer. Hier in diesem Beispiel würden Sie (oder auch nicht) den Preis jeweils mit der verkauften Kartenzahl multiplizieren, die Formel nach unten kopieren und dann die Summe aus den einzelnen Umsätzen bilden.

Doch es geht einfacher: Jede Spalte einer Kalkulation bzw. Tabelle ist eine Matrix. So kann Excel mit den Inhalten mehrerer Spalten rechnen.

1 ▶ Aktivieren Sie die Zielzelle, in der das Ergebnis stehen soll. Klicken Sie in der Registerkarte *Start* auf *AutoSumme*.

2 ▶ Markieren Sie hier im Beispiel die *Preis*-Spalte.

3 ▶ Geben Sie das *-Zeichen für die Multiplikation an.

4 ▶ Markieren Sie im Beispiel die Spalte *Verkaufte Tickets*.

5 ▶ Schließen Sie die Eingabe der Matrixformel mit der Tastenkombination ⌈Strg⌉+⌈⇧⌉+⌈⏎⌉ ab.

TIPP ➡ Sie erkennen eine Matrixformel an den geschweiften Klammern { }. Wenn Sie den Zellbereich in der Bearbeitungsleiste markieren und die ⌈F9⌉-Taste drücken, werden die Werte des Zellbereichs angezeigt.

fx =SUMME({2796,5;3145,5;3114,8;2114,7})

TIPP ➡ Doch Vorsicht – klicken Sie nichts an, sonst überschreiben Sie. Zurück kommen Sie hier am besten über die ⌈Esc⌉-Taste.

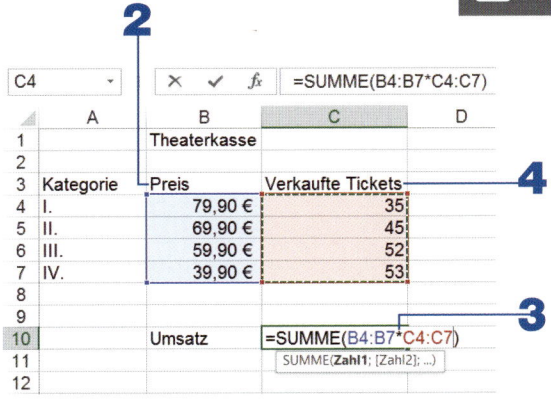

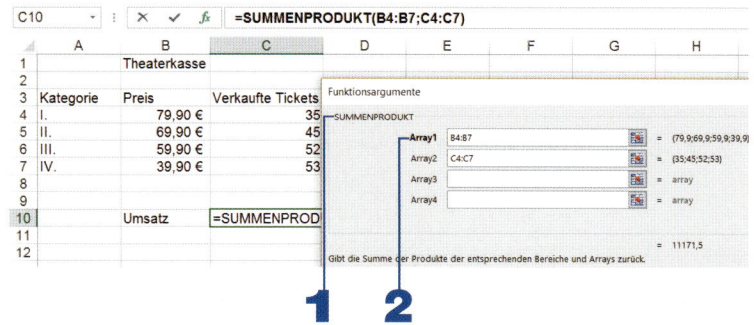

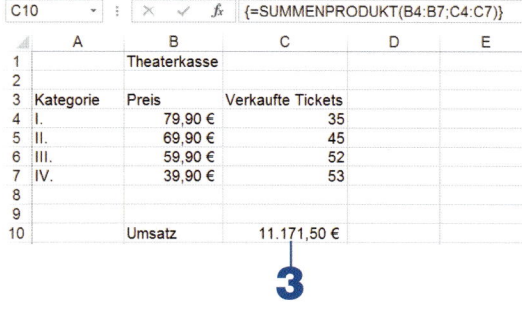

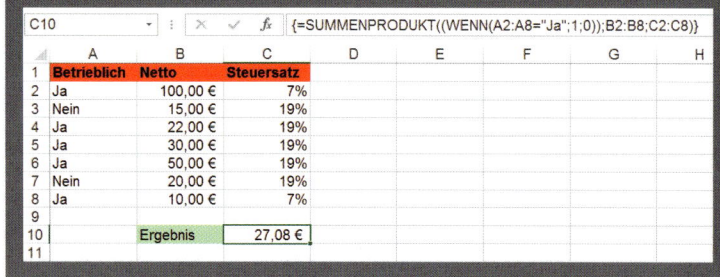

Das Summen-Produkt

Mehrere Multiplikationen können Sie in einer Funktion zusammenfassen: =SUMMENPRODUKT. Hier geben Sie an, welche Bereiche zusammengefasst bzw. multipliziert werden, um daraus die Summe zu bilden.

1 ▶ Stellen Sie die Kalkulation auf und starten Sie die SUMMEN-PRODUKT-Funktion.

2 ▶ Geben Sie bei Array an, welche Bereiche miteinander multipliziert werden sollen.

3 ▶ Sobald Sie mit der Schaltfläche OK bestätigen, wird die Summe aus den einzelnen Produkten (Multiplikationen) gebildet.

TIPP ➡ Klicken Sie in das Eingabefeld Array2, erscheint automatisch das nächste Eingabefeld und so weiter.

TIPP ➡ Die SUMMENPRODUKT-Funktion können Sie mit anderen Funktionen, hier die WENN-Funktion, miteinander verbinden. Hier im Beispiel: Wenn der Betrag absetzbar ist, werden die Bereiche mit 1, ansonsten mit 0 multipliziert. Drücken Sie dann die Tasten Strg+⇧+↵.

Von Matrix zu Matrix

Damit ist die »Verbindung« zwischen zwei Tabellen gemeint. Jetzt kommt auf den nächsten Seiten noch eine viel verwendete Funktion, die sehr wichtig ist: *SVERWEIS()*.

Wie Sie im Beispiel erkennen, sollen zwei Listen bzw. Tabellen miteinander »verbunden« werden. Excel nennt diese Tabellen auch »Matrix«. Informationen sollen aus einer anderen Tabelle (»Matrix«) übernommen werden.

Da Sie später häufig die Funktion für andere Zellen kopieren, sollten Sie hier auf den **festen Bezug**, also auf die **Fixierung** der Tabelle achten. Das machen Sie mit der F4-Taste oder indem Sie den Zellbereich der Tabelle mit einem Namen versehen. Dadurch brauchen Sie sich nicht mehr um die Fixierung der Zellen zu kümmern.

1 ▶ Markieren Sie den Zellbereich.

2 ▶ Klicken Sie in das Namen-Feld.

3 ▶ Tippen Sie den Namen ein und bestätigen Sie über die ↵-Taste. Die Matrix wird fixiert.

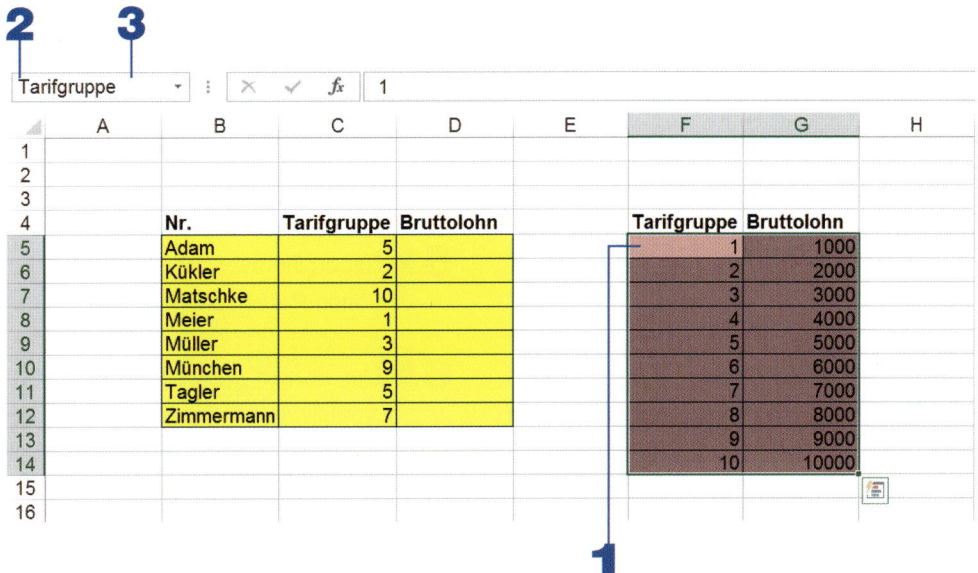

Die Funktion =*SVERWEIS()* bezieht sich auf Spalten. Steht die Matrix in Zeilen, verwenden Sie die Funktion =*WVERWEIS()*.

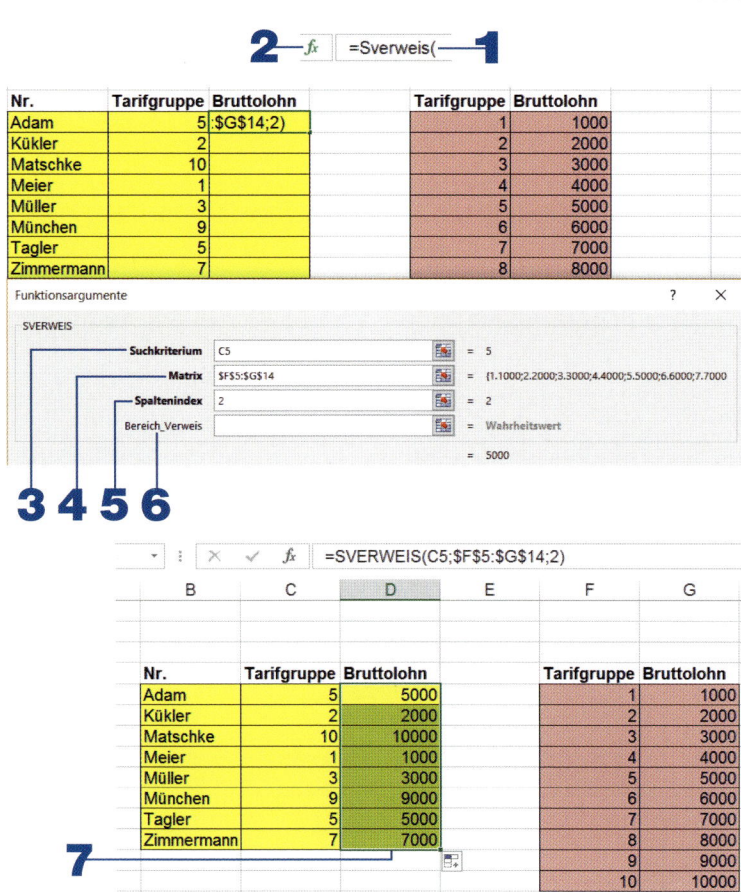

SVERWEIS – aus einer Matrix übernehmen

In einer Spalte soll der Bruttolohn anhand der Tarifgruppe aus einer anderen Matrix übernommen werden.

1 ▶ Aktivieren Sie die Zelle, in der die Funktion stehen soll. Geben Sie in der Bearbeitungsleiste ein: =*SVERWEIS(*.

2 ▶ Starten Sie den Funktions-Assistenten. Natürlich können Sie hier die Funktion direkt eingeben.

3 ▶ Geben Sie das *Suchkriterium* ein. Das wäre im Beispiel die Zelle *C5*, in der die Tarifgruppe steht.

4 ▶ Aktivieren Sie die Matrix, in der die Informationen stehen, die Sie einbinden möchten. Beachten Sie dabei, dass Sie einen festen Bezug mit der Taste F4 setzen. Sie können auch für den Zellbereich im Namenfeld einen Namen vergeben. Dadurch wird die Matrix ebenfalls fixiert.

5 ▶ Geben Sie die Spalte (hier im Beispiel *2*) an, in der die Informationen stehen, die übertragen werden sollen, und bestätigen Sie.

6 ▶ Der *Bereich_Verweis* soll mit *WAHR* oder *FALSCH* ausgefüllt werden. Wenn Sie hier nichts eingeben, geht Excel von *WAHR* aus. Bei *WAHR* wird die nächstliegende Zahl, bei *FALSCH* der exakte Wert gesucht.

7 ▶ Kopieren Sie die Funktion für die anderen Zellen.

SVERWEIS mit Prozenten

In der einen Spalte soll der Provisionssatz aus einer anderen Matrix übernommen werden.

1 ▶ Aktivieren Sie die Zelle, in der die Funktion stehen soll.

2 ▶ Geben Sie in der Bearbeitungsleiste ein: =SVERWEIS(.

3 ▶ Starten Sie den Funktions-Assistenten.

4 ▶ Geben Sie nun das *Suchkriterium* ein. Das wäre im Beispiel die Zelle *A2*, in der der Umsatz steht.

5 ▶ Aktivieren Sie die *Matrix*, in der die Informationen stehen, die Sie einbinden möchten. Beachten Sie dabei, dass Sie einen festen Bezug mit der Taste F4 setzen.

6 ▶ Geben Sie die Spalte (hier im Beispiel *2*) an, in der die Informationen stehen, die übertragen werden sollen, und bestätigen Sie mit *OK*.

7 ▶ Kopieren Sie die Funktion für die anderen Zellen.

8 ▶ Die Werte werden hier als Dezimalzahlen angezeigt. Sie könnten nun die Zellen mit dem Prozentformat formatieren mit Strg + ⇧ + 5.

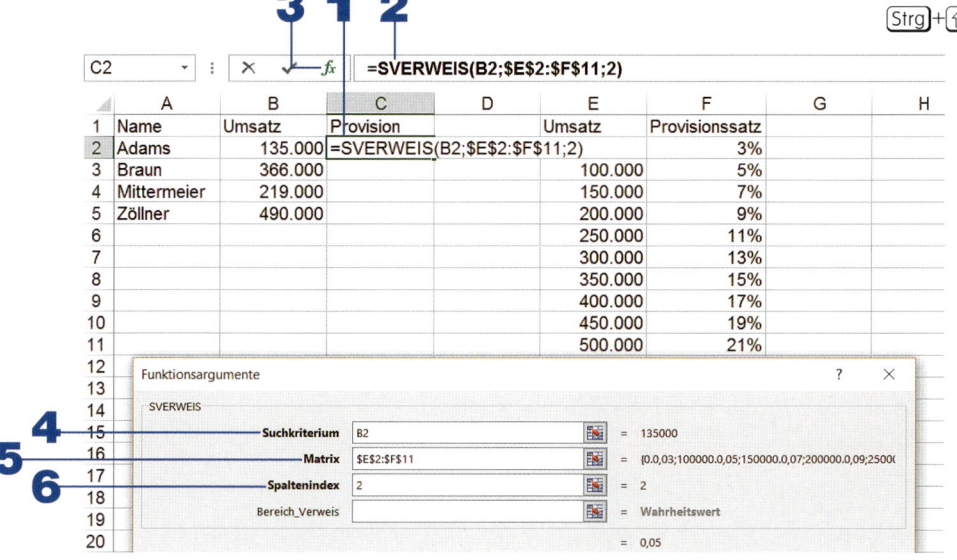

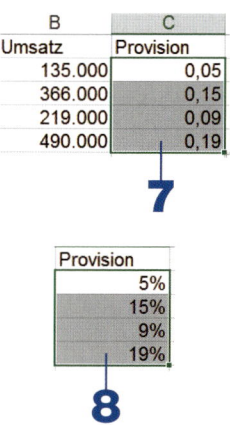

5

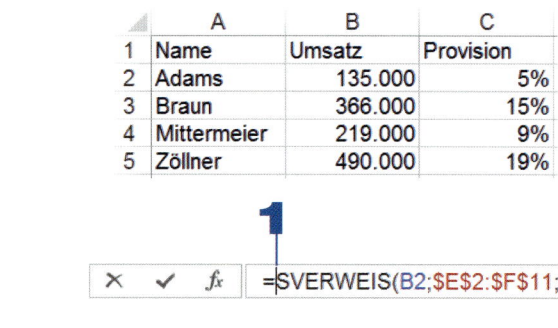

	A	B	C
1	Name	Umsatz	Provision
2	Adams	135.000	5%
3	Braun	366.000	15%
4	Mittermeier	219.000	9%
5	Zöllner	490.000	19%

1

×	✓	f_x	=SVERWEIS(B2;$E$2:$F$11;2)

2   **3**   **3**

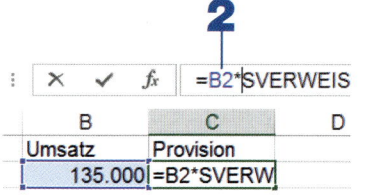

:	×	✓	f_x	=B2*SVERWEIS

B	C	D
Umsatz	Provision	
135.000	=B2*SVERW	

% 000

Zahl

	A	B	C
1	Name	Umsatz	Provision
2	Adams	135.000	6.750 €
3	Braun	366.000	54.900 €
4	Mittermeier	219.000	19.710 €	**4**
5	Zöllner	490.000	93.100 €

5

C2	▾	:	×	✓	f_x	=B2+B2*SVERWEIS(B2;$E$2:$F$11;2)

	A	B	C	D	E	F
1	Name	Umsatz	Provision		Umsatz	Provisionssatz
2	Adams	135.000	141.750 €		0	3%
3	Braun	366.000	420.900 €		100.000	5%
4	Mittermeier	219.000	238.710 €		150.000	7%
5	Zöllner	490.000	583.100 €		200.000	9%

Rechnen mit dem SVERWEIS

Excel kann auch mit Funktionen rechnen. Sie brauchen hier im Beispiel nur den Umsatzbetrag der ersten Zelle mit der gesamten Funktion zu multiplizieren.

1 ▶ Klicken Sie in die Bearbeitungsleiste, präzise vor den Funktions-Ausdruck.

2 ▶ Tippen Sie die Zellen ein, hier *B2*.

3 ▶ Geben Sie das Währungsformat an und entfernen Sie zwei Nachkommastellen.

4 ▶ Danach kopieren Sie die neue Formel in die anderen Zellen. Excel weist nun den Provisionsbetrag aus.

5 ▶ So können Sie rechnen, rechnen, rechnen … Hier werden der Umsatz und der ermittelte Provisionsbetrag addiert.

Datumsdifferenzen

Fragen Sie nicht, warum diese Funktion nicht dokumentiert ist! Sie ist aber da und man kann sie schön nutzen. Damit lassen sich die Differenzen zwischen Datumsangaben einfach so berechnen.

Die Funktion *=DATEDIF()* ist, aus welchen Gründen auch immer, im Funktions-Assistenten nicht zu finden.

1 ▶ In der Funktion – innerhalb der Klammern – geben Sie jeweils die Zellen an. Dann folgt in Anführungszeichen das Argument für den Zeitwert.

Argument	Erklärung
Y	Anzahl vollständige Jahre
M	Anzahl vollständige Monate
D	Anzahl vollständige Tage

2 ▶ Normalerweise berechnen Sie Zeitdifferenzen in Tagen, indem Sie die Zellen voneinander subtrahieren.

3 ▶ Selbst dazu gibt es eine Funktion: *DATUM(JAHR;MONAT;TAG)*. Hier können Sie bequem Jahr, Monat und Tag eintippen. Das funktioniert aber nur mit Zahlenwerten.

TIPP ➡ Die Funktion *NETTOARBEITSTAGE()* ermittelt die Differenz zwischen zwei Datumswerten ohne Wochentage.

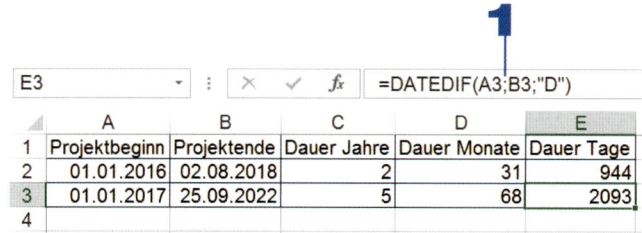

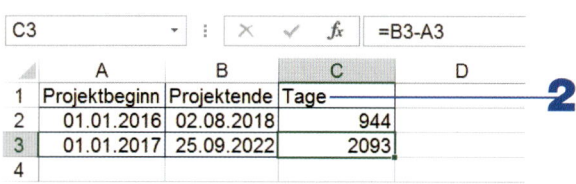

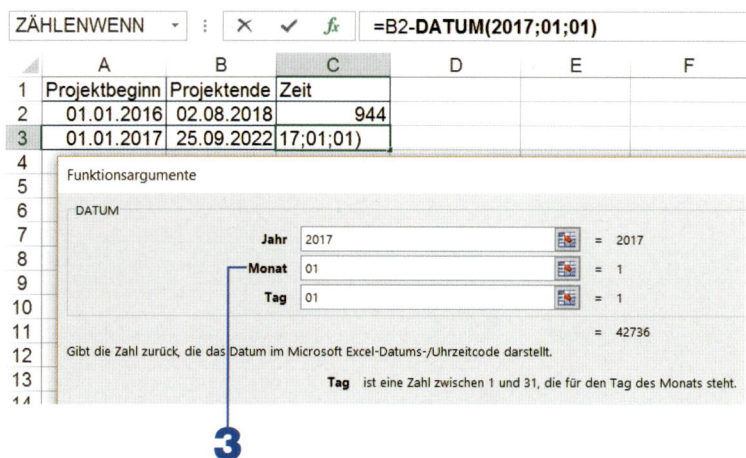

5

Die Wochentag-Funktion

Sie möchten wissen, welcher Wochentag ein Datum darstellt. Sie wandeln Zahlen (hier das Datum) mit der Funktion =TEXT() leicht um.

1 ▶ Tippen Sie die Funktion =TEXT(in der Bearbeitungsleiste ein.

2 ▶ Klicken Sie in die Zelle, in der das Datum steht.

3 ▶ Geben Sie nach dem Semikolon (;) in Anführungszeichen "TTTT" für die Umwandlung in Wochentage ein. Beenden und bestätigen Sie die Funktion.

Wenn Sie statt "TTTT" in die Funktion "MMMM" eingeben, wird natürlich der Monat als Text angezeigt.

4 ▶ Sie können auch hier den Funktions-Assistenten starten und die entsprechenden Angaben bequem eingeben. Vorteil: Sie brauchen dabei die Syntax nicht zu beachten.

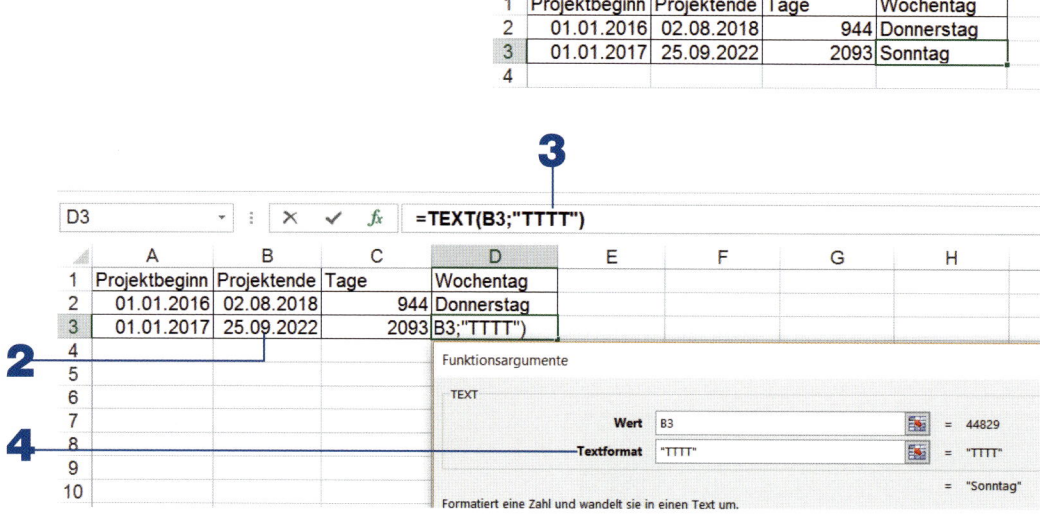

Mit und in Texten rechnen

Das geht auch. In Texten rechnen. Mit einem tollen Kniff können Sie Formeln und Texte beliebig mixen. Nützlich ist das zum Beispiel bei Rechnungen.

So können Sie unterhalb von Rechnungen den typischen Satz einfügen: »In diesem Betrag sind so und so viel Euro Mehrwertsteuer enthalten.«

Alles, was zwischen dem Zeichen **&** steht, interpretiert Excel als eine Formel.

1▶ Geben Sie in einer beliebigen Zelle (hier ist es **B2**) eine Zahl ein.

2▶ Stellen Sie nun in einer anderen Zelle die Formel auf. Texte geben Sie mit Anführungszeichen (″″) ein.

3▶ Soll Excel rechnen, tippen Sie das kaufmännische Zeichen **&** ein.

4▶ Excel kann aber auch Zellinhalte übernehmen. Hier die wechselnden Namen der Verkäufer.

5▶ Entsprechend wird die Formel mit den Zellangaben geändert.

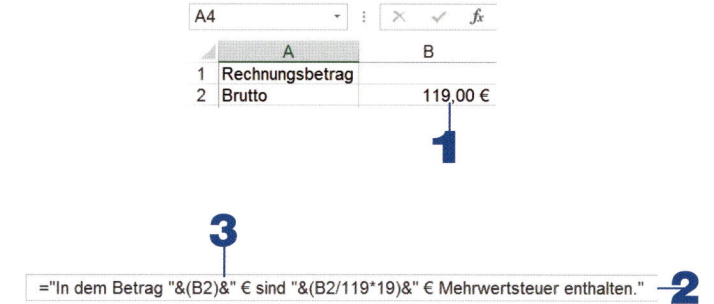

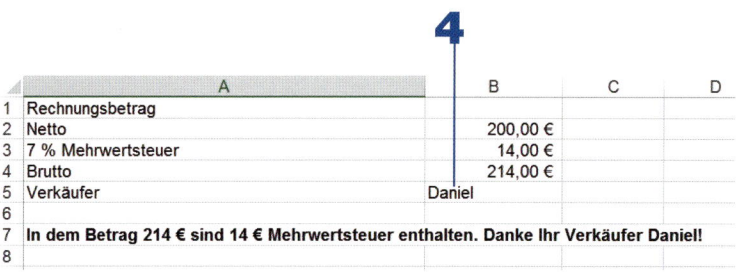

5

Eine kleine Funktionsübersicht

MAX, *MIN*, *MITTELWERT*, *SUMME* ... Funktionen gibt es viele. Hier
eine kleine Übersicht über Funktionen, die (vielleicht) kaum jemand
kennt. Na ja, einige kennen Sie bestimmt ...

Funktion	Erklärung
=DBSUMME()	Zahlen sämtlicher Zeilen einer Datenbankspalte, die einem Suchkriterium entsprechen, können addiert werden.
=FAKULTÄT()	Wie der Name schon sagt, hier wird die Fakultät einer Zahl ermittelt.
=INDEX()	Gibt die Position eines Eintrags innerhalb einer Liste als Zahl wieder.
=INDIREKT()	Bietet die Möglichkeit, Tabellennamen einzubinden.
=KOMBINATIONEN()	Berechnet die Kombinationsmöglichkeiten von Elementen. Dabei ist die Reihenfolge irrelevant.
=MONAT()	Hier wird als Zahl der Monatsindex ermittelt.
=PI()	Gibt die Zahl PI aus.
=PRODUKT()	Sie können bis zu 255 Zahlen »auf einen Streich« multiplizieren.
=RMZ()	Berechnung zur monatlichen Abzahlung eines Darlehens.
=VARIATIONEN()	Berechnet die Kombinationsmöglichkeiten von Elementen in einer bestimmten Reihenfolge.
=ZELLE()	Geben Sie hier den Pfad, Dateinamen und die Zelle einer anderen Arbeitsmappe an.
=ZINSZ()	Berechnet den Zinsanteil einer monatlichen Rate.
=ZUFALLSBEREICH()	Der markierte Bereich wird mit zufälligen Zahlen ausgefüllt. Drücken Sie die F9-Taste, erhalten Sie neue Zahlen.

Maßeinheiten umwandeln

Stellen Sie sich vor, Sie sind in England und bestellen zehn Gallonen Bier. Nach dem ersten Schluck möchten Sie wissen, wie viel Liter das eigentlich sind. Die Funktion =UMWANDELN() wandelt Maßeinheiten wie die bereits erwähnten Gallonen in Liter um. So können Sie beispielsweise auch Liter in Pints, Celsius in Fahrenheit, Watts in PS umwandeln. Die Umwandlung muss natürlich immer Sinn machen. Die Angabe der Maßeinheiten erfolgt in Anführungszeichen.

1 ▶ Klicken Sie in die Zelle, in der umgewandelt werden soll.

2 ▶ Tippen Sie =UMWANDELN(ein.

3 ▶ Starten Sie den Funktions-Assistenten über die Schaltfläche fx.

4 ▶ Geben Sie bei Zahl die Zelle an, aus der umgewandelt werden soll.

5 ▶ Geben Sie die Maßeinheit an, die umgewandelt werden soll.

6 ▶ Tippen Sie die Maßeinheit an, in die umgewandelt werden soll. Die Zeichen "" werden automatisch gesetzt.

7 ▶ Bestätigen Sie mit der Schaltfläche OK.

8 ▶ Aber woher soll man die ganzen Abkürzungen kennen? Klicken Sie im Dialogfeld auf Hilfe für diese Funktion, erscheint die kontextbezogene Hilfe.

9 ▶ Hier finden Sie die jeweiligen Abkürzungen für die Maßeinheiten.

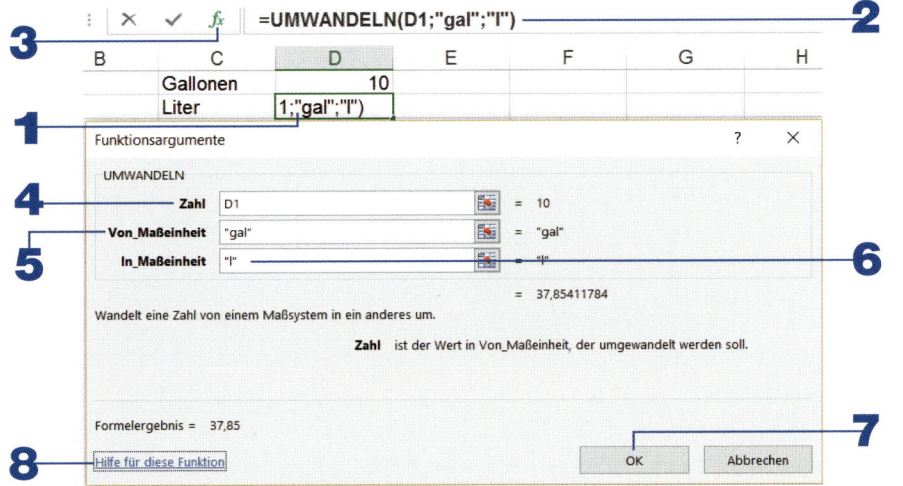

Tabellen auswerten

In Excel können Sie Daten auswerten, je nachdem, was Sie möchten. Bei umfangreichen Listen ist es nicht gerade komfortabel, sich auf dem Bildschirm von Zelle zu Zelle durchzublättern. Ergebnisse sind in Teilergebnissen schnell ermittelt. Mit einem Filter geben Sie nur Listeneinträge bzw. Datensätze an, die bestimmte Bedingungen erfüllen. Die so erhaltene Liste können Sie nach bestimmten Datensätzen filtern, sodass solche, die ein bestimmtes Kriterium erfüllen, ausgeblendet werden. Es gibt auch noch etwas Erwähnenswertes: die automatische Tabellenformatierung.

Mit der *SUMMEWENN*-Funktion ermitteln Sie die Summe eines Bereichs, wenn eine Bedingung erfüllt wird. Die Datenmaske, die ich Ihnen in diesem Kapitel zeigen möchte, ist versteckt. Sie ist aber ein nützliches Werkzeug für die Datenerfassung in großen Listen.

Bei umfangreichen Tabellen kann man leicht den Überblick verlieren: Zahlen, Zahlen, Zahlen ... Pivot-Tabellen sind Auswertungen einer Liste oder Datenbank. Sie ermöglichen eine komfortable Analyse von Daten.

ßester Überblick – Fenster fixieren

Bei umfangreichen Listen ist es nicht gerade komfortabel, sich auf dem Bildschirm von Zelle zu Zelle durchzublättern.

Außerdem möchten Sie vielleicht, dass Sie immer die Überschrift Ihrer Tabelle sehen, egal in welcher Zeile Sie sich befinden. Dazu nutzen Sie die Fixierung des Tabellenblattes. Sie dient Ihnen als nützliche »Scrollhilfe«.

1 ▶ Aktivieren Sie die erste Zelle der Zeile bzw. der Spalte.

2 ▶ Holen Sie die Registerkarte *Ansicht* in den Vordergrund.

3 ▶ Klicken Sie auf die Schaltfläche *Fenster fixieren*.

4 ▶ Legen Sie fest, wie Sie die Tabelle fixieren möchten, beispielsweise nur die oberste Zeile.

Daten   Überprüfen   **Ansicht**   Entwicklertools

Sie erkennen die Fixierungslinien am Bildschirm. Mit den Bildlaufleisten rechts und unten blättern Sie zügig umfangreiche Listen bzw. Tabellen durch.

WICHTIGE INFORMATION

Die Fixierung heben Sie wieder auf, indem Sie erneut auf die Schaltfläche *Fenster fixieren* und auf *Fixierung aufheben* klicken.

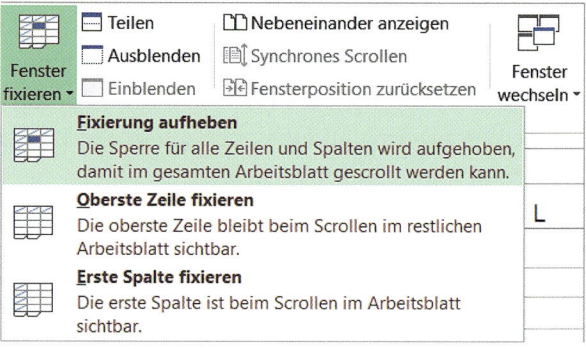

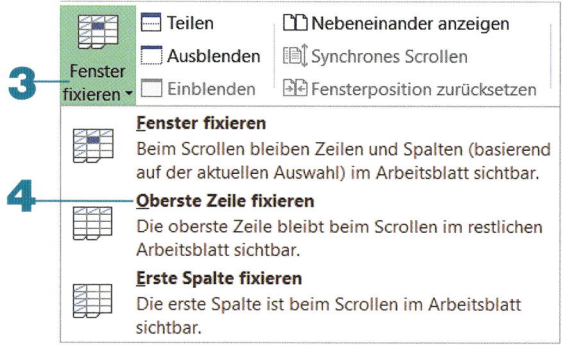

Rechen-Fix in Tabellen

Ergebnisse sind in Teilergebnissen schnell ermittelt. Für die Gruppierung der Teilergebnisse muss die Tabelle entsprechend sortiert sein.

1 ▶ Aktivieren Sie eine Zelle innerhalb der Liste. Starten Sie die Teilergebnisse über die Registerkarte *Daten* und die Schaltfläche *Teilergebnis*.

2 ▶ Geben Sie an, was Sie wie addieren möchten.

3 ▶ Entsprechend Ihrer Angabe(n) werden die Ergebnisse der Tabelle angezeigt.

4 ▶ Und wie entfernen Sie wieder alles? Natürlich über denselben Weg und die Schaltfläche *Alle entfernen*.

TIPP ➡ Auf der Registerkarte *Daten* finden Sie die Schaltfläche *Datenüberprüfung*. Hier legen Sie Regeln fest, die die Dateneingabe betreffen bzw. einschränken.

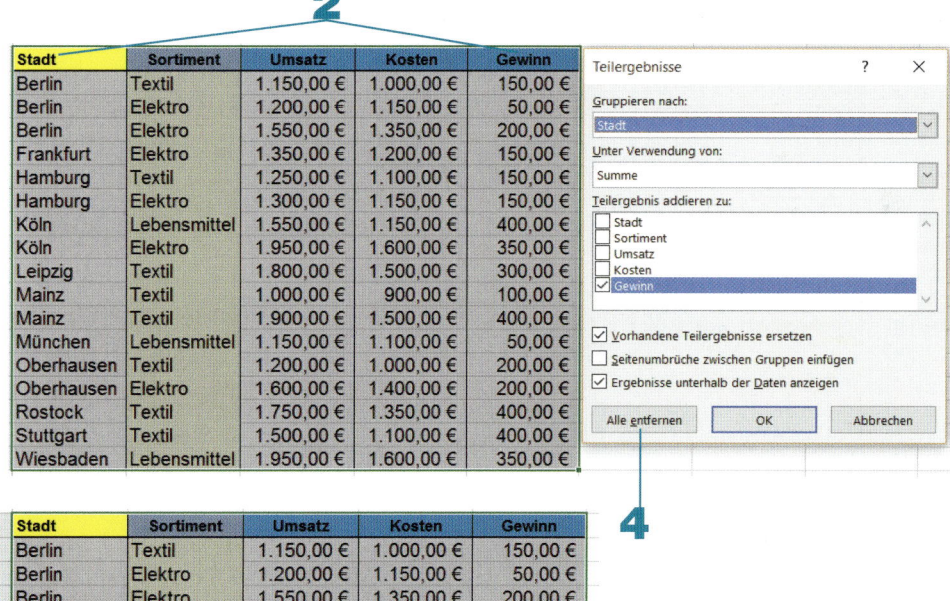

Stadt	Sortiment	Umsatz	Kosten	Gewinn
Berlin	Textil	1.150,00 €	1.000,00 €	150,00 €
Berlin	Elektro	1.200,00 €	1.150,00 €	50,00 €
Berlin	Elektro	1.550,00 €	1.350,00 €	200,00 €
Frankfurt	Elektro	1.350,00 €	1.200,00 €	150,00 €
Hamburg	Textil	1.250,00 €	1.100,00 €	150,00 €
Hamburg	Elektro	1.300,00 €	1.150,00 €	150,00 €
Köln	Lebensmittel	1.550,00 €	1.150,00 €	400,00 €
Köln	Elektro	1.950,00 €	1.600,00 €	350,00 €
Leipzig	Textil	1.800,00 €	1.500,00 €	300,00 €
Mainz	Textil	1.000,00 €	900,00 €	100,00 €
Mainz	Textil	1.900,00 €	1.500,00 €	400,00 €
München	Lebensmittel	1.150,00 €	1.100,00 €	50,00 €
Oberhausen	Textil	1.200,00 €	1.000,00 €	200,00 €
Oberhausen	Elektro	1.600,00 €	1.400,00 €	200,00 €
Rostock	Textil	1.750,00 €	1.350,00 €	400,00 €
Stuttgart	Textil	1.500,00 €	1.100,00 €	400,00 €
Wiesbaden	Lebensmittel	1.950,00 €	1.600,00 €	350,00 €

	Stadt	Sortiment	Umsatz	Kosten	Gewinn
5					
6	Berlin	Textil	1.150,00 €	1.000,00 €	150,00 €
7	Berlin	Elektro	1.200,00 €	1.150,00 €	50,00 €
8	Berlin	Elektro	1.550,00 €	1.350,00 €	200,00 €
9	**Berlin Ergebnis**				400,00 €

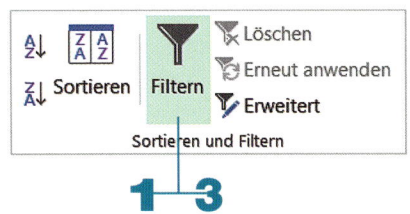

Stadt ▾	Sortiment ▾	Umsatz ▾	Kosten ▾	Gewinn ▾
Berlin	Textil	1.150,00 €	1.000,00 €	150,00 €
Berlin	Elektro	1.200,00 €	1.150,00 €	50,00 €
Berlin	Elektro	1.550,00 €	1.350,00 €	200,00 €
Frankfurt	Elektro	1.350,00 €	1.200,00 €	150,00 €
Hamburg	Textil	1.250,00 €	1.100,00 €	150,00 €
Hamburg	Elektro	1.300,00 €	1.150,00 €	150,00 €
Köln	Lebensmittel	1.550,00 €	1.150,00 €	400,00 €
Köln	Elektro	1.950,00 €	1.600,00 €	350,00 €
Leipzig	Textil	1.800,00 €	1.500,00 €	300,00 €
Mainz	Textil	1.000,00 €	900,00 €	100,00 €
Mainz	Textil	1.900,00 €	1.500,00 €	400,00 €
München	Lebensmittel	1.150,00 €	1.100,00 €	50,00 €
Oberhausen	Textil	1.200,00 €	1.000,00 €	200,00 €
Oberhausen	Elektro	1.600,00 €	1.400,00 €	200,00 €
Rostock	Textil	1.750,00 €	1.350,00 €	400,00 €
Stuttgart	Textil	1.500,00 €	1.100,00 €	400,00 €
Wiesbaden	Lebensmittel	1.950,00 €	1.600,00 €	350,00 €

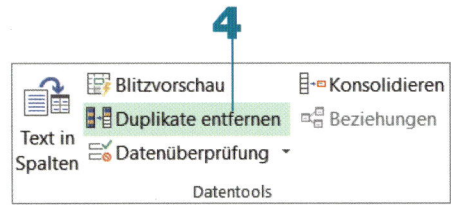

Der Schnell-Filter für Daten

Mit einem Filter geben Sie nur Listeneinträge bzw. Datensätze an, die bestimmte Bedingungen erfüllen. Um den Filter anzulegen, muss eine Zelle innerhalb der Liste angeklickt sein.

1 ▶ Sie starten den Filter über die Registerkarte *Daten* und die Schaltfläche *Filtern*.

2 ▶ Die Spalten der Liste erhalten zusätzlich kleine Schaltflächen mit Dreiecken. Diese klicken Sie an. Es öffnet sich ein Menü. Hier können Sie Befehle ausführen oder einzelne Datensätze vorübergehend auswählen, indem Sie das Häkchen anklicken.

3 ▶ Die Filter-Schaltflächen deaktivieren Sie wieder über die Registerkarte *Daten* und die Schaltfläche *Filtern*.

4 ▶ Doppelte, identische Datensätze entfernen Sie über die Schaltfläche *Duplikate entfernen*.

> **TIPP** ➡ Achtung! Die Darstellung der Schaltflächen der Gruppe *Datentools* hängt von Ihrer Bildschirmauflösung ab. So können diese Schaltflächen auch wesentlich kleiner dargestellt sein.

Datensätze sortieren

Die so erhaltene Liste können Sie nach bestimmten Datensätzen filtern, sodass solche, die ein bestimmtes Kriterium erfüllen, ausgeblendet werden.

1 ▶ In der Auswahl finden Sie den *Textfilter*. Hier legen Sie fest, wie die Daten Ihrer Tabelle angezeigt werden sollen. So können Sie sich zum Beispiel Datensätze anzeigen lassen, die mit einem *M* beginnen.

2 ▶ Für jedes Feld der Liste kann auch ein *Benutzerdefinierter Filter* gewählt werden.

3 ▶ Sie können hier zum Beispiel einen Zahlenbereich von … bis … angeben.

Schalten Sie den Filter wieder aus, wird Ihnen die Liste wie zuvor angezeigt.

TIPP ➡ Sie können sich Datensätze mit Zahlen anzeigen lassen, die entweder über bzw. unter dem Durchschnitt liegen. Beachten Sie auch den Eintrag *Top 10*.

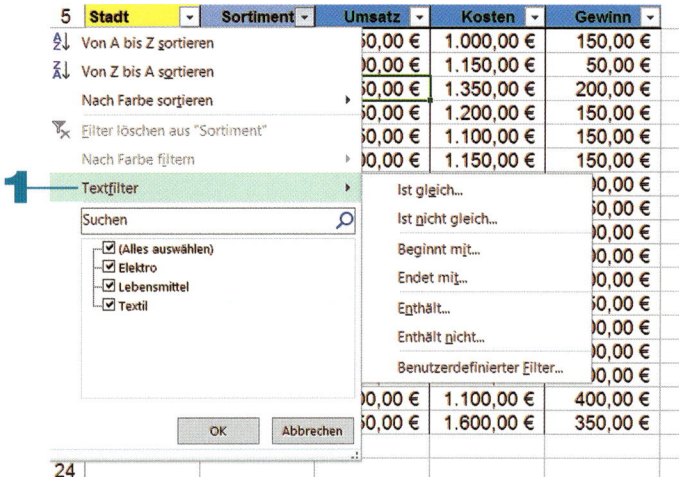

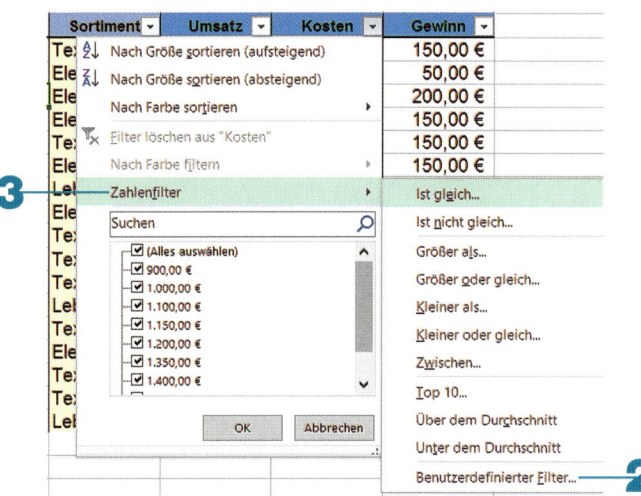

6

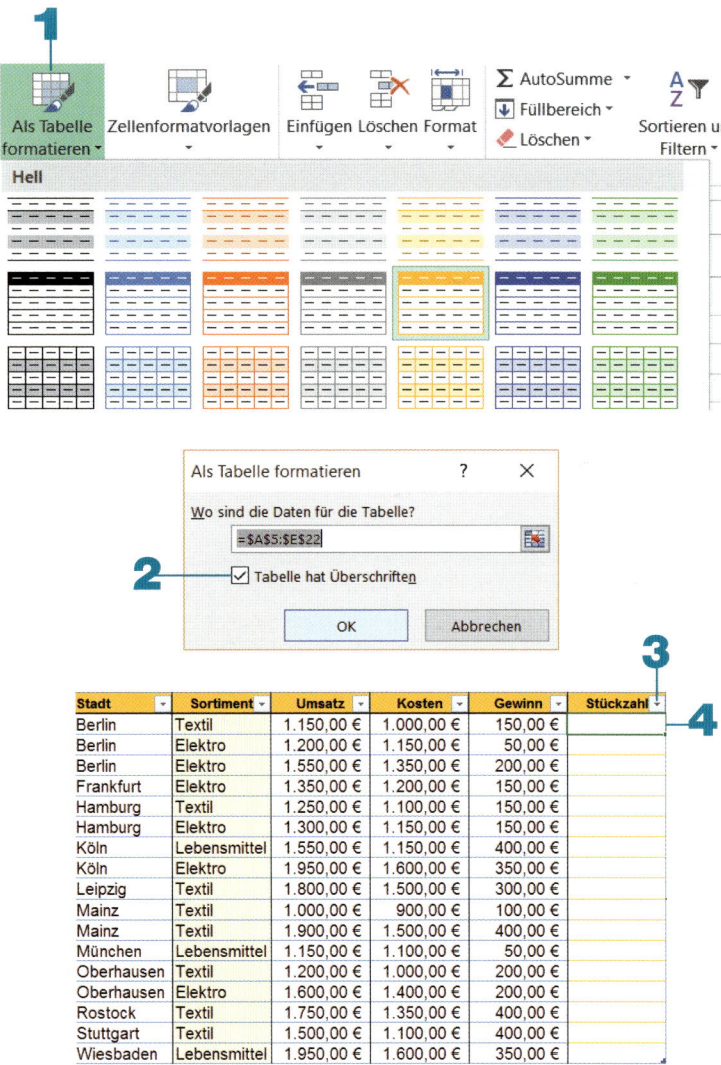

Quick-Format für Tabellen

Da gibt es noch etwas Erwähnenswertes: die automatische Tabellenformatierung. Sie klicken einfach in eine beliebige Zelle der Tabelle und drücken die Tastenkombination Strg + 1.

1 ▶ Auf der Registerkarte *Start* erhalten Sie über die Schaltfläche *Als Tabelle formatieren* für das Format der Tabelle eine größere Auswahl.

2 ▶ Beachten Sie nur, ob Ihre Tabelle eine Überschrift beinhaltet.

3 ▶ Die Spalten der Liste erhalten zusätzlich kleine Schaltflächen mit Dreiecken. Auch hier können Sie Datensätze nach bestimmten Kriterien filtern.

4 ▶ Tippen Sie nun neue Angaben in die Zeilen oder Spalten, werden diese direkt in die Tabelle mit eingebunden. Die formatierte Tabelle wird schnell erweitert, sobald Sie die Angaben in den Nachbarzellen ergänzen.

WICHTIGE INFORMATION

Möchten Sie für die gesamte Tabelle das Format wieder aufheben, klicken Sie in die Liste und aktivieren in der Registerkarte *Tabellentools/Entwurf* die Schaltfläche *In Bereich konvertieren*.

Ein Super-Datenschnitt

Haben Sie Ihre Tabelle auf der vorherigen Seite als Tabelle formatiert? Dann können Sie sich an einem Super-Datenschnitt erfreuen. Zusätzlich erhalten Sie zur weiteren Bearbeitung die Registerkarte *Tabellentools/Entwurf*. Hier erscheint ein Textfeld, in dem Sie sich elegant Datensätze anzeigen lassen können.

1 ▶ Holen Sie die Registerkarte *Tabellentools/Entwurf* in den Vordergrund.

2 ▶ Aktivieren Sie die Schaltfläche *Datenschnitt einfügen*.

3 ▶ Geben Sie nun an, welche Spalte Sie ausgewertet haben möchten.

4 ▶ Ein Textfeld öffnet sich. In diesem können Sie die einzelnen Elemente der zuvor aktivierten Spalte auswählen.

Das Textfeld können Sie leicht über die Enff-Taste entfernen.

WICHTIGE INFORMATION

Zusätzlich steht Ihnen die Registerkarte *Datenschnitttools/* **Optionen zur Verfügung.**

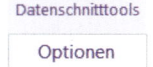

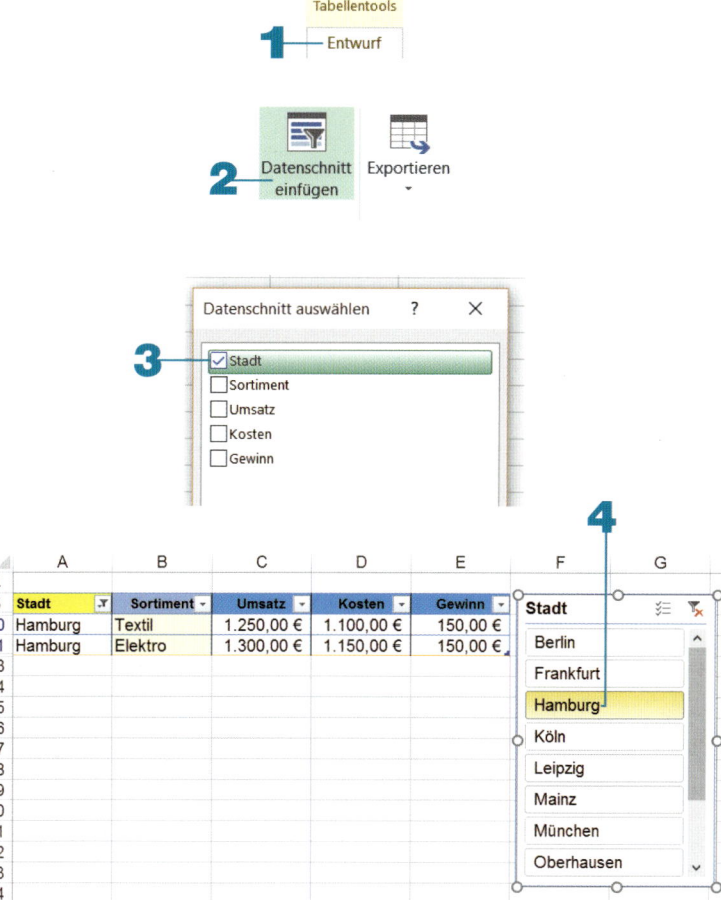

Summe, wenn ...

Excel summiert nur dann, wenn eine bestimmte **Bedingung** zutrifft. Dazu gibt es zahlreiche Beispiele. Hier eines davon:

Aus einer Tabelle sollen nur die Umsätze aus der Stadt Hamburg angezeigt werden.

1 Stellen Sie die Kalkulation auf und starten Sie die Funktion =SUMMEWENN() über den Funktions-Assistenten.

2 Geben Sie den Bereich der Tabelle bzw. Liste an.

3 Klicken Sie in die Zelle, die das *Suchkriterium* enthält.

4 Geben Sie den Bereich an, der (falls das Suchkriterium zutrifft) summiert werden soll. Hier reicht ein Klick auf die Überschrift vollkommen aus.

5 Beachten Sie hier bereits die **Vorschau**. Das Formelergebnis wird Ihnen angezeigt.

6 Bestätigen Sie mit der Schaltfläche *OK*.

> **TIPP** ➡ Mit der Funktion =SUMMEWENN() ermitteln Sie die Summe eines Bereichs, wenn eine Bedingung erfüllt wird. Mit der Funktion =SUMMEWENNS() können Sie gleich mehrere Bedingungen festlegen.

Der Index

Diese Funktion gibt die Werte einer bestimmten Zeile wieder. Möchten Sie zum Beispiel die Werte der zweiten Position erhalten, tippen Sie die Zahl *2* ein.

1 ▶ Geben Sie die Funktion ein: *=Index(*.

2 ▶ Geben Sie als Erstes den Bereich der Tabelle an. Geben Sie nicht die Überschrift mit an, denn sonst wird diese als Datensatz gezählt. In diesem Beispiel wäre es der Bereich von A6 bis E16.

3 ▶ Geben Sie die Zelle an, in der Sie die Position eintippen werden. Hier in diesem Beispiel ist das die Zelle **A20**. Da diese Zelle fixiert sein soll, legen Sie hier einen festen Bezug über die Taste `F4` an.

4 ▶ Geben Sie nun an, welche Informationen aus welcher Spalte erscheinen sollen.

5 ▶ Bewegen Sie den Mauszeiger auf das Ausfüllkästchen und kopieren Sie die Funktion in die anderen Zellen. Durch die Kopierfunktion werden die Inhalte der anderen Spalten übernommen.

TIPP ➡ Das Eintippen der Position ist ziemlich umständlich. Wenn Sie es eleganter haben möchten, lesen Sie sich bitte die nächsten zwei Seiten durch.

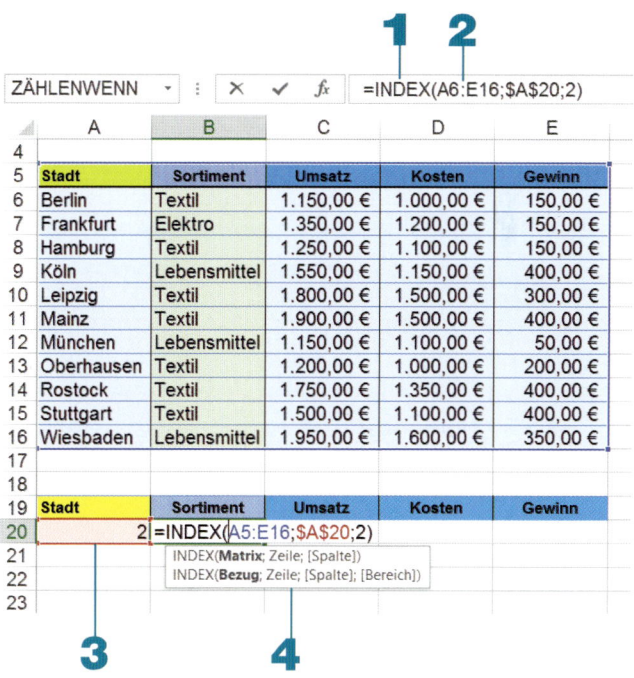

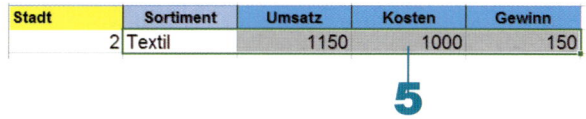

6

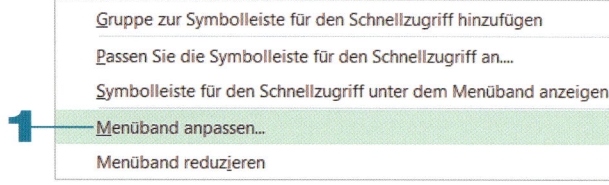

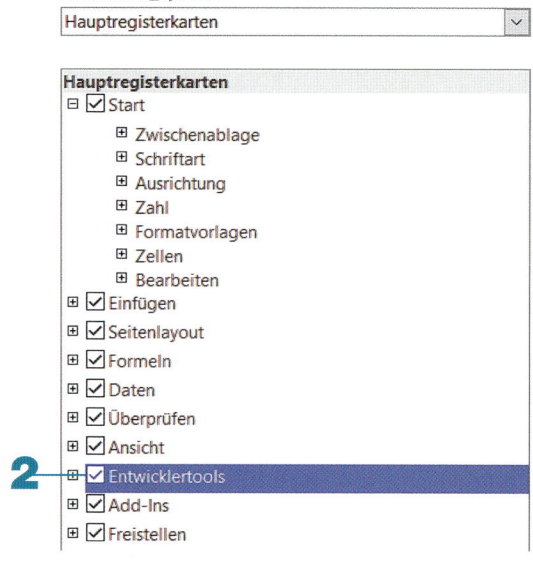

Eine Liste für den Index (1)

Für die nachfolgende Seite benötigen Sie eine bestimmte Registerkarte, die extra aktiviert werden muss: die Registerkarte *Entwicklertools*. Falls Sie sie noch nicht eingeblendet haben, können Sie das hier nachholen.

1 ▶ Bewegen Sie den Mauszeiger beliebig auf das Menüband und drücken Sie die rechte Maustaste. Wählen Sie den Befehl *Menüband anpassen*.

2 ▶ Aktivieren Sie unter *Hauptregisterkarten* die Registerkarte *Entwicklertools* und bestätigen Sie mit *OK*.

3 ▶ Die Registerkarte *Entwicklertools* steht Ihnen nun für die weitere Arbeit zur Verfügung ([Alt]+[W]).

> **TIPP** ➡ Viele Wege führen zum Ziel. So können Sie auch über *Datei/Optionen* das Menüband anpassen.

> **TIPP** ➡ Beachten Sie: Sämtliche Hauptregisterkarten können hier ein- oder ausgeblendet werden, beispielsweise auch die Registerkarte *Start*.

Eine Liste für den Index (2)

Sie nutzen die Index-Funktion elegant, indem Sie eine Liste anlegen, in der die einzelnen Elemente ausgewählt werden können. Ohne die Erklärungen auf den zwei vorherigen Seiten geht es aber nicht.

1 ▶ Fügen Sie über die Schaltfläche *Einfügen* in der Registerkarte *Entwicklertools* ein Kombinationsfeld ein.

2 ▶ Passen Sie das Listenfeld entsprechend der Zelle an.

3 ▶ Bewegen Sie den Mauszeiger darauf und klicken Sie mit der rechten Maustaste. Wählen Sie hier *Steuerelement formatieren*.

4 ▶ Geben Sie den Zellbereich der Tabelle an.

5 ▶ Als *Zellverknüpfung* wählen Sie eine beliebige Zelle. Hier wird später die Position des ausgewählten Datensatzes angezeigt werden. Bestätigen Sie mit der Schaltfläche *OK*.

6 ▶ Sie können nun ein Element aus der Liste aussuchen und es wird Ihnen die entsprechende Information angezeigt.

TIPP ➡ Stört Sie die Anzeige der Position des Datensatzes, können Sie sie leicht verschwinden lassen. Wählen Sie als Schriftfarbe einfach Weiß.

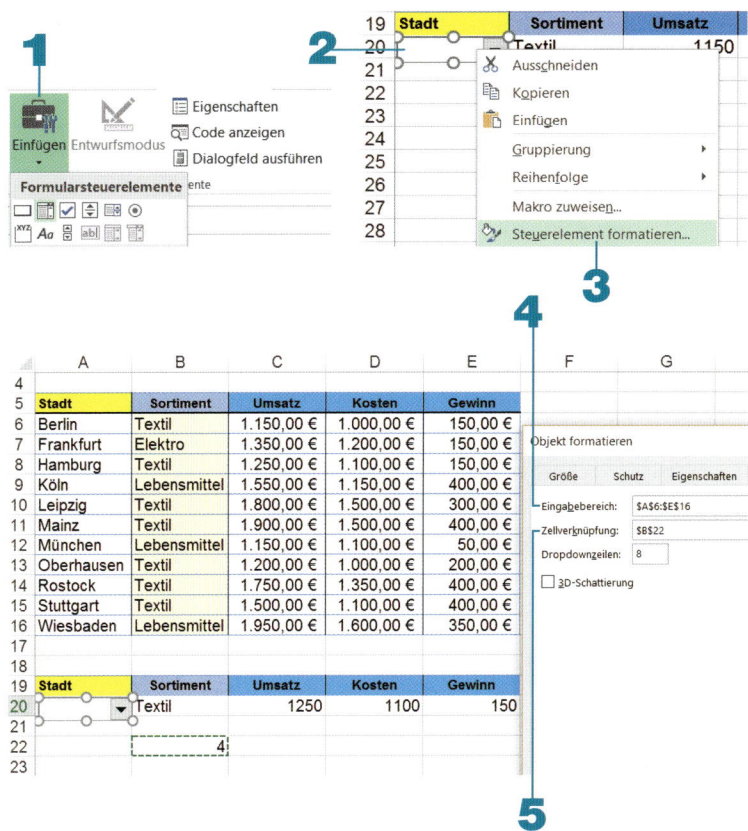

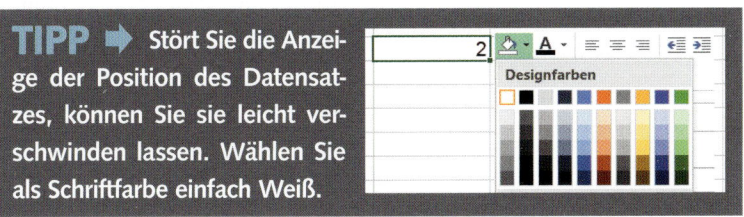

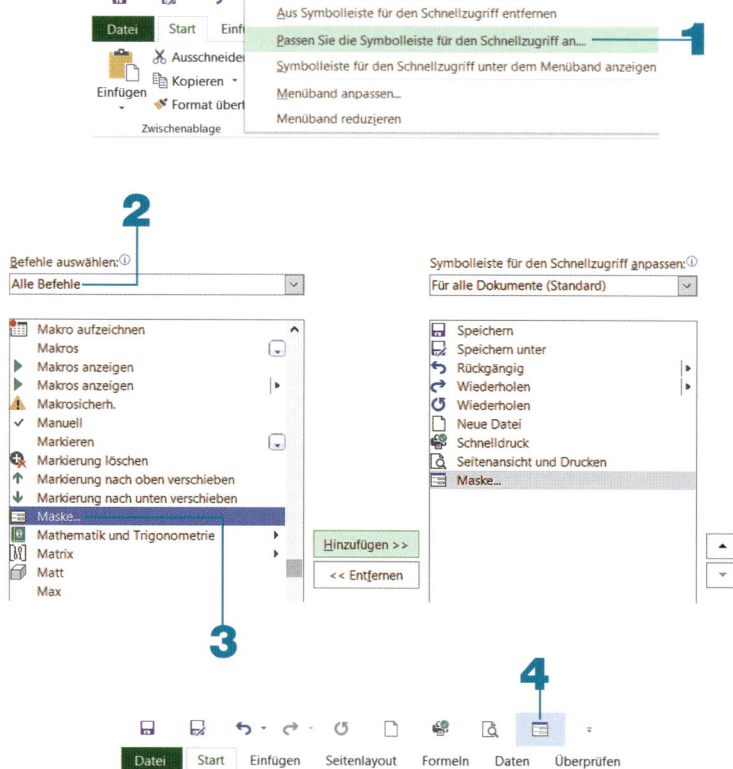

Die versteckte Datenmaske

Die Datenmaske, die ich Ihnen nun zeigen möchte, ist versteckt. Sie ist aber ein nützliches Werkzeug für die Datenerfassung in großen Listen.

Um die Datenmaske starten zu können, muss sie erst in die Symbolleiste für den Schnellzugriff eingebunden werden.

1 ▶ Bewegen Sie den Mauszeiger beliebig auf die *Symbolleiste für den Schnellzugriff* und drücken Sie die rechte Maustaste. Aktivieren Sie *Passen Sie die Symbolleiste für den Schnellzugriff an*.

2 ▶ Wählen Sie *Alle Befehle* aus.

3 ▶ Fügen Sie den Befehl *Maske* der *Symbolleiste für den Schnellzugriff* hinzu. Bestätigen Sie mit der Schaltfläche *OK*.

4 ▶ Der Start zur Datenmaske steht nun für Sie als Symbol/Schaltfläche in der *Symbolleiste für den Schnellzugriff* »mausklickbereit«.

> **TIPP** ➡ Befehle können hier auch schnell per Doppelklick hinzugefügt und entfernt werden.

Maske: Listen verwalten

Ein Mausklick in die Liste genügt und Sie können per Mausklick auf die Schaltfläche *Datenmaske* diese aktivieren.

1 ▶ Hier können Sie Ihre Liste super verwalten.

2 ▶ Fügen Sie einen neuen Datensatz ein, wird dieser automatisch an die Liste angehängt.

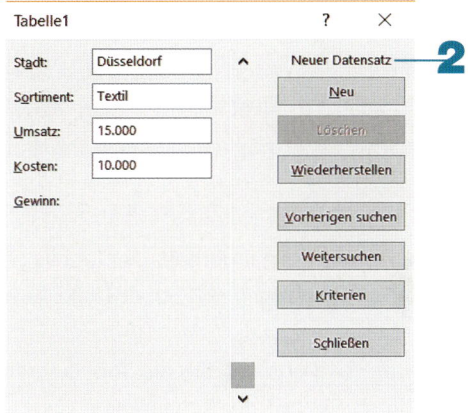

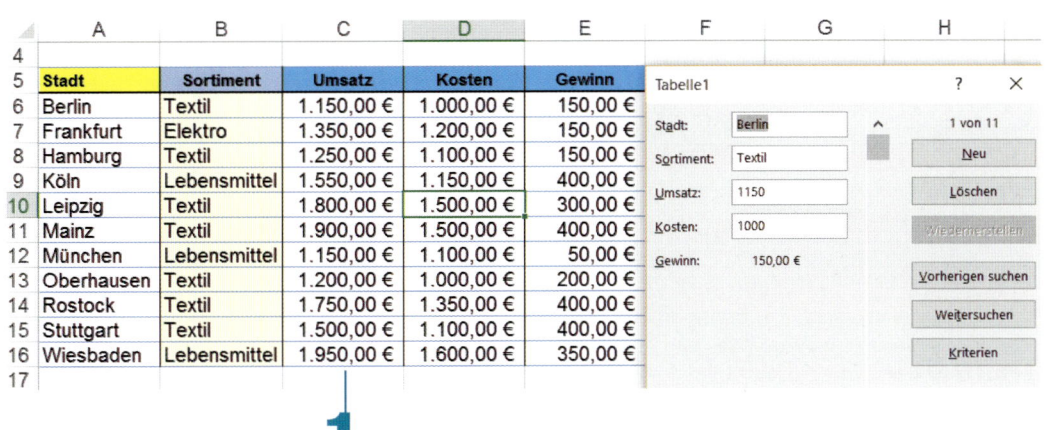

6

Schnelle Analysen mit Pivot-Tabellen

Bei umfangreichen Tabellen kann man leicht den Überblick verlieren: Zahlen, Zahlen, Zahlen … Pivot-Tabellen sind Auswertungen einer Liste oder Datenbank. Sie ermöglichen eine komfortable Analyse von Daten.

1 ▶ Aktivieren Sie eine Zelle innerhalb der Tabelle. Wählen Sie über die Registerkarte *Einfügen* die Schaltfläche *PivotTable*.

2 ▶ Geben Sie an, wie und wo Sie die Tabelle erstellen möchten, und bestätigen Sie mit der Schaltfläche *OK*.

3 ▶ Excel erstellt automatisch ein neues Tabellenblatt, wenn Sie nichts anderes angeben.

4 ▶ Der Aufgabenbereich *PivotTable-Felder* erscheint am rechten Bildschirmrand.

5 ▶ Sie ziehen mit gedrückter linker Maustaste die Felder in den angezeigten Bereich, um das Aussehen für die Pivot-Tabelle festzulegen. Durch Mausziehen ändern und entfernen Sie die Felder auch wieder.

Der Vorteil dabei ist, Sie sehen alles in der Vorschau im Tabellenblatt.

WICHTIGE INFORMATION

Über die Schaltfläche *Empfohlene PivotTables* erhalten Sie Vorschläge für die Anordnung und das Layout. Die Handhabung ist identisch mit der beschriebenen Vorgehensweise.

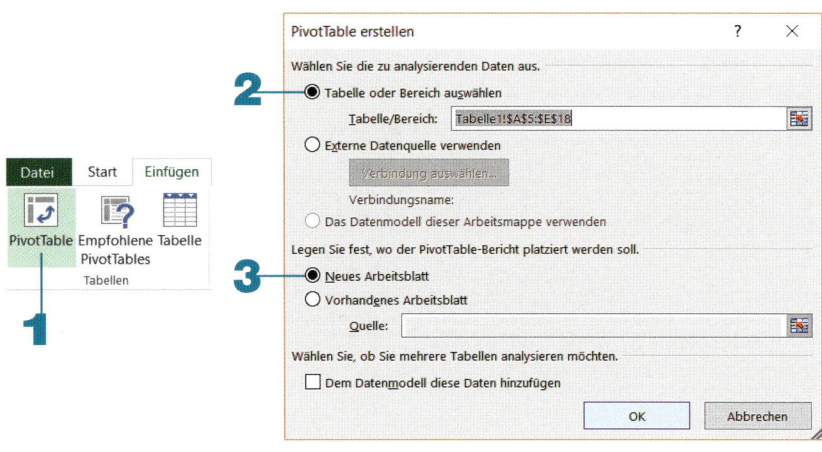

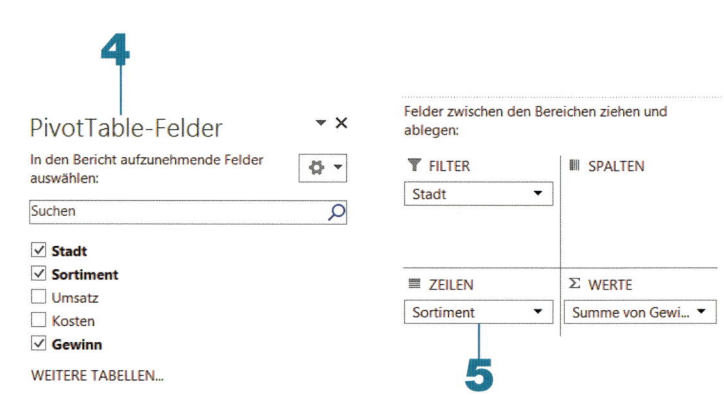

Daten sofort ausgewertet

Pivot-Tabellen ermöglichen verschiedene Ansichten (Auswertungen) des Datenmaterials.

1 ▶ Klicken Sie auf das kleine Dreieck, öffnet sich eine Liste, in der Sie bestimmte Daten anzeigen lassen können.

Ein besonders großer Vorteil von Pivot-Tabellen ist das einfache nachträgliche Umstellen und Ändern der Daten, ohne eine neue Pivot-Tabelle erstellen zu müssen.

2 ▶ Ziehen Sie einfach die Pivot-Tabellen-Felder mit der Maus in andere Bereiche.

> **TIPP** ➡ Sie können eine Zelle mit den Auswertungen der Pivot-Tabelle verknüpfen. Dabei hilft Ihnen die Funktion: *PIVOT-DATENZUORDNEN().*

> **TIPP** ➡ Die Datenauswertung sollte natürlich einen Sinn ergeben. Aber Sie können zahlreiche Möglichkeiten ausprobieren. Die Auswirkungen erkennen Sie immer in der Vorschau.

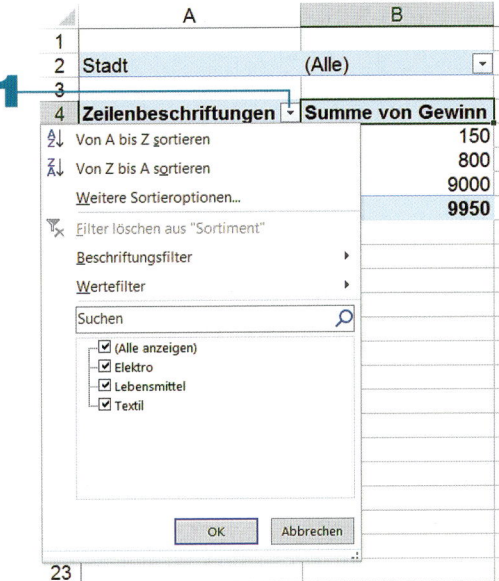

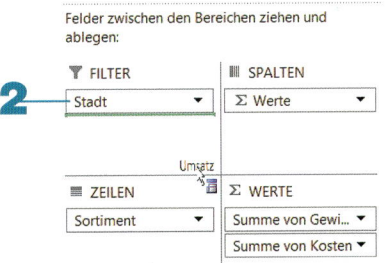

6

WICHTIGE INFORMATION

In der Registerkarte *Analysieren* können Sie über die Schaltfläche *PivotChart* ein Diagramm einfügen. Hier stehen Ihnen mehrere Typen zur Verfügung.

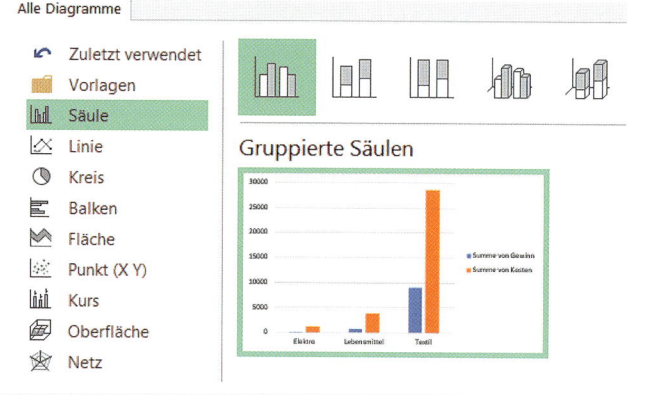

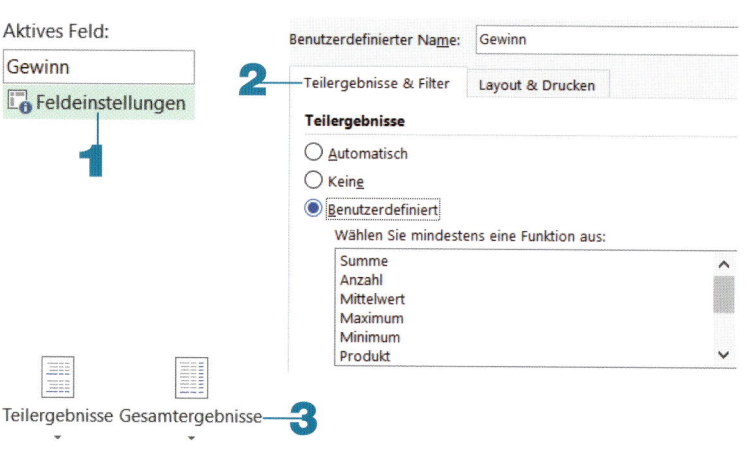

Pivot-Tabellen: Ergebnisse

Die Auswertung der Daten kann auf unterschiedliche Art und Weise erfolgen.

Sobald Sie eine Pivot-Tabelle angefertigt haben, stehen Ihnen unter der Registerkarte *PivotTable-Tools* in der Multifunktionsleiste zwei weitere Registerkarten zur Verfügung.

1 ▶ In der Registerkarte *Analysieren* zum Beispiel klicken Sie auf die Schaltfläche *Feldeinstellungen*. Dabei ist entscheidend, welches Feld aktiviert ist.

2 ▶ In der Registerkarte *Teilergebnisse & Filter* können Sie angeben, welche Funktion dazu ausgeführt werden soll.

3 ▶ In der Registerkarte *PivotTable-Tools/Entwurf* haben Sie weitere Möglichkeiten. Hier können Sie sich zum Beispiel über die jeweiligen Schaltflächen *Teilergebnisse* und *Gesamtergebnisse* anzeigen lassen.

> **TIPP** ➡ Die Registerkarten *PivotTable-Tools/Analysieren* und *Entwurf* bieten Ihnen zahlreiche Möglichkeiten der Bearbeitung an. Sie stehen Ihnen aber nur zur Verfügung, wenn Sie eine Zelle innerhalb des Pivot-Bereichs aktiviert haben.

Prozente des Ergebnisses

Sie können die Darstellung der Zellenwerte ändern, wie die Gesamtergebnisse der Zeilen und Spalten erscheinen bzw. aktiviert werden sollen.

1 ▶ Öffnen Sie im Aufgabenbereich *PivotTable-Felder* die Auswahl unter *Werte*. Geben Sie dann *Wertfeldeinstellungen* an.

2 ▶ Holen Sie die Registerkarte *Werte anzeigen als* in den Vordergrund.

3 ▶ Öffnen Sie die Auswahl bei *Werte anzeigen als*. Hier legen Sie fest, wie die Werte erscheinen sollen, zum Beispiel als Prozente der Gesamtsumme.

Die Daten können nun analysiert werden.

PowerPivot ermöglicht den Import und die Auswertung sehr großer Datenmengen. Den Download von Microsoft dazu finden Sie unter **www.powerpivot.com**.

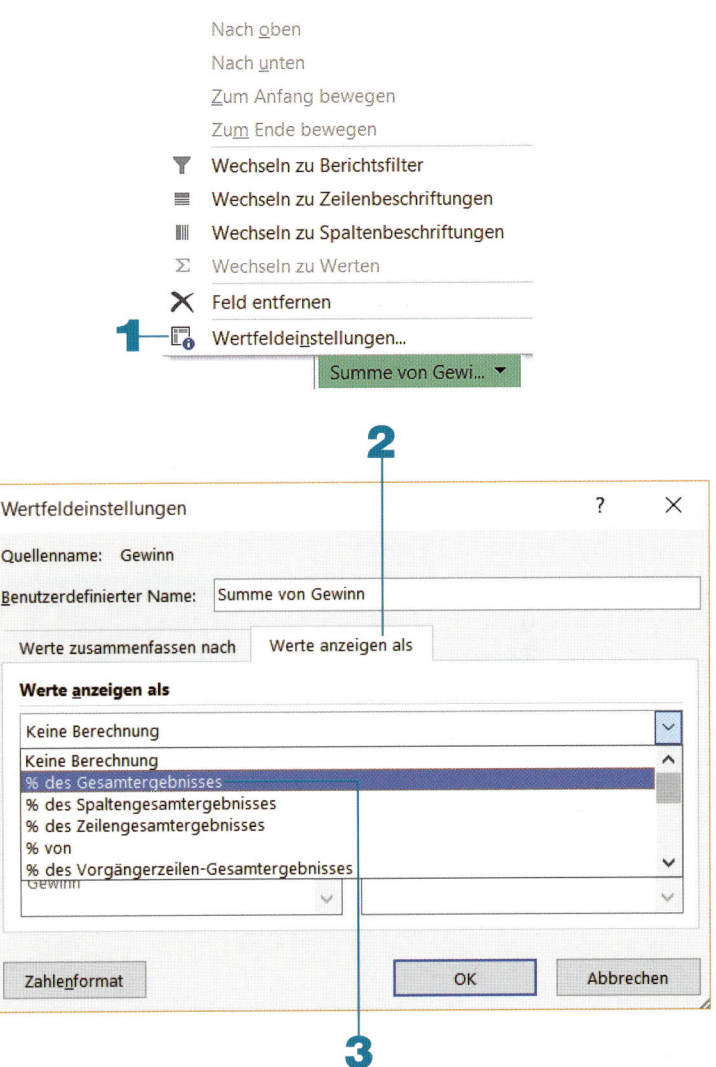

Der versteckte Assistent

Bis zu Office 2007 gab es den nützlichen PivotTable/PivotChart-Assistenten. Es sieht so aus, als ob dieser abgeschafft ist ... Aber nicht für Sie, da Sie dieses Buch gekauft haben.

Im klassischen Layout, erstellt mit dem Assistenten, können Sie die Feldsymbole nicht nur aus der Feldliste ziehen, sondern auch innerhalb des Layouts verschieben. Dazu muss die Arbeitsmappe allerdings im Kompatibilitätsmodus abgespeichert sein.

1 ▶ Drücken Sie die Tastenkombination Alt+N+P, kommt der alte Assistent wieder zum Einsatz.

2 ▶ Gehen Sie dann schrittweise über die Schaltfläche *Weiter* vor.

Eine Pivot-Tabelle wird »eigentlich« aus einzelnen Listen erstellt. Wenn Sie aber den Assistenten starten, können Sie mehrere Bereiche berücksichtigen. Wählen Sie dazu in Schritt 1 die Option *Mehrere Konsolidierungsbereiche*.

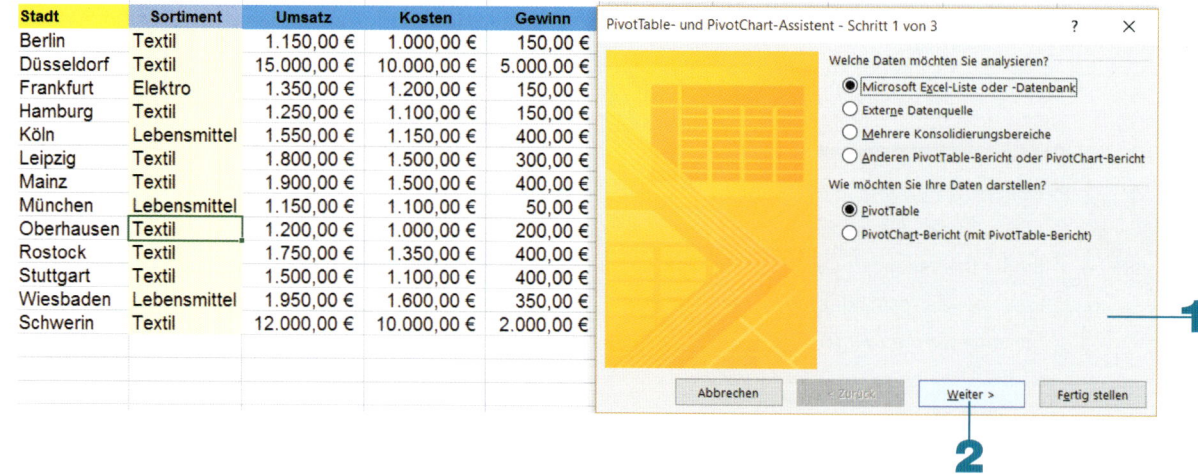

Schaltfläche für den Assistenten anlegen

Wenn Sie sich mit dem ausgedienten Assistenten besser anfreunden können, holen Sie sich die Schaltfäche in die PivotTable-Gruppe des Menübands.

1 ▶ Klicken Sie mit der rechten Maustaste auf das Menüband und wählen Sie hier *Menüband anpassen*.

2 ▶ Aktivieren Sie die Registerkarten *Einfügen/Tabellen/PivotTable*. Legen Sie eine neue Gruppe an (und benennen Sie diese gegebenenfalls um).

3 ▶ Wählen Sie unter *Alle Befehle* den *PivotTable- und PivotChart-Assistent*.

4 ▶ Fügen Sie die Schaltfläche *PivotTable- und PivotChart-Assistent* hinzu und klicken Sie auf *OK*.

5 ▶ Die neue Gruppe ist im Menüband angelegt. Über *Menüband anpassen* entfernen Sie die Gruppe auch wieder.

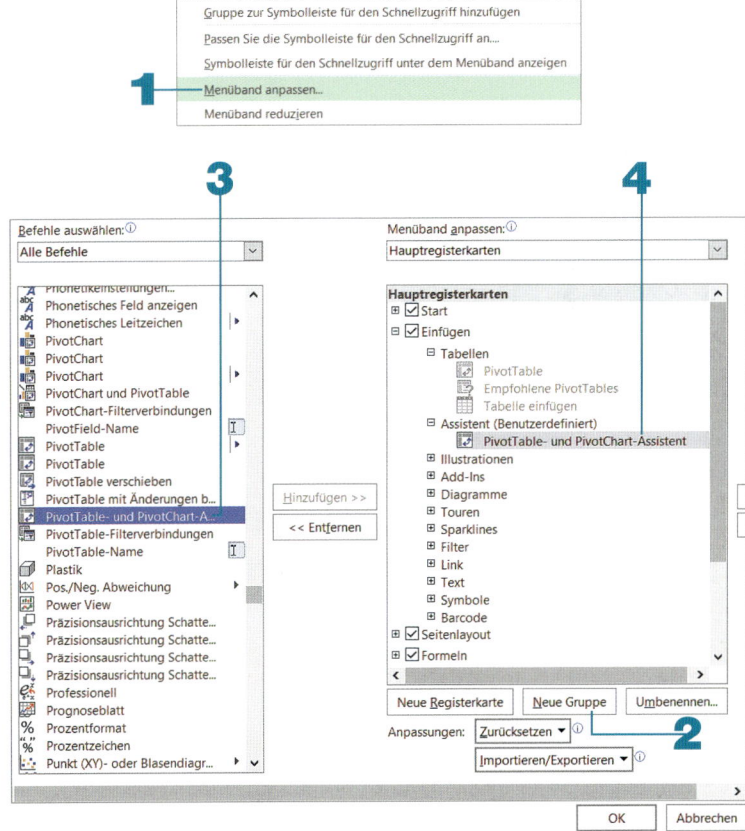

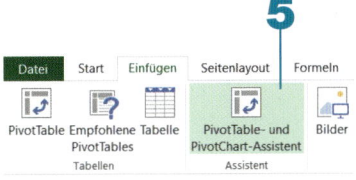

Das Kapitel im Überblick

▶ Tabellenblätter per Mausklick

▶ Vorlagen einfügen

▶ Ein Fahrtenbuch aufstellen

▶ Inhalte von Tabellenblättern kopieren

▶ Tabellenblätter farblich benennen

▶ Tabellenblätter: alle auf einmal

▶ Tabellenblätter anordnen

▶ Tabellenblätter rechnerisch verknüpfen

▶ Einen Gewinn machen

▶ Die Zielwertsuche (1)

▶ Die Zielwertsuche (2)

▶ Einen Aktiengewinn machen

Mit Excel so richtig kalkulieren

Über Excel müssen Sie wissen, dass Sie mit Arbeitsmappen arbeiten, die wiederum Tabellenblätter beinhalten. Diese befinden sich am unteren Rand des Bildschirms.

Die Tabellenblätter sind wie einzelne Blätter in einem Ordner. Der Ordner wiederum stellt die Arbeitsmappe dar. So können Sie leicht mit Tabellenblättern arbeiten und Berechnungen zwischen ihnen herstellen. Im Laufe der Zeit werden Sie immer mehr mit Tabellenblättern arbeiten. Für die schnelle Bearbeitung sollten Sie ein paar Tricks anwenden.

Sie können Inhalte von Tabellenblatt zu Tabellenblatt kopieren, verschieben und Berechnungen verknüpfen. So können Sie ein Fahrtenbuch führen, den Bestand Ihres Kassenbuchs kontrollieren oder eine Einnahme-Überschuss-Rechnung aufstellen. Mit der Zielwertsuche können Sie präzise einen Gewinn in den verschiedensten Variationen kalkulieren.

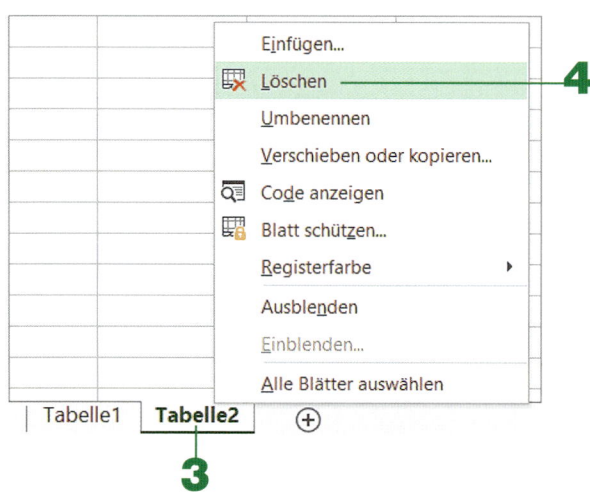

Tabellenblätter per Mausklick

Tabellenblätter sind die Inhalte einer Arbeitsmappe. Bei Excel 2016 wird nur eines angezeigt, aus welchen Gründen auch immer ...

1 ▷ Um neue Tabellenblätter mit nur einem Mausklick anzulegen, klicken Sie auf die Schaltfläche rechts neben den Registerblättern bzw. dem Registerblatt.

2 ▷ Per Mausklick erstellen Sie immer wieder neue Tabellenblätter, die nummeriert werden.

3 ▷ Möchten Sie Tabellenblätter wieder löschen, bewegen Sie den Mauszeiger auf das zu löschende Tabellenblatt.

4 ▷ Drücken Sie die rechte Maustaste und wählen Sie den Eintrag *Löschen* aus.

WICHTIGE INFORMATION

Neue Arbeitsmappen verfügten in den Vorgängerversionen automatisch über drei Tabellenblätter – hier nur über eins. Die Anzahl der Tabellenblätter erhöhen Sie über die Registerkarte *Datei*. Wählen Sie hier den Eintrag *Optionen*. Über *Beim Erstellen neuer Arbeitsmappen* ändern Sie die Anzahl der Tabellenblätter.

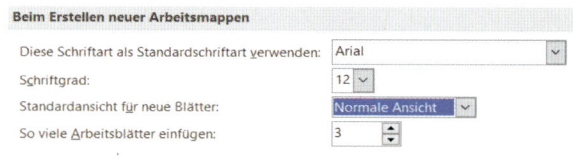

Vorlagen einfügen

In Excel sind Vorlagen enthalten. Diese starten Sie üblicherweise über *Datei* und *Neu*. Sie können diese aber auch an die Arbeitsmappe als ein Tabellenblatt anhängen.

1 ▶ Bewegen Sie den Mauszeiger auf ein Tabellenblatt und drücken Sie die rechte Maustaste.

2 ▶ Wählen Sie hier den Befehl *Einfügen*.

3 ▶ Holen Sie die Registerkarte *Tabellenvorlagen* in den Vordergrund.

4 ▶ Wählen Sie eine Tabellenvorlage aus.

5 ▶ Beachten Sie dabei die Vorschau.

6 ▶ Fügen Sie die Tabellenvorlage über die Schaltfläche *OK* ein.

7 ▶ Die Tabellenvorlage wird auf einem separaten Tabellenblatt eingefügt.

> **TIPP** ➡ Über die Schaltfläche *Vorlagen* auf *Office.com* startet die Vorlageninternetseite von Microsoft. Hier können Sie sich kostenlos weitere Vorlagen aussuchen. Sie haben die Auswahl zwischen Excel, PowerPoint und Word.

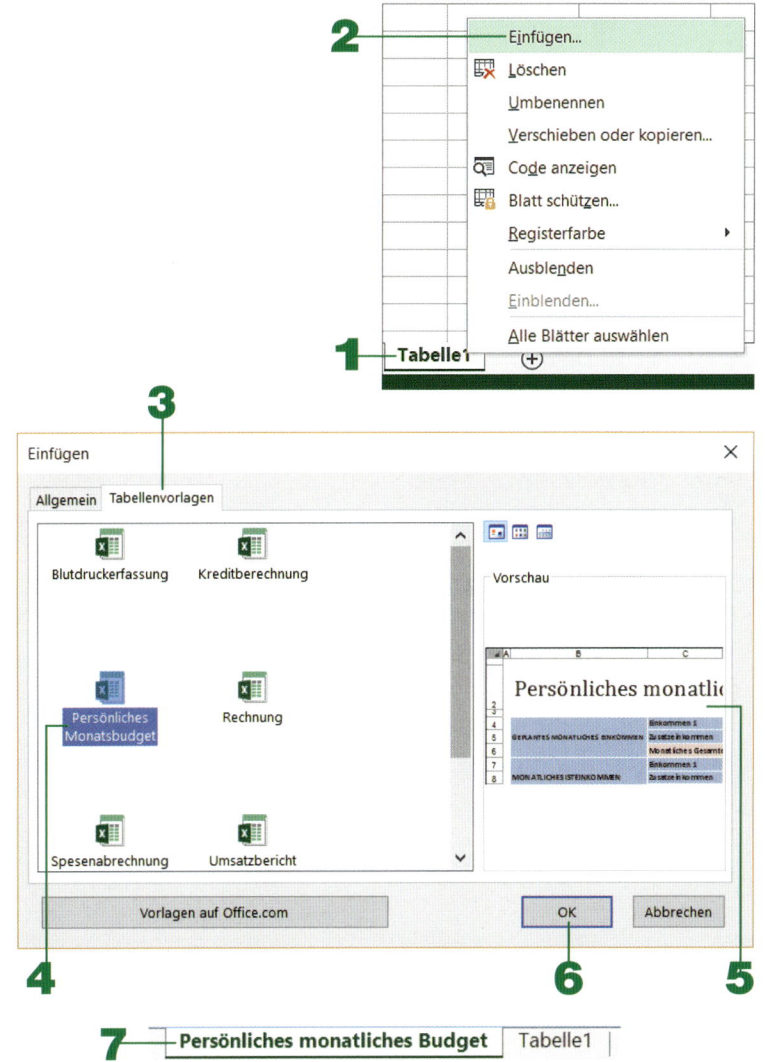

7

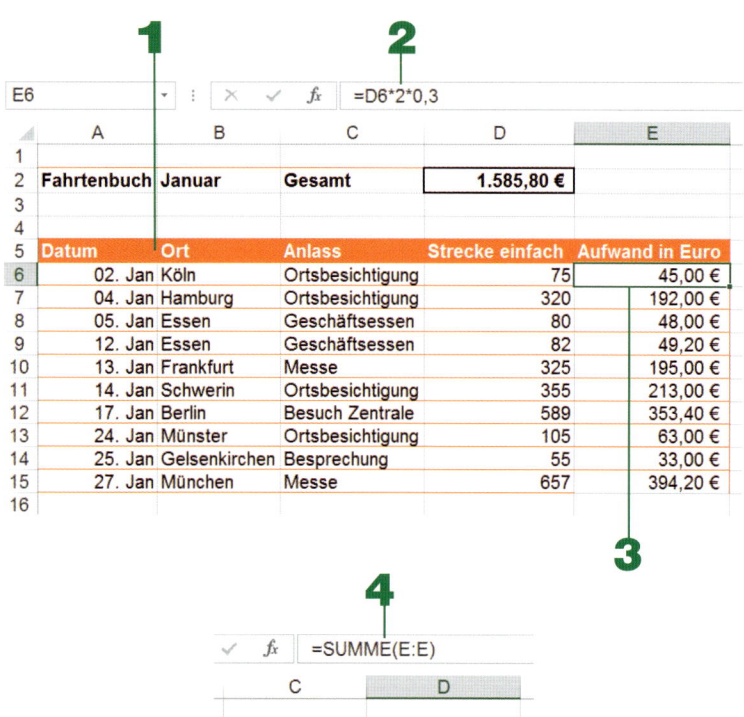

Ein Fahrtenbuch aufstellen

Das Fahrtenbuch ist hier nur als Beispiel gedacht. Es soll verdeutlichen, wie die Arbeit zwischen Tabellenblättern funktioniert. Zunächst wird hier natürlich das Fahrtenbuch aufgestellt.

1 ▷ Das Datum der Fahrt, der Ort, der Anlass und die einfache gefahrene Strecke in Kilometer werden eingetragen.

2 ▷ Der Aufwand pro Fahrt berechnet sich leicht: einfache Fahrt * 2 (Hin- und Rückfahrt) * 0,30 € (Steuersatz).

3 ▷ Die Formel wird für jede einzelne Fahrt kopiert.

4 ▷ Die Gesamtsumme ergibt sich mithilfe der AutoSumme. Dabei wurde einfach die Spalte mit einem Mausklick markiert, in der die einzelnen Kosten stehen.

Fertig ist das Kassenbuch. Die Kilometer sind eingetragen, die Formeln aufgestellt und das Gesamtergebnis für den Januar ermittelt.

Nun folgt der Februar. Aber dazu müssen Sie doch nicht sämtliche Formeln noch einmal aufstellen. Diese kopieren Sie ins nächste Tabellenblatt.

Inhalte von Tabellenblättern kopieren

Möchten Sie den Inhalt von einem Tabellenblatt zum nächsten verschieben bzw. wie hier kopieren, benötigen Sie dazu nur ein paar Sekunden.

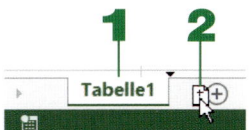

1 ▶ Klicken Sie auf das Registerblatt und ziehen Sie mit gedrückter Maustaste auf das entsprechende Registerblatt bzw. nach rechts.

2 ▶ Wollen Sie den Inhalt eines Tabellenblattes kopieren, drücken Sie zusätzlich die [Strg]-Taste. Es erscheint ein Pluszeichen am Mauszeiger.

3 ▶ Sobald Sie die Maustaste loslassen, springt Excel automatisch in das andere Arbeitsblatt und zeigt Ihnen dessen Inhalt an. Das neu angelegte Blattregister trägt hier den Namen *Tabelle1 (2)*.

4 ▶ Geben Sie an, dass es sich hier um die Einträge für den Februar handelt.

5 ▶ Löschen Sie sämtliche Einträge, lassen Sie aber die Formeln stehen.

So können Sie bequem die Fahrten für den Februar eintragen, und die Kosten werden automatisch ermittelt.

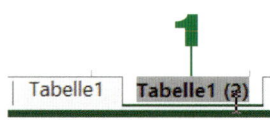

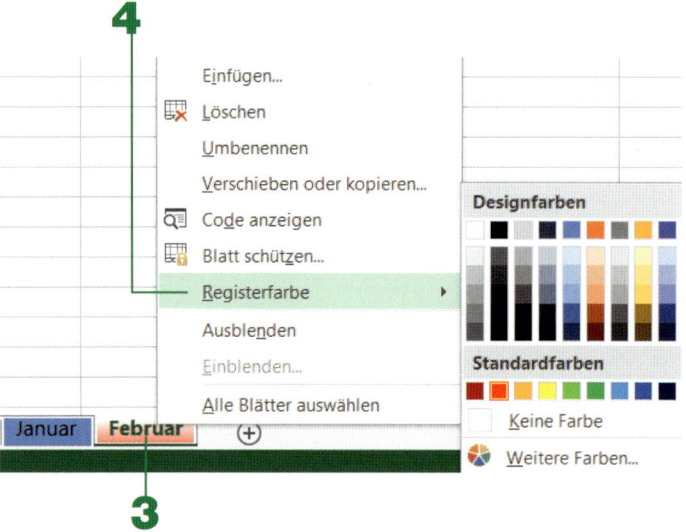

Tabellenblätter farblich benennen

Tabellenblätter können entsprechend dem Inhalt umbenannt und zur optischen Unterscheidung farblich hervorgehoben werden.

1 ▶ Klicken Sie doppelt auf den Namen des Tabellenblattes.

2 ▶ Überschreiben Sie die Markierung mit dem neuen Namen.

3 ▶ Die Register von Tabellenblättern können zur besseren Orientierung farblich markiert werden. Klicken Sie mit der rechten Maustaste auf ein Register.

4 ▶ Wählen Sie über die Option *Registerfarbe* eine Farbe aus.

WICHTIGE INFORMATION

Mit einem Rechtsklick auf ein Tabellenblatt stehen Ihnen noch weitere Möglichkeiten wie Einfügen, Löschen, Verschieben oder Kopieren zur Verfügung.

TIPP ➡ **Sie können für den Namen von Tabellenblättern bis zu maximal 31 Zeichen (Buchstaben, Zahlen) verwenden – nicht erlaubt sind die sogenannten Sonderzeichen wie /, %, \ oder [.**

Tabellenblätter: alle auf einmal

Sie können auch den Inhalt für mehrere Tabellenblätter gleichzeitig übernehmen. Dazu verwenden Sie die 3D-Markierung.

Sie markieren mit der ⌃Strg-Taste (einzeln) oder mit der ⇧-Taste (von ... bis) und klicken entsprechend mit der Maus.

1 ▶ Haben Sie mehrere Tabellenblätter markiert, bilden Sie eine Gruppe. Eingaben und Änderungen gelten dann automatisch für die gesamte Gruppe.

Klicken Sie auf ein Tabellenblatt, das nicht zur Gruppe gehört, oder mit der ⇧-Taste auf das erste Blatt, wird die Gruppe wieder gelöscht.

2 ▶ Einen Tabellenblattwechsel gibt es schneller als gedacht. Sie müssen nur die ⇧- und die entsprechende Bild↑/Bild↓-Taste drücken, und schon wechseln Sie von einem Tabellenblatt zum nächsten.

3 ▶ Sie navigieren leicht zwischen den Tabellenblättern, indem Sie die ⌃Strg- und die Bild↑/Bild↓-Tasten entsprechend der Richtung drücken.

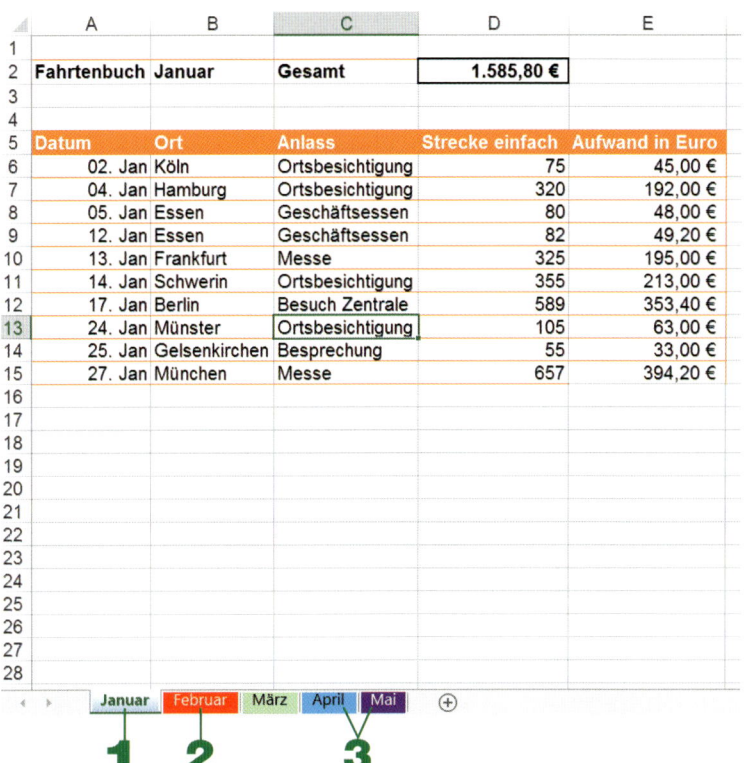

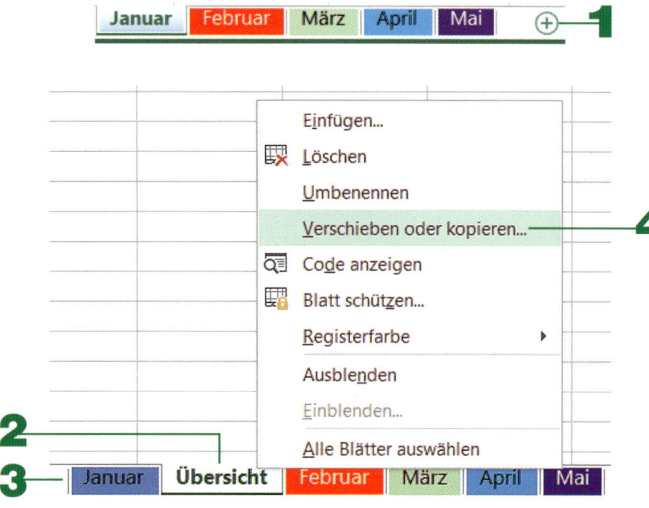

Tabellenblätter anordnen

Die Tabellenblätter sind angeordnet. Die Reihenfolge kann aber durchaus verändert werden. Hier fügen Sie für die Einzelmonate noch eine Übersicht ein, in der die Gesamtbeträge der Monate erfasst werden.

1 ▶ Klicken Sie auf die Schaltfläche *+*, um ein neues Tabellenblatt einzufügen.

2 ▶ Klicken Sie doppelt auf den Namen des Tabellenblattes und geben Sie den Text *Übersicht* ein.

3 ▶ Jetzt soll das Tabellenblatt nach links vor alle anderen Tabellenblätter geschoben werden.

4 ▶ Bewegen Sie den Mauszeiger auf ein Tabellenblatt, drücken Sie die rechte Maustaste und wählen Sie den Eintrag *Verschieben oder kopieren*.

5 ▶ Geben Sie an, dass das Tabellenblatt *Übersicht* vor dem Tabellenblatt *Januar* eingefügt werden soll.

6 ▶ Das Tabellenblatt wird entsprechend angeordnet.

Tabellenblätter rechnerisch verknüpfen

Eine Arbeitsmappe umfasst mehrere Tabellenblätter. Möchten Sie über mehrere Tabellenblätter rechnen, verknüpfen Sie die Zellen einfach. Das macht zum Beispiel bei einem Kassen- oder Fahrtenbuch Sinn, das mehrere Monate beinhaltet.

1 ▶ Aktivieren Sie die Zelle, in der das Ergebnis stehen soll, und geben Sie das Gleichheitszeichen für die Formeleingabe ein.

2 ▶ Wechseln Sie in das entsprechende Tabellenblatt, hier der Januar.

3 ▶ Aktivieren Sie die Zelle, die verknüpft werden soll, und schließen Sie die Eingabe ab.

4 ▶ Excel springt zurück ins vorherige Tabellenblatt und übernimmt den Zellinhalt.

TIPP ➡ Beachten Sie die Angabe in der Bearbeitungsleiste! Hier wird ein Tabellenblatt immer mit einem Ausrufezeichen ! angegeben.

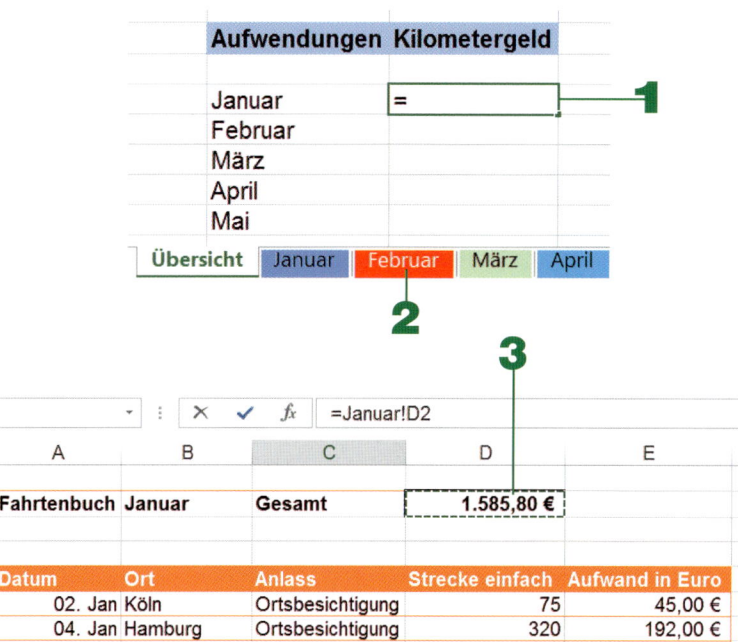

Einkauf	
Stückzahl	5000
Einkaufspreis	1,48 €
Miete	500,00 €
Betriebskosten	300,00 €
Personalkosten	250,00 €
Kosten	8.450,00 €
Verkauf	
Stückzahl	5000
Verkaufspreis	1,89 €
Umsatz	9.450,00 €
Gewinn	1.000,00 €

Einen Gewinn machen

Sie sind Kaufmann und möchten einen Gewinn erzielen. Dazu stellen Sie eine Rechnung auf. Hier ist die Kalkulation noch relativ klein gehalten (kleine Seite, kleine Kalkulation), aber sie verdeutlicht das Prinzip der Handhabung.

Sie stellen Ihre Kosten und Ihren Umsatz auf und haben eine feste Gewinnerwartung.

Umsatz – Kosten = Gewinn

Der Gewinn ist hier also leicht ermittelt. Aber was ist, wenn Sie eine bestimmte Gewinnerwartung haben und wissen möchten, wie hoch der Verkaufspreis sein soll, um diese Erwartung zu erfüllen?

Das zu ermitteln, wäre ein großer Aufwand. Viel leichter geht es mit der **Zielwertsuche**, wie Sie auf den nächsten Seiten sehen werden.

TIPP ➡ Um die nachfolgende Zielwertsuche zu nutzen, muss die Kalkulation Formeln enthalten. Die Zelle für den veränderbaren Zielwert ist die Zelle, in der hier im Beispiel der Gewinn steht.
Diese Zielwert-Zelle muss eine Formel enthalten:
Gewinn = Umsatz – Kosten.
Der Umsatz ergibt sich aus: Stückzahl * Verkaufspreis.
Die Kosten ergeben sich aus: Stückzahl * Einkaufspreis + Miete + Betriebskosten + Personalkosten.

Die Zielwertsuche (1)

Sie erwarten einen bestimmten Gewinn, um davon leben zu können. Zu welchem Stückpreis müssen Sie verkaufen, wenn Sie 2.500 Euro Gewinn erzielen möchten?

1 ▷ Klicken Sie in die Zelle, in der die Zielwertsuche ausgeführt werden soll, das wäre in unserem Beispiel der Gewinn. Wechseln Sie zur Registerkarte *Daten*.

2 ▷ Aktivieren Sie die Schaltfläche *Was-wäre-wenn-Analyse*.

3 ▷ Starten Sie die *Zielwertsuche*.

4 ▷ Klicken Sie in das Eingabefeld *Zielwert* und geben Sie *2500* ein.

5 ▷ Aktivieren Sie das Eingabefeld *Veränderbare Zelle*.

6 ▷ Klicken Sie in die veränderbare Zelle, hier wäre das der *Verkaufspreis*.

7 ▷ Bestätigen Sie die Zielwertsuche mit der Schaltfläche *OK*.

8 ▷ Die Zielwertsuche hat ein Ergebnis gefunden. Wenn Sie insgesamt einen Gewinn in Höhe von 2.500 Euro erzielen möchten, müssen Sie die Bratwurst für 2,19 Euro pro Stück verkaufen.

Mal ehrlich: Wären Sie da so draufgekommen?

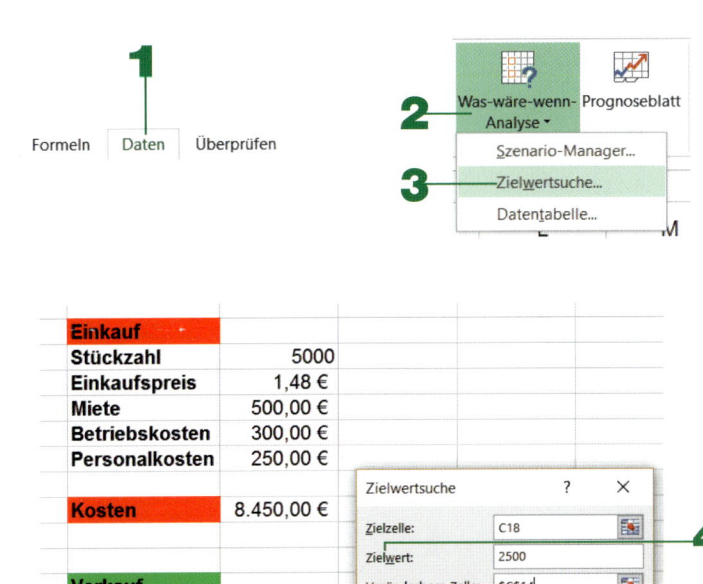

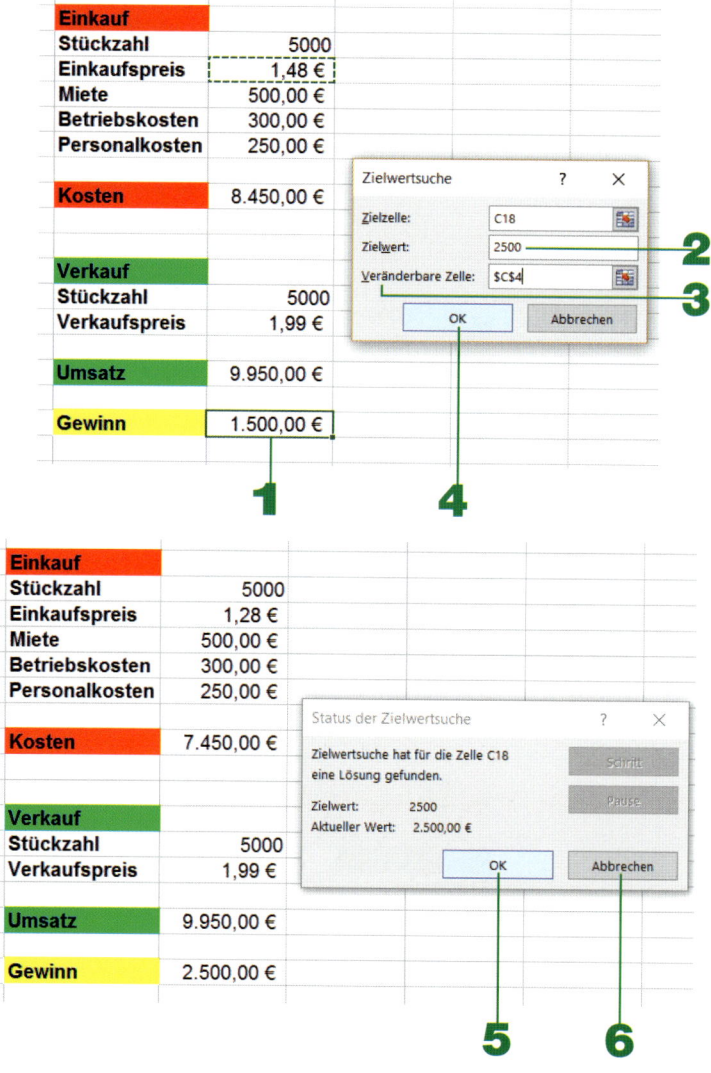

Die Zielwertsuche (2)

Die Zielwertsuche ist so nützlich, dass Sie die einzelnen Angaben variieren können. Wichtig ist nur, was hinterher unterm Strich herauskommt.

In diesem Fall müssen Sie, aufgrund einer Wettbewerbssituation Ihres Mitanbieters, den Verkaufspreis bei 1,99 Euro halten. Sie möchten hier wissen: Wie hoch soll der Einkaufspreis sein, wenn Sie einen Gewinn von 2.500 Euro erzielen möchten?

1 ▶ Klicken Sie in die Zielzelle und starten Sie die Zielwertsuche.

2 ▶ Geben Sie den Zielwert an, hier *2500*.

3 ▶ Geben Sie als *Veränderbare Zelle* die Zelle an, die den Einkaufspreis enthält.

4 ▶ Bestätigen Sie mit der Schaltfläche *OK*.

5 ▶ Die Zielwertsuche schlägt Ihnen ein Ergebnis vor. Über die Schaltfläche *OK* ändern Sie die Werte und nehmen dadurch den Vorschlag an.

6 ▶ Über die Schaltfläche *Abbrechen* gelangen Sie zu Ihren Ursprungswerten zurück.

Einen Aktiengewinn machen

In diesem Beispiel sind Sie Aktionär. Sie wollen einen fetten Gewinn machen. Die Kosten für den Kauf und Verkauf werden hier zusammengefasst. Wie hoch muss der Kurs steigen, damit Sie einen Aktiengewinn in Höhe von 1.000 Euro erzielen?

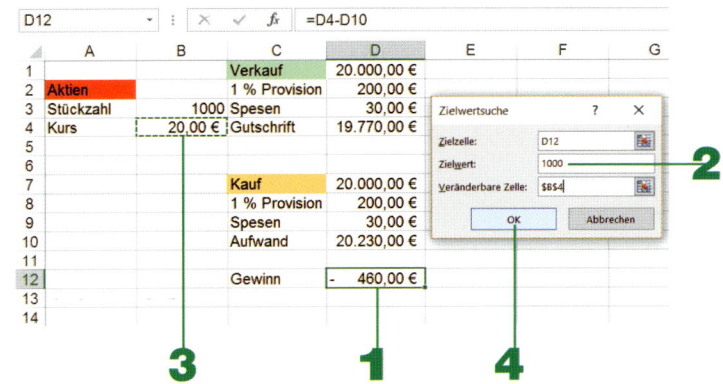

1 ▶ Stellen Sie Ihre Kalkulation auf. Klicken Sie dann in die Zelle, in der die Zielwertsuche ausgeführt werden soll, das wäre hier der Gewinn.

2 ▶ Starten Sie die Zielwertsuche und geben Sie einen Gewinn in Höhe von *1000* ein.

3 ▶ Geben Sie als *Veränderbare Zelle* den Aktienkurs an.

4 ▶ Bestätigen Sie mit der Schaltfläche *OK*.

5 ▶ Die Zielwertsuche macht Ihnen dazu einen Vorschlag.

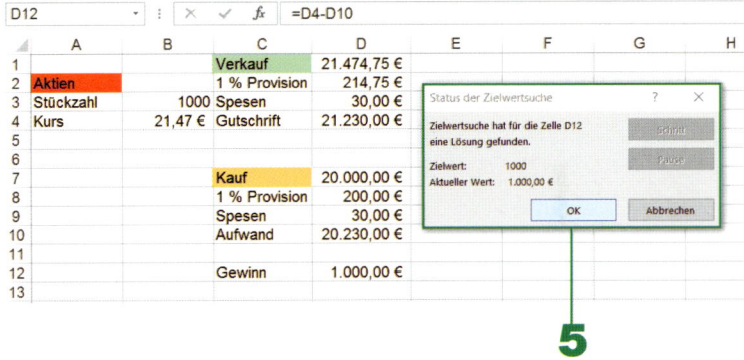

TIPP ➡ Der Gewinn (D12) ergibt sich aus:

Gutschrift - Aufwand = D4-D10

Kauf – der Aufwand (D10) ergibt sich aus:

20.000 € - Provision - Spesen = D7-D8-D9

Verkauf – die Gutschrift (D4) ergibt sich aus:

Kurs * Stückzahl (D1=B4*B3) - Provision - Spesen = D1-D2-D3

Das Kapitel im Überblick

▶ Diagramme für alle

▶ Diagrammtypen

▶ Kalkulationen mit Diagrammen

▶ Diagramme bearbeiten

▶ Ein Diagramm verschieben

▶ Daten ergänzen

▶ Füllen Sie Diagramme aus

▶ Der Diagrammtitel

▶ Einzelne Werte anzeigen

▶ Onlinegrafiken einfügen

▶ SmartArt-Grafiken

▶ Super-Bedingungen für Excel

▶ Liegen Sie über dem Durchschnitt?

▶ Super Symbolsätze – ein Rauf und Runter

▶ Das Maximum anzeigen lassen

8

Ein Blickfang: Diagramme

Seien wir doch mal ehrlich: Fakten prägen sich besser ein, wenn sie ein wenig »aufgepäppelt« werden. Wo »nackte« Zahlen nichts aussagen, kommen bei Excel die Diagramme ins Spiel. Darüber hinaus lassen sie sich leicht ändern und aktualisieren. Diagramme dienen als Blickfang für den Leser und unterstützen die Auswertungen. So werden nüchterne Zahlen repräsentativ dargestellt und benötigen kaum noch weitere Erklärungen.

Über Diagramme gibt es Bücher. Aber die Handhabung zeige ich Ihnen. Genauso wie die bedingte Formatierung. Erfüllt der Zellinhalt eine Bedingung, wird die Zelle farblich hervorgehoben. Auch hier müssen Sie nur wissen, wie es geht. Denn die Möglichkeiten sind auch hier vielseitig. Sie können mit Symbolsätzen arbeiten: ein Rauf und Runter. Bei großen Tabellen macht es Sinn, dass das Maximum nicht nur ermittelt, sondern auch farblich hervorgehoben wird.

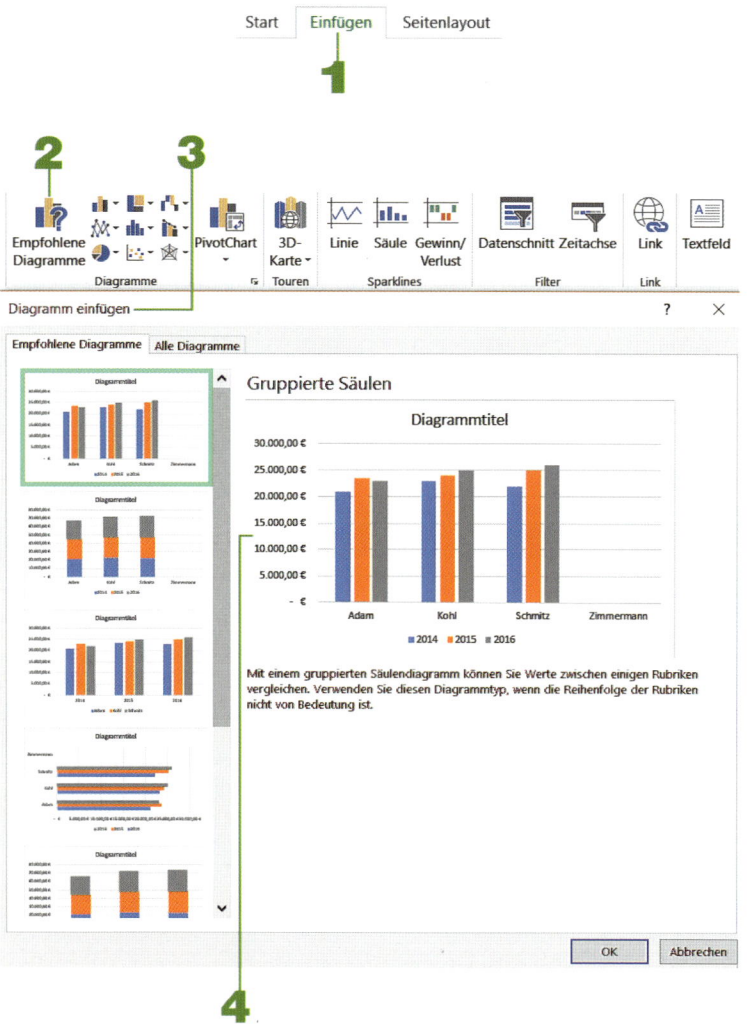

Diagramme für alle

Vielfältig sind die Möglichkeiten für die Diagramme, deren Beschreibungen mehr als ein Kapitel umfassen würden. Hier gibt es Säulen, Linien, Kreise, Punkte und so weiter. Für diese sind wiederum Diagrammuntertypen vorhanden.

Damit Excel weiß, wofür ein Diagramm erstellt werden soll, muss eine Zelle innerhalb der Tabelle angeklickt bzw. aktiviert sein.

1 ▶ Die Diagramme finden Sie in der Registerkarte *Einfügen*.

2 ▶ Klicken Sie auf die Schaltfläche *Empfohlene Diagramme*.

3 ▶ Das Dialogfeld *Diagramm einfügen* erscheint.

4 ▶ Hier können Sie die unterschiedlichen **Diagrammtypen** aktivieren. Beachten Sie dabei die **Vorschau**.

WICHTIGE INFORMATION

Bei einem **Sparkline** (Registerkarte *Einfügen*) handelt es sich um ein sehr kleines Diagramm. Damit können Sie innerhalb einer Zelle Trends anzeigen.

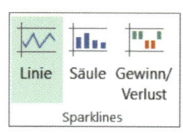

Diagrammtypen

Diagrammtypen gibt es eine Vielzahl. Jeden einzelnen zu erwähnen, würde sicherlich den Rahmen dieses Buches sprengen bzw. ein eigenes Buch nach sich ziehen.

Fast alle Diagrammtypen sind in dreidimensionalen Varianten verfügbar.

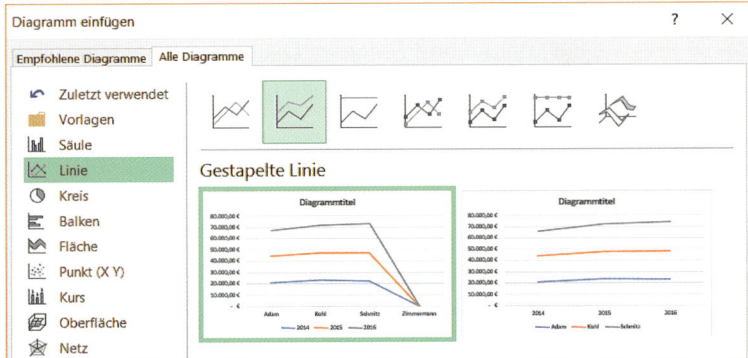

Einige Diagrammtypen in der Übersicht:

Diagrammtyp	Anwendung
Säule	Vergleicht die einzelnen Werte durch die unterschiedlichen Größenanordnungen.
Balken	Wie beim Säulendiagramm, nur die Reihen werden horizontal dargestellt.
Linie	Führen Trends und Entwicklungen über einen bestimmten Zeitraum auf, eignen sich hauptsächlich für die Darstellung zeitlicher Abläufe.
Kreis	Zeigt die Verteilung der einzelnen Daten auf eine Gesamtheit an.
Punkt (XY)	Verwenden Sie, wenn die Zahlen in einer Abhängigkeit zueinanderstehen (Geschwindigkeit/Benzinverbrauch; Umsätze/Kosten).
Fläche	Ähnlich dem Liniendiagramm dient es zur Darstellung zeitlicher Entwicklungen. Hier wird das Volumen der Änderungen deutlicher hervorgehoben.
Kurs	Bietet sich für »Börsenfreunde« an und für die Kursentwicklungen eines Wertpapiers.

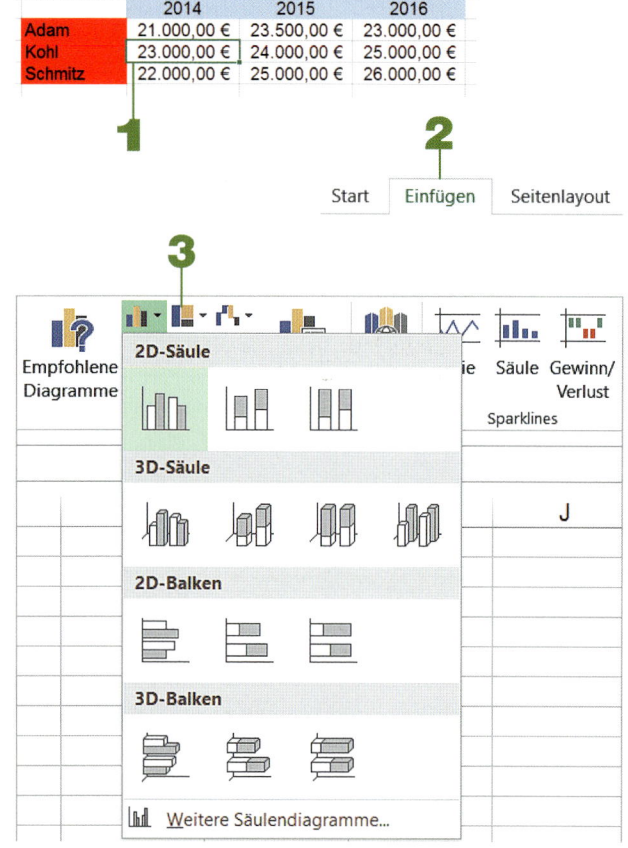

	2014	2015	2016
Adam	21.000,00 €	23.500,00 €	23.000,00 €
Kohl	23.000,00 €	24.000,00 €	25.000,00 €
Schmitz	22.000,00 €	25.000,00 €	26.000,00 €

Kalkulationen mit Diagrammen

Hier im Beispiel verwenden Sie eine kleine Umsatzpräsentation für das Diagramm.

1 ▶ Um schnell ein Diagramm einzufügen, muss eine Zelle innerhalb der Tabelle angeklickt sein.

2 ▶ Wählen Sie die Registerkarte *Einfügen*.

3 ▶ Aktivieren Sie einen Diagrammtyp. Das Diagramm wird eingefügt.

4 ▶ Falls Sie die Spalten und Zeilen im Diagramm wechseln möchten, aktivieren Sie die Registerkarte *Diagrammtools/Entwurf*.

5 ▶ Klicken Sie auf die Schaltfläche *Zeile/Spalte wechseln*.

TIPP ➡ Drücken Sie die Tasten [Alt]+[F1], erstellen Sie ein Diagramm in Windeseile. Drücken Sie die [F11]-Taste, fügt Excel ein Diagramm auf einem separaten Tabellenblatt ein.

Diagramme bearbeiten

Wenn Sie die Zahlen in der Tabelle ändern, wird in Excel automatisch durch die Verknüpfung das zugehörige Diagramm angepasst.

Sobald Sie ein Diagramm eingefügt haben, stehen Ihnen weitere Registerkarten zur Verfügung. Um ein Diagramm zu ändern, müssen Sie es anklicken bzw. aktivieren.

1 ▶ Bewegen Sie den Mauszeiger auf die gepunkteten Stellen am Rand eines Diagramms, können Sie das Diagramm entsprechend der Pfeilrichtung vergrößern oder verkleinern.

2 ▶ Klicken Sie doppelt auf einen Bereich innerhalb des Diagramms, können Sie diesen entsprechend bearbeiten und formatieren.

3 ▶ 3D-Diagramme können gedreht werden. Klicken Sie dazu mit der rechten Maustaste in das Diagramm und wählen Sie den Eintrag *3D-Drehung*.

TIPP ➡ Aktivieren Sie ein Diagramm per Mausklick und klicken Sie auf die Schaltfläche *Schnelldruck*, wird das Diagramm separat und auf Seitengröße ausgedruckt.

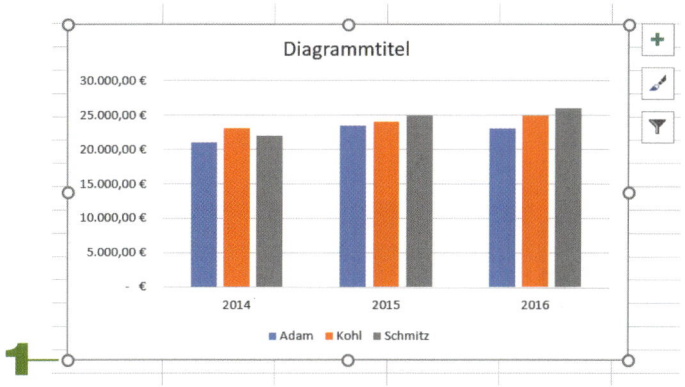

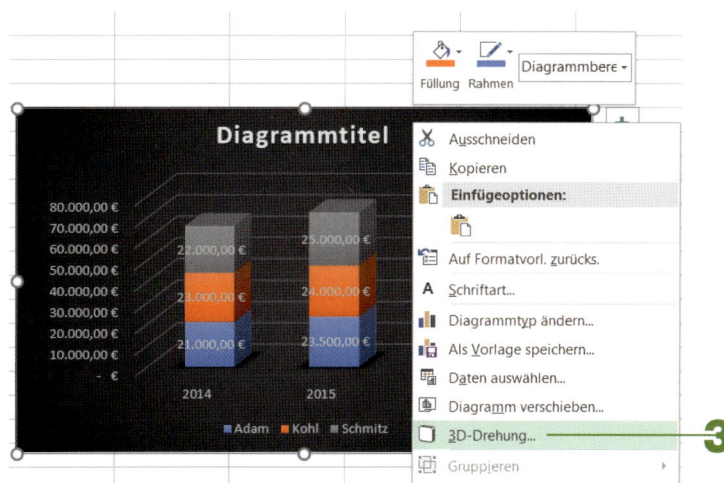

8

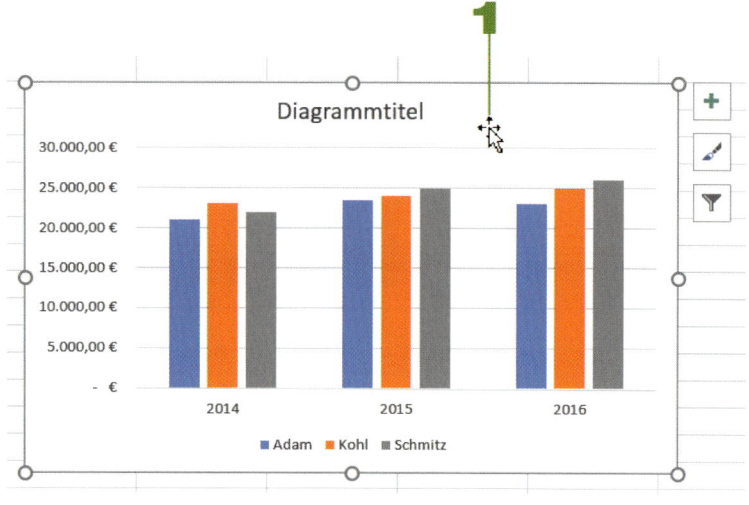

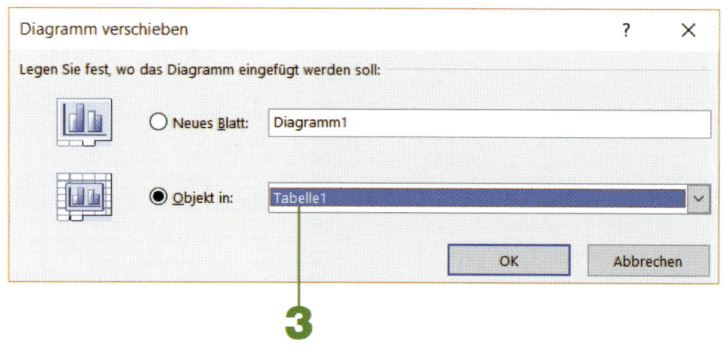

Ein Diagramm verschieben

Ein Diagramm können Sie innerhalb des Arbeitsblattes von einer Stelle zu einer anderen bewegen.

1▶ Sie platzieren den Mauszeiger auf den Rand der Grafik und der Mauszeiger wandelt sich in eine Art »Fadenkreuz«. Mit gedrückter linker Maustaste positionieren Sie das Diagramm an der gewünschten Stelle auf dem Blatt.

2▶ In der Registerkarte *Diagrammtools/Entwurf* können Sie auch ein aktiviertes Diagramm verschieben.

3▶ Geben Sie an, wohin Sie verschieben möchten. Im Tabellenblatt oder sogar auf ein neues Tabellenblatt.

TIPP ➡ Wenn Sie sich entscheiden, das Diagramm auf einem neuen Tabellenblatt einzufügen, wird hier der Name des Tabellenblattes *Diagramm1* sein. Diesen Namen können Sie hier bereits ändern.

Daten ergänzen

Wenn Sie die Tabelle ändern, passt Excel das Diagramm von selbst an.

1 ▶ Erweitern Sie Daten für eine Tabelle.

2 ▶ Aktivieren Sie per Mausklick das Diagramm. Der Zellbereich, auf den sich das Diagramm bezieht, wird angezeigt.

3 ▶ Bewegen Sie den Mauszeiger auf den Eckpunkt – hier im Beispiel ist das der untere rechte – des markierten Datenbereichs.

4 ▶ Mit gedrückter linker Maustaste erweitern Sie den Datenbereich. Sobald Sie den Datenbereich erweitert haben, passt Excel das Diagramm an.

> **TIPP** ➡ Ein kleines Tohuwabohu kann entstehen, wenn Sie neue Vertreter (Datensätze) eingeben. Die Liste ist nicht mehr von A bis Z aufgeführt. Wählen Sie hier den Befehl *Von A bis Z sortieren*. Auch die dazugehörigen Einträge, wie hier die Umsätze, werden berücksichtigt. Das Diagramm wird angepasst.

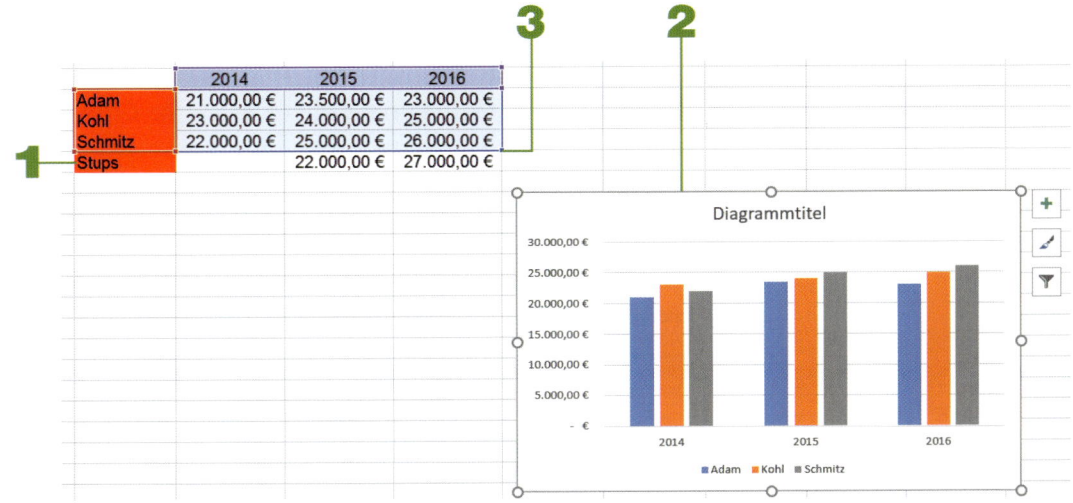

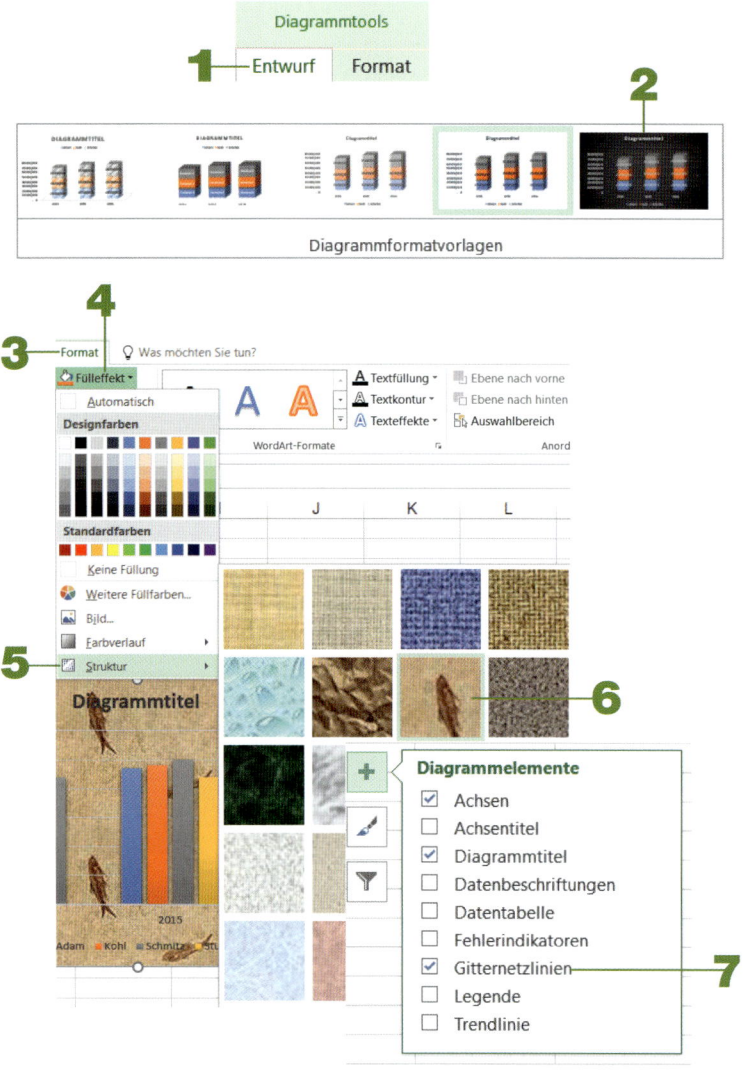

Füllen Sie Diagramme aus

Fakten prägen sich besser ein, wenn sie ein wenig »aufgepäppelt« werden. Das Auge sieht einfach mit. Sie gestalten Diagramme nach Ihren Wünschen noch ansprechender.

1 ▶ Aktivieren Sie die Registerkarte *Diagrammtools/Entwurf*.

2 ▶ Wählen Sie eine Vorlage bei *Diagrammformatvorlagen* aus.

3 ▶ Wechseln Sie zur Registerkarte *Diagrammtools/Format*.

4 ▶ Öffnen Sie über die Schaltfläche *Fülleffekt* die Auswahl.

5 ▶ Zeigen Sie mit dem Mauszeiger auf den Eintrag *Struktur*.

6 ▶ Aktivieren Sie eine Struktur.

7 ▶ Zur besseren Abgrenzung der Daten können Sie *Gitternetzlinien* festlegen.

WICHTIGE INFORMATION

Sie können eigene Bilder in Ihr Diagramm einfügen. Was macht ein Diagramm persönlicher als ein eigenes persönliches Bild? Wählen Sie dazu den Eintrag *Bild*.

Der Diagrammtitel

Sie geben dem Diagramm einen aussagekräftigen Namen, damit sofort klar ist, worum es geht.

1 ▶ Klicken Sie mit der rechten Maustaste auf das Textfeld *Diagrammtitel*, können Sie ihn mithilfe der Einträge bearbeiten.

2 ▶ Doppelklicken Sie auf den Text im Diagrammtitel, markieren Sie diesen. Dadurch können Sie ihn überschreiben und mithilfe der Mini-Symbolleiste bearbeiten bzw. formatieren.

3 ▶ Gleichzeitig öffnet sich am rechten Bildschirmrand für die weitere Bearbeitung der Aufgabenbereich.

4 ▶ Sollte Ihnen der Diagrammtitel »abhandengekommen« sein, blenden Sie ihn einfach wieder ein.

WICHTIGE INFORMATION

Eine Legende enthält die Erklärung zu den Flächen innerhalb eines Diagramms. Klicken Sie die Legende doppelt an, erscheint der Aufgabenbereich dazu.

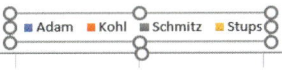

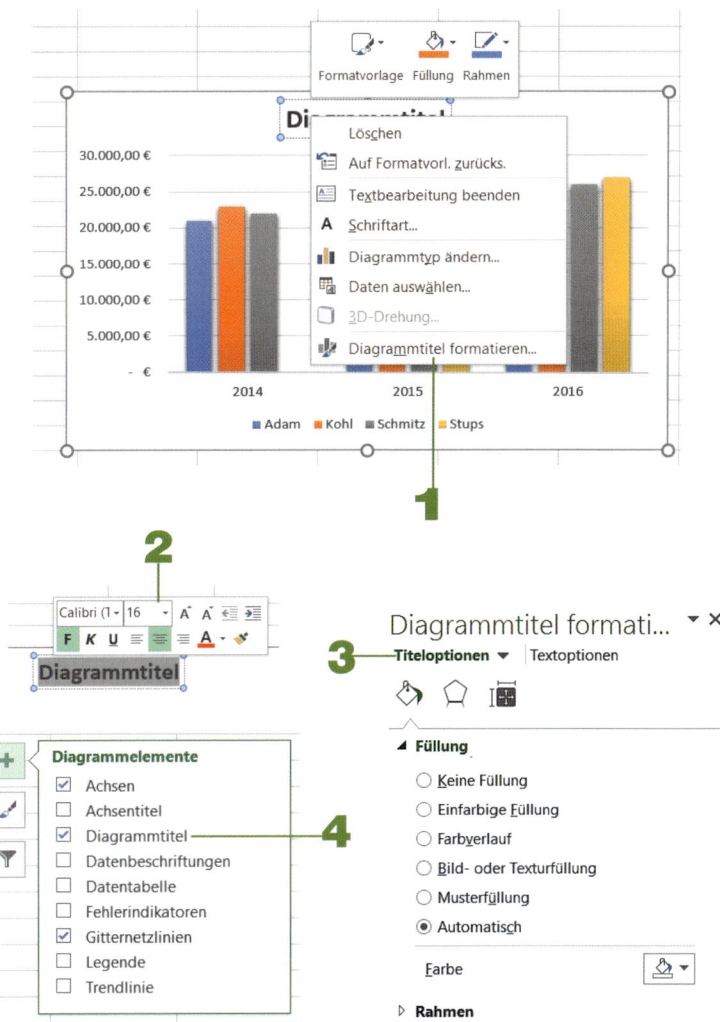

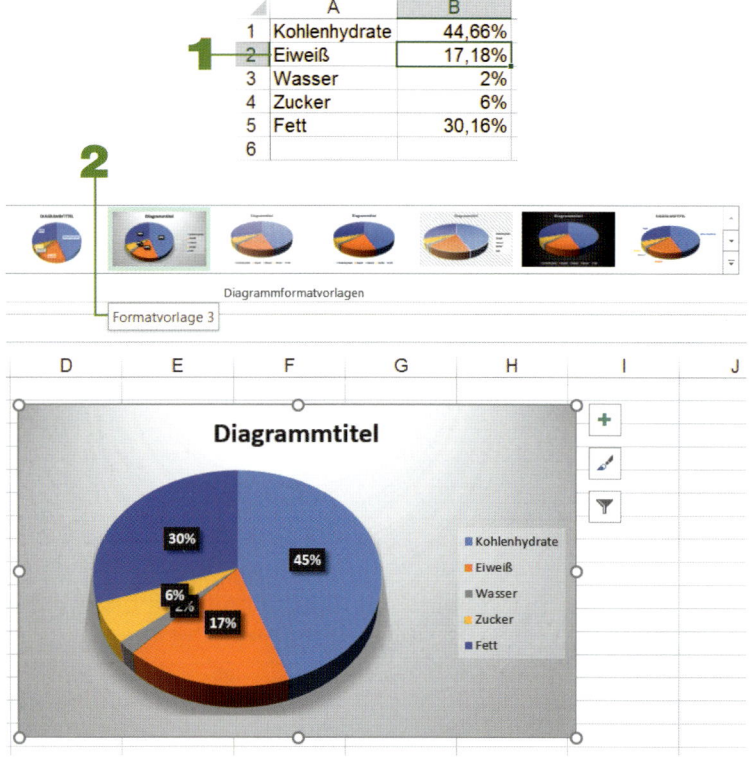

Einzelne Werte anzeigen

Hier bekommt jeder sein »Fett weg«. Es geht um die prozentualen Anteile eines Lebensmittels (Hinweis: Es ist kein Bier). Der Diagrammtyp ist ein Kreis. Die Anteile werden prozental angezeigt.

1▶ Legen Sie die Kalkulation fest und klicken Sie innerhalb der Tabelle eine Zeile an. Wechseln Sie gegebenenfalls zur Registerkarte *Einfügen*. Wählen Sie über die Schaltfläche *Kreis* den hier angezeigten 3D-Kreis.

2▶ Wechseln Sie zur Registerkarte *Diagrammtools/Layout*. Aktivieren Sie die *Formatvorlage 3* unter den *Diagrammformatvorlagen*.

3▶ Mit gedrückter linker Maustaste können Sie in einem Kreisdiagramm die Datenreihen »herausziehen«.

> **TIPP** ➡ Die *Diagrammformatvorlagen* erreichen Sie auch, indem Sie auf die mittlere Schaltfläche (die mit dem Pinsel) am Diagramm klicken.

> **TIPP** ➡ Sie können genau festlegen, wo im Diagramm Sie die Werte platzieren möchten. Öffnen Sie dazu die Auswahl über die Schaltfläche *Diagrammelement hinzufügen* (Registerkarte *Tabellentools/Entwurf*). Wählen Sie hier den Eintrag *Datenbeschriftungen*.

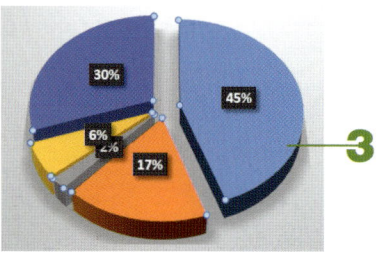

Onlinegrafiken einfügen

Sie können in Excel verschiedene Grafiken einfügen. Das geschieht natürlich über die Registerkarte *Einfügen*. Sie haben die Qual der Wahl:

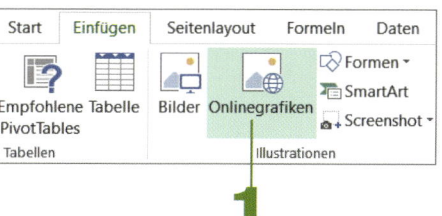

- Bilder

- Onlinegrafiken (seit Word 2013 sind hier die ClipArts zu finden)

- Formen

- SmartArt

- Screenshot

Auf diese Auswahl wird auf den folgenden Seiten eingegangen. Vorteil: Die Handhabung dieser Grafiken ist relativ identisch.

1 ▶ Klicken Sie auf die Registerkarte *Einfügen*, können Sie über die gleichnamige Schaltfläche *Onlinegrafiken* einfügen.

2 ▶ Über die Suchmaschine (natürlich **Bing** von Microsoft) geben Sie einen Begriff ein und die entsprechenden Bilder werden aufgelistet.

3 ▶ Die dazugehörige Internetseite der Bilder wird Ihnen angezeigt.

4 ▶ Mit Klick auf die Schaltfläche *Einfügen* fügen Sie die Grafik in das Tabellenblatt ein.

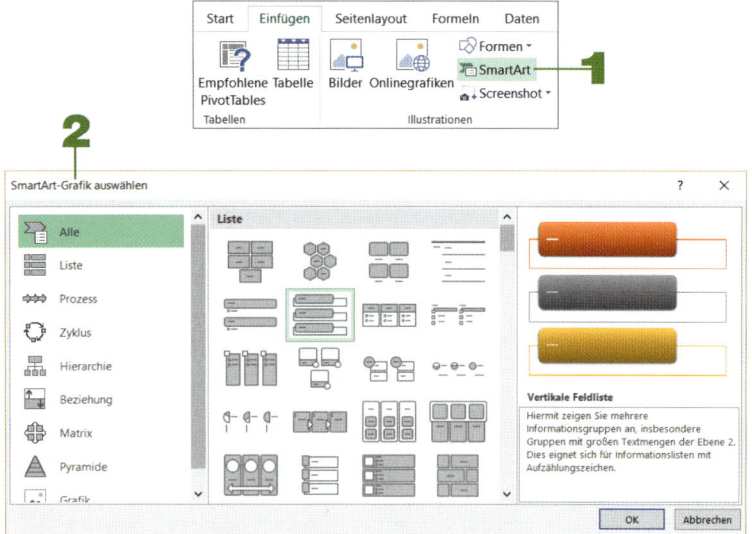

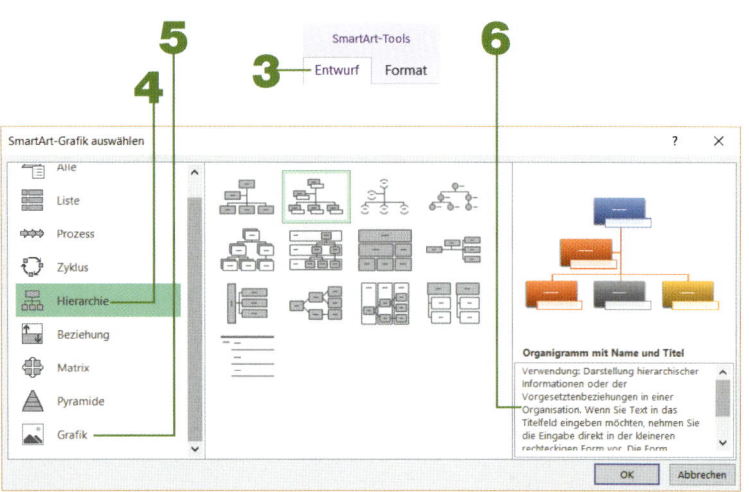

SmartArt-Grafiken

Eine SmartArt-Grafik dient zur Veranschaulichung von Informationen. Sie verdeutlicht Zusammenhänge grafisch.

1 ▶ Auf der Registerkarte *Einfügen* klicken Sie auf die Schaltfläche *SmartArt.*

2 ▶ Im Dialogfeld *SmartArt-Grafik auswählen* nehmen Sie dann Ihre Auswahl vor.

3 ▶ Sobald Sie eine SmartArt-Grafik über *OK* bestätigen, geben Sie hier die Informationen in Textfeldern ein. Dabei stehen Ihnen zwei weitere Registerkarten zur Verfügung.

4 ▶ Organigramme ähneln dem berühmten Stammbaum. Dabei wird die Hierarchie in Kästchen dargestellt.

5 ▶ Über die Angabe *Grafik* erhalten Sie eine große Auswahl von SmartArt-Grafiken. Hier können Sie Bilder einfügen.

6 ▶ Im Dialogfeld erhalten Sie zu jeder angeklickten SmartArt-Grafik eine Erklärung.

Super-Bedingungen für Excel

.In der Registerkarte *Start* können Sie bedingte Formatierungen für Zellen angeben. Sie heben hier besondere Zellen bzw. unübliche Werte farblich hervor. Neben einfachen Standardformaten wie Datenbalken und Symbolen können Sie eigene Formatierungsregeln mit Bedingungen angeben.

Sie müssen die Zellen markieren, um bedingte Formatierungen durchzuführen.

Anhand von Datenbalken können Sie optisch die Werte in Zellen ergänzen. Also: Wer hat den größten, wer hat den kleinsten Wert?

1 ▶ Markieren Sie den Zellbereich. Bereits hier können Sie die bedingte Formatierung einschalten.

2 ▶ Klicken Sie in der Registerkarte *Start* auf die Schaltfläche *Bedingte Formatierung*.

3 ▶ Zeigen Sie mit dem Mauszeiger auf den Eintrag *Datenbalken*.

4 ▶ Aktivieren Sie hier ein Format. Die markierten Zellen werden mit Datenbalken optisch ergänzt.

5 ▶ Sie verwalten und löschen Regeln wieder über die Schaltfläche *Bedingte Formatierung*.

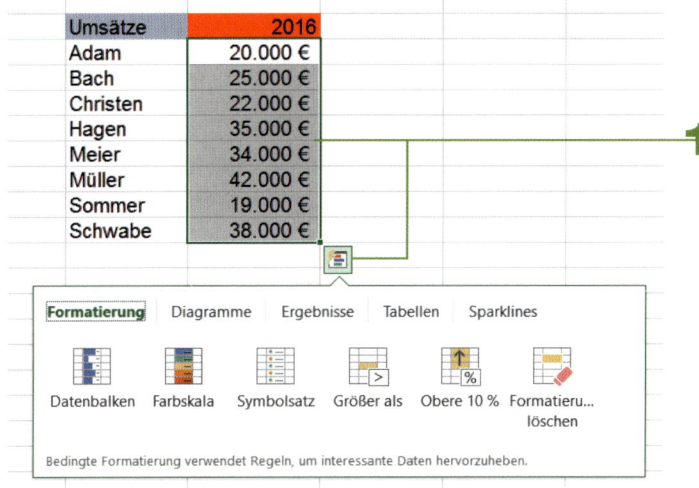

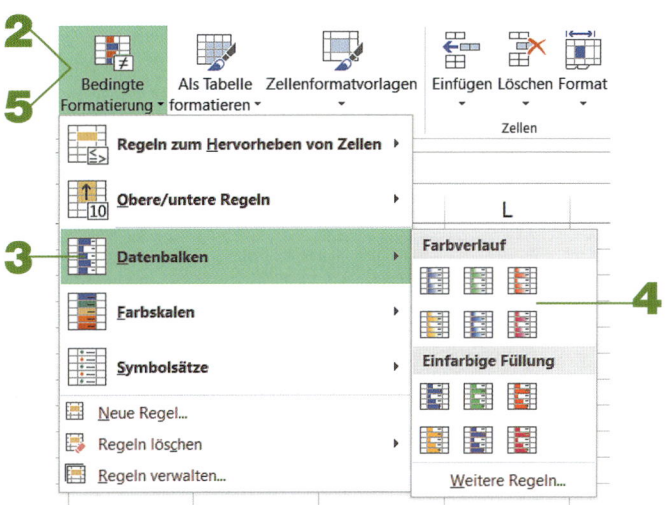

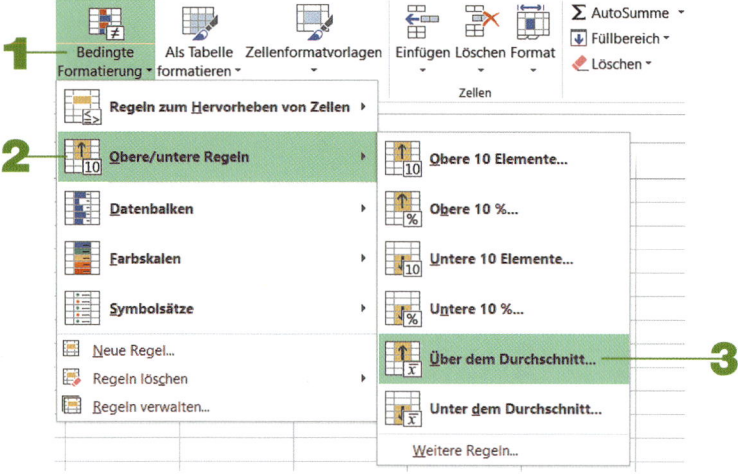

Liegen Sie über dem Durchschnitt?

Sie geben an, dass nur bestimmte Zellen eine Formatierung erhalten sollen, wenn sie ein Kriterium erfüllen. In diesem Beispiel werden Zellen hervorgehoben, deren Werte über dem Durchschnitt liegen.

1 ▶ Markieren Sie den Zellbereich und klicken Sie in der Registerkarte *Start* auf die Schaltfläche *Bedingte Formatierung*.

2 ▶ Zeigen Sie mit dem Mauszeiger auf den Eintrag *Obere/untere Regeln*.

3 ▶ Sie haben die Auswahl, welche Regel zutreffen soll. Aktivieren Sie in diesem Beispiel *Über dem Durchschnitt*.

4 ▶ Geben Sie an, wie die zutreffenden Zellen hervorgehoben werden sollen. Interessant sind hier auch *Benutzerdefinierte Formate*. Bestätigen Sie mit der Schaltfläche *OK*.

5 ▶ Die Zellenwerte, die hier im Beispiel über dem Durchschnitt liegen, werden farblich hervorgehoben.

Super Symbolsätze – ein Rauf und Runter

Sie können Symbole anlegen, wenn bestimmte Bedingungen für Zellen zutreffen sollen. Das sieht dann richtig gut aus.

1 ▶ Zeigen Sie mit dem Mauszeiger auf den Eintrag *Symbolsätze*.

2 ▶ Bewegen Sie den Mauszeiger auf die einzelnen Darstellungen und sehen Sie sich die Vorschau in den markierten Zellen an.

3 ▶ Wählen Sie den Befehl *Weitere Regeln*.

4 ▶ Vielfältig sind hier die Möglichkeiten. Geben Sie den Formatstil an.

5 ▶ Wählen Sie die Symbolart aus.

6 ▶ Wichtig! Wählen Sie als *Typ* jeweils *Zahl*.

7 ▶ Geben Sie nun die Kriterien ein, indem Sie die Bereiche der Zellenwerte bestimmen. Bestätigen Sie mit der Schaltfläche *OK*.

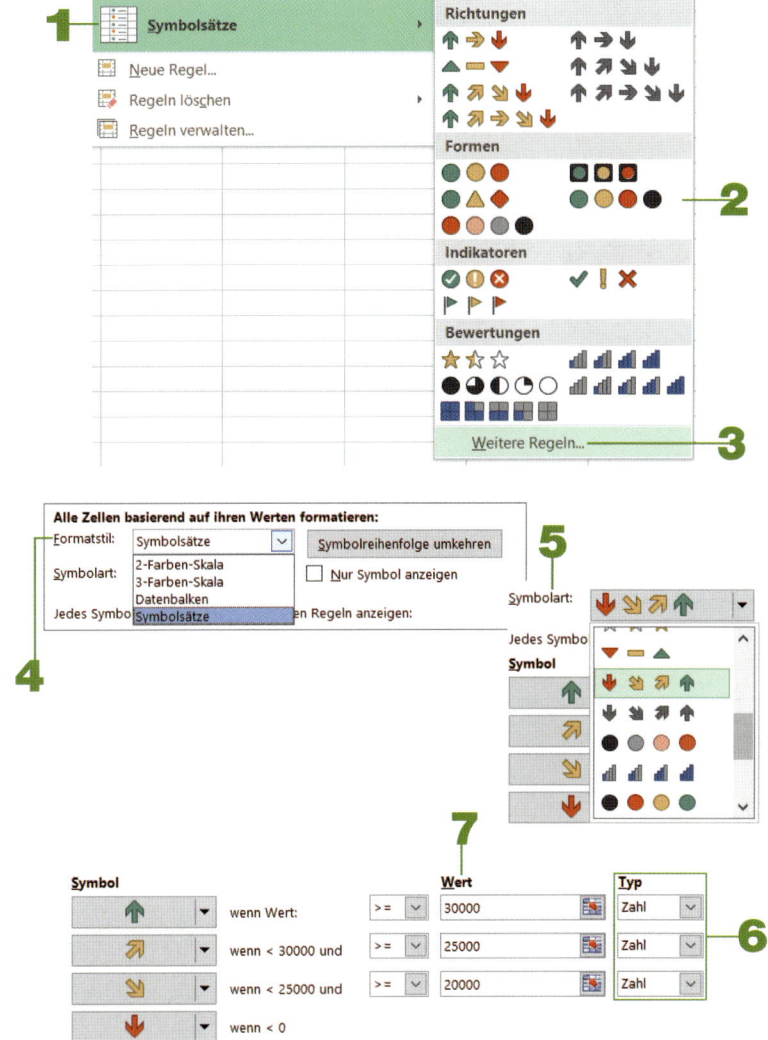

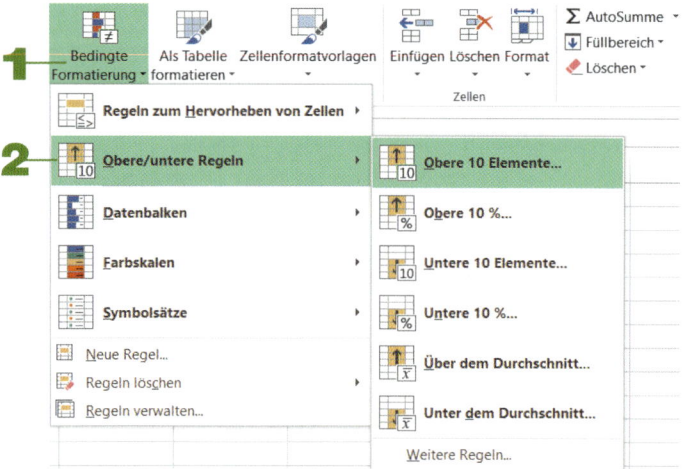

1 Bedingte Formatierung

2 Obere/untere Regeln

Das Maximum anzeigen lassen

Es gibt viele Möglichkeiten, sich das Maximum eines Zellbereichs farblich anzeigen zu lassen. Sie können Zellen optisch auswerten über den Eintrag *Obere/untere Regeln*.

1 ▶ Öffnen Sie die Auswahl über die Schaltfläche *Bedingte Formatierung*.

2 ▶ Zeigen Sie auf den Eintrag *Obere/untere Regeln*.

3 ▶ Stellen Sie die Nummerierung auf **1** um und bestimmen Sie gegebenenfalls die Farbe der Hervorhebung.

4 ▶ Das Maximum des markierten Zellbereichs wird farblich hervorgehoben.

Das waren nur Beispiele. Sie können noch weitere Formatierungen ausprobieren und werden feststellen, wie viel Spaß sie machen.

TIPP ➡ Sie können übrigens auch mehrere bedingte Formatierungen gleichzeitig aktivieren.

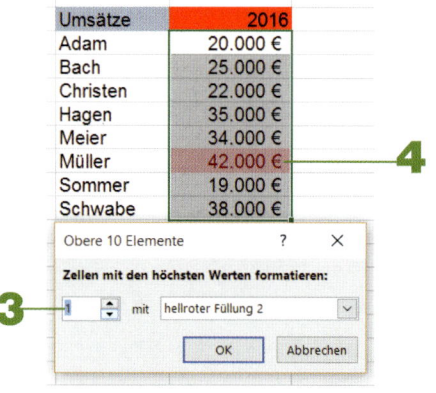

Die Zellenformatvorlagen

In der Registerkarte *Start* finden Sie die Zellenformatvorlagen. Dabei handelt es sich (nur) um Formatvorlagen, bereits festgelegte Formate, um Zellen farblich hervorzuheben.

1 ▶ Öffnen Sie die Auswahl über die Schaltfläche *Zellenformatvorlagen*.

2 ▶ Mit einem rechten Mausklick können Sie eine Zellenformatvorlage nach Ihren Vorstellungen ändern.

3 ▶ Entscheiden Sie sich mit einem linken Mausklick für eine Formatvorlage.

4 ▶ Die Zellenformatvorlage wird in die aktivierte Zelle übertragen. Tippen Sie einen Text oder eine Zahl ein. Sie erkennen, dass die Schrift entsprechend vorgegeben ist.

5 ▶ Öffnen Sie die Auswahl über die Schaltfläche *Zellenformatvorlagen* und geben Sie auf *Standard*, weisen Sie einer Zelle entsprechend das Format *Standard* wieder zu.

6 ▶ Möchten Sie eine Zellenformatvorlage öfter und schnell im Tabellenblatt übertragen, können Sie die Schaltfläche *Format übertragen* nutzen. Mit einem **Mausklick** übertragen Sie das Format **einmal**. Per **Doppelklick** können Sie die Funktion **beliebig oft** nutzen. Mit einem wiederholten Mausklick auf die Schaltfläche oder über die [Esc]-Taste schalten Sie die Funktion wieder aus.

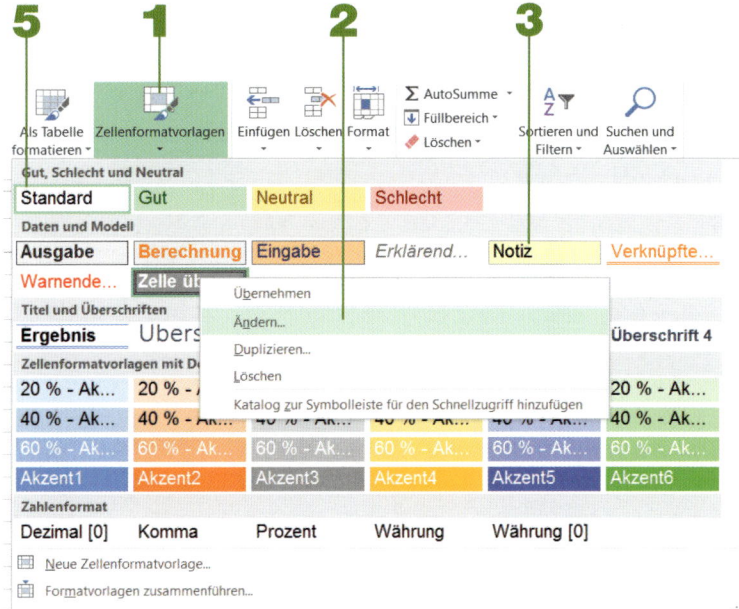

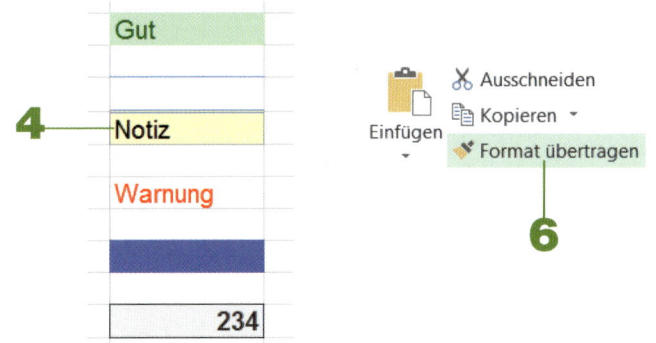

Das Kapitel im Überblick

▶ In Excel rechnen und in Word einfügen

▶ Verbunden: Word und Excel

▶ Verbunden mit einer Excel-Datei

▶ Diagramme mit Word verknüpfen

▶ Schneller Datentransfer aus anderen Programmen

▶ Dateien verknüpfen

Sich mit anderen Programmen austauschen

Warum sollten Sie sich nicht mit anderen Programmen austauschen? Und alle Vorteile zusammen nutzen.

Word ist zum Schreiben da. Excel zum Rechnen. Sie können Ihre Tabellen bzw. Listen aus Excel kopieren und in Programme wie Word oder PowerPoint einfügen. Ändern Sie die Daten in Excel, passen sich die Angaben in Word automatisch an, da sie miteinander verknüpft sind.

Diagramme sind etwas fürs Auge. Sie ergänzen prima Übersichten. Diese können Sie in Word, aber auch in Excel anlegen. In Excel haben Sie dazu mehr Möglichkeiten und eine übersichtlichere Handhabung. Also können Sie in Excel ein Diagramm anlegen und in Word einfügen. So passt es vielleicht besser ...

Aber auch andere Dateien können per Mausklick im Sauseschritt ein- bzw. angefügt werden.

Umsätze	2016
Adam	20.000 €
Bach	25.000 €
Christen	22.000 €
Hagen	35.000 €
Meier	34.000 €
Müller	42.000 €
Sommer	19.000 €
Schwabe	38.000 €

1

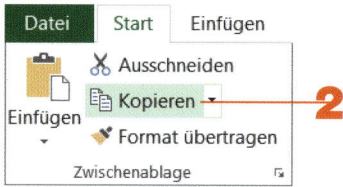

2

Umsätze	2016
Adam	20.000 €
Bach	25.000 €
Christen	22.000 €
Hagen	35.000 €
Meier	34.000 €
Müller	42.000 €
Sommer	19.000 €
Schwabe	38.000 €

3

(Strg) ▾

In Excel rechnen und in Word einfügen

Word ist ideal zum Schreiben, aber nicht zum Rechnen. Das machen Sie besser mit Excel. Nutzen Sie am besten die Vorteile beider Programme! Sie können Ihre Tabellen bzw. Listen aus Excel kopieren und in Programme wie Word einfügen.

1 ▶ Stellen Sie dazu eine Kalkulation in Excel auf.

2 ▶ Markieren und kopieren Sie in Excel Ihre Tabelle. Öffnen Sie das Programm Word und klicken Sie dort in der Registerkarte *Start* auf die Schaltfläche *Einfügen*.

3 ▶ Die aus Excel kopierte Kalkulation wird in Word als Tabelle eingefügt. Wie Sie es bei einer Tabelle in Word kennen, bearbeiten Sie diese.

WICHTIGE INFORMATION

Beachten Sie, dass die Funktion in Excel noch aktiv ist. Wechseln Sie zu Excel und drücken Sie beispielsweise die (Esc)-Taste.

TIPP ➡ Die Daten werden als eine ganz normale Tabelle eingefügt. Ändern Sie die Daten in Excel, werden diese in Word nicht angepasst. Durch die Verknüpfung auf der nächsten Seite ändern Sie das.

Verbunden: Word und Excel

Sie können eine Kalkulation zwischen Word und Excel so verknüpfen, dass sie sich automatisch in Word aktualisiert, wenn Sie in Excel die Zahlen ändern.

Markieren und kopieren Sie in Excel Ihre Tabelle. Starten Sie dann das Programm Word.

1 ▶ Öffnen Sie in der Registerkarte *Start* die Auswahl der Schaltfläche *Einfügen*.

2 ▶ Geben Sie hier *Inhalte einfügen* an.

3 ▶ Aktivieren Sie *Verknüpfung einfügen*.

4 ▶ Wählen Sie bei *Als* die Angabe *Microsoft Excel-Arbeitsmappe-Objekt* aus.

5 ▶ Bestätigen Sie mit der Schaltfläche *OK*.

6 ▶ Sie können auch eine der beiden Verknüpfen-Schaltflächen aktivieren.

WICHTIGE INFORMATION

Ändern Sie die Daten in Excel, passen sich die Angaben in Word automatisch an, da sie miteinander verknüpft sind. Das funktioniert auch mit Power-Point.

TIPP ➡ Wenn Sie jetzt die Daten in der Excel-Tabelle ändern, passen sich die Daten automatisch im Word-Dokument an, auch ohne dass es geöffnet wird. Ist das nicht super? Word fragt Sie beim Öffnen des Dokuments, ob die Aktualisierungen übernommen werden sollen. Allerdings dürfen die Speicherorte nicht geändert werden.

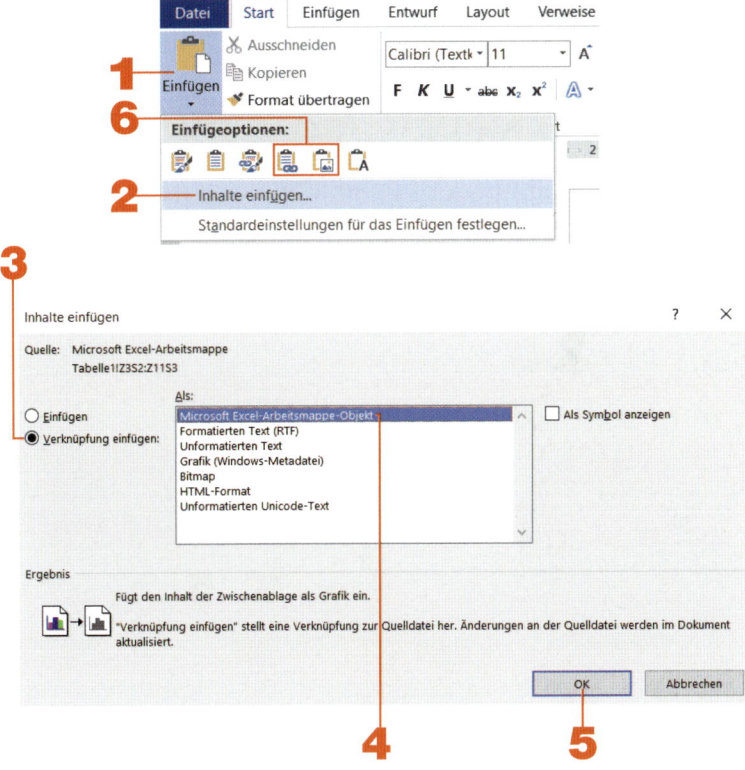

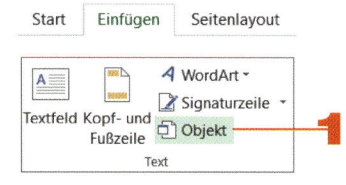

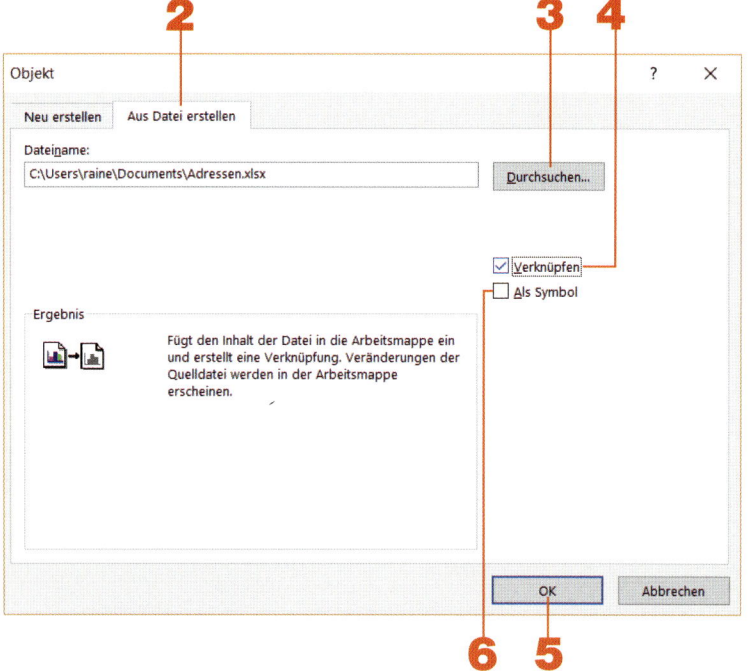

Verbunden mit einer Excel-Datei

Sie können auch eine Excel-Datei mit einer anderen verknüpfen. Ändern Sie die Daten in der einen Arbeitsmappe, werden sie automatisch in die andere übertragen. Allerdings dürfen Sie die Speicherorte der betroffenen Dateien nicht ändern. Sonst klappt es mit der Verknüpfung nicht.

1 ▶ Klicken Sie dazu in der Registerkarte *Einfügen* auf die Schaltfläche *Objekt*.

2 ▶ Holen Sie die Registerkarte *Aus Datei erstellen* in den Vordergrund.

3 ▶ Geben Sie über die Schaltfläche *Durchsuchen* den Speicherort der Excel-Datei an.

4 ▶ Aktivieren Sie die Option *Verknüpfen*.

5 ▶ Bestätigen Sie mit der Schaltfläche *OK*.

6 ▶ Sie können auch die Excel-Arbeitsmappe als Symbol platzieren. Ein Mausklick auf das Symbol öffnet die entsprechende Arbeitsmappe.

Diagramme mit Word verknüpfen

Verknüpfen Sie nun wiederum Word und Excel miteinander. Wenn Sie Zahlen in Excel ändern, werden nicht nur die Zahlen aktualisiert, sondern auch das Diagramm dazu.

1 ▶ Erstellen Sie in Excel Ihre Tabelle und binden Sie dazu das passende Diagramm ein.

Markieren Sie zum Beispiel zuerst die Liste/Tabelle. Öffnen Sie dann das Programm Word.

2 ▶ Öffnen Sie in der Registerkarte *Start* die Auswahl der Schaltfläche *Einfügen*. Geben Sie hier *Inhalte einfügen* an.

3 ▶ Aktivieren Sie die Option *Verknüpfung einfügen*.

4 ▶ Wählen Sie bei *Als* die Angabe *Microsoft Excel-Arbeitsmappe-Objekt* aus.

5 ▶ Wiederholen Sie nun die vorherigen Schritte und verknüpfen Sie anstelle der Tabelle das Diagramm. Markieren Sie dazu das Diagramm und wählen Sie bei *Als* die Angabe *Microsoft Excel-Diagramm-Objekt* aus.

Sowohl die Tabelle als auch das Diagramm sind mit Excel verknüpft und können von dort aus geändert werden.

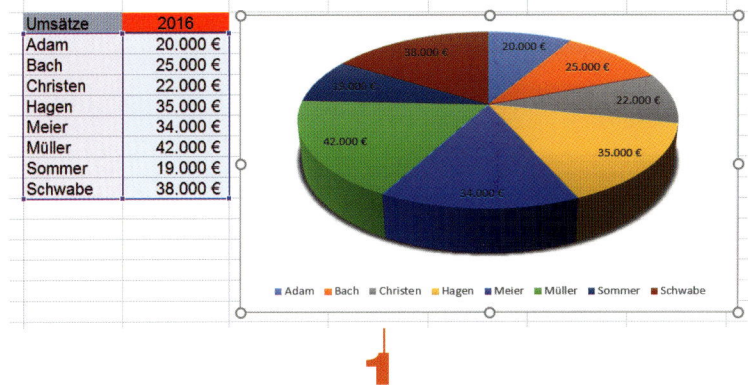

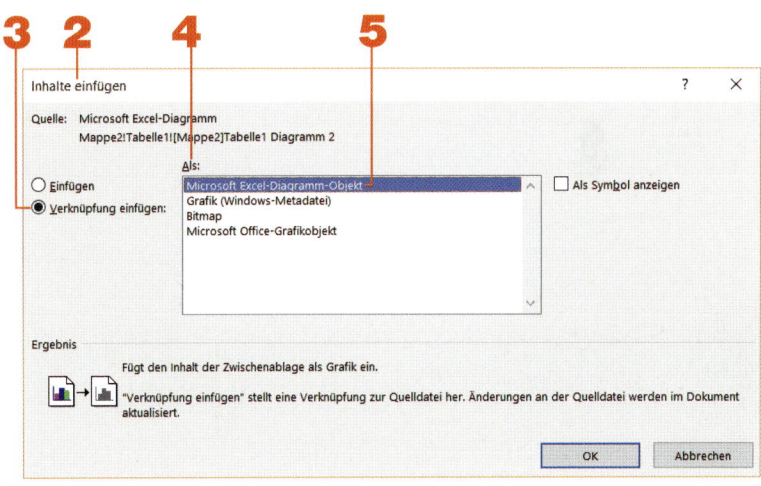

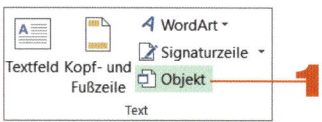

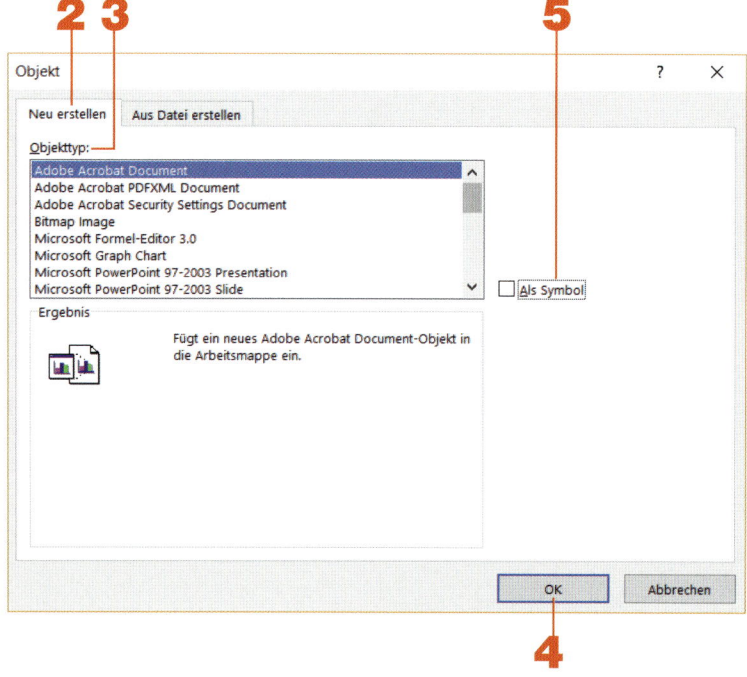

Schneller Datentransfer aus anderen Programmen

Sie können Excel schnell mit anderen Programmen verbinden. Entscheidend ist in der Registerkarte *Einfügen* die Schaltfläche *Objekt*.

Es kommt darauf an, wohin Sie klicken …

1 ▶ Klicken Sie direkt auf die Schaltfläche *Objekt*, starten Sie das Dialogfeld mit den Registerkarten *Neu erstellen* und *Aus Datei erstellen*.

2 ▶ Wählen Sie die Registerkarte *Neu erstellen*.

3 ▶ Wählen Sie den entsprechenden *Objekttyp* aus.

4 ▶ Bestätigen Sie mit der Schaltfläche *OK*.

5 ▶ Sie können sich die Datei auch als Symbol im Dokument anzeigen lassen. Später ein Mausklick darauf und die dazugehörige Datei öffnet sich.

> **TIPP** ➡ Beachten Sie: Die Objekte, die Sie hier einfügen, verhalten sich ähnlich wie bei einer Grafik. Klicken Sie in das eingefügte Objekt, können Sie es anhand der Zielpunkte vergrößern und verkleinern.

Dateien verknüpfen

Sie können aber auch Dateien mit Excel verknüpfen. Ändern Sie die Quelldatei, werden die Angaben in Excel automatisch angepasst.

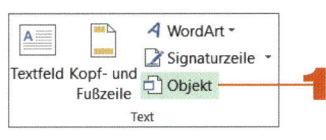

1 ▶ Klicken Sie in der Registerkarte *Einfügen* auf die Schaltfläche *Objekt*.

2 ▶ Holen Sie die Registerkarte *Aus Datei erstellen* in den Vordergrund.

3 ▶ Fügen Sie über die Schaltfläche *Durchsuchen* die entsprechende Datei ein.

4 ▶ Aktivieren Sie die Option *Verknüpfen*.

5 ▶ Bestätigen Sie mit *OK*.

Ändern Sie die **Quelldateien**, werden die Angaben in Excel automatisch angepasst.

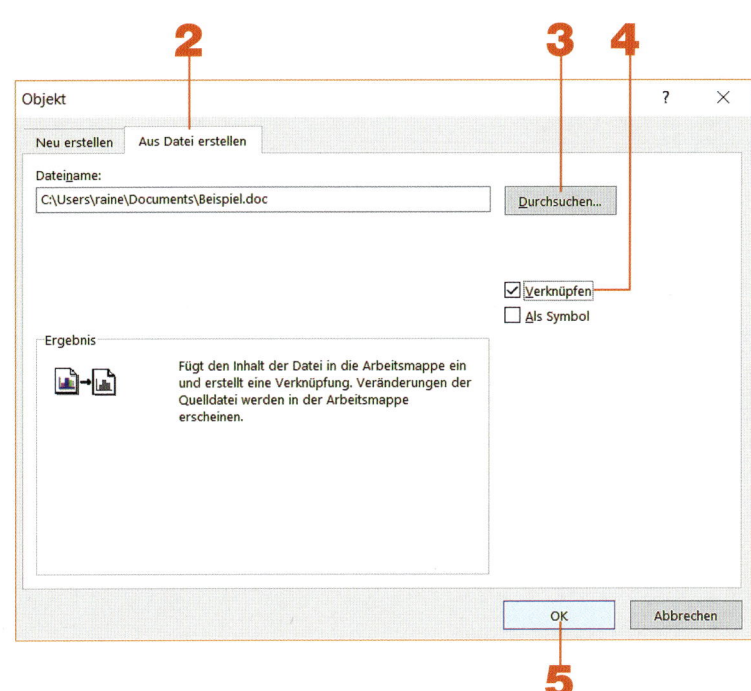

WICHTIGE INFORMATION

Obwohl Sie die Option *Als Symbol anzeigen* vielleicht nicht angeklickt haben, werden die Objekte trotzdem (abhängig von Dateityp und -größe) als Symbol dargestellt. Ein Klick auf das Symbol und das Objekt wird komplett dargestellt.

Das Kapitel im Überblick

▶ Ein Microsoft-Konto anmelden

▶ Benutzerinformationen

▶ Einen Speicherort hinzufügen

▶ In der Cloud synchronisieren

▶ Die Einstellungen von OneDrive

▶ Auf OneDrive speichern

▶ Eine Arbeitsmappe auf OneDrive öffnen

▶ Die zweite Cloud: SharePoint

Mit Excel auf einer Wolke

Als »Cloud« bezeichnet man die riesige, schwer definierbare Daten-wolke im Internet. Die neue Office-Version und damit auch Excel haben sich dem Trend der Zeit angepasst. Wir sind es mittlerweile gewohnt, auch mobil und von unterschiedlichen Orten aus auf alle möglichen Daten zugreifen zu können. OneDrive ist eine weitere Speicherlösung mit vielen Möglichkeiten, ein Cloud-Speicher, der virtuellen Speicherplatz »in der Wolke« bietet. Der Vorteil liegt auf der Hand: So kann man von jedem internetfähigen Endgerät – unter Eingabe der Login-Daten – Dateien wie Dokumente, Fotos oder Videos abrufen – unabhängig davon, wo sich der Nutzer gerade befindet.

OneDrive ist unter Windows 10 und Windows 8.1 vorinstalliert, wird unter Windows XP aber nicht unterstützt. Aber wer hat das noch? Wer seine Daten gern in eine Cloud auslagern möchte, deren Server in Deutschland stehen und somit den deutschen Rechtsbestimmungen unterliegen, kann auf Speichermöglichkeiten »in den Wolken« wie Strato HiDrive, die Telekom-Cloud oder die Cloud von 1&1 ausweichen.

Es empfiehlt sich bei allen Cloud-Diensten, »sensible« Daten vor dem Hochladen/Uploaden mit einem Open-Source-Programm wie Vera-Crypt zu verschlüsseln.

Verbinden Sie fast alle Ihre Geräte und Dienste mit Ihrem Microsoft-Konto, haben Sie alles, was für Sie wesentlich ist – z. B. Ihre Kontakte, Dokumente, Fotos und Einstellungen – immer auf fast jedem Gerät verwendbar. Anmelden bei Office ist die Voraussetzung für das Speichern auf OneDrive.

10

TIPP ➡ **Falls Sie von Ihrer Organisation oder der Schule eine Benutzer-ID erhalten haben, klicken Sie auf *Organisationskonto*.**

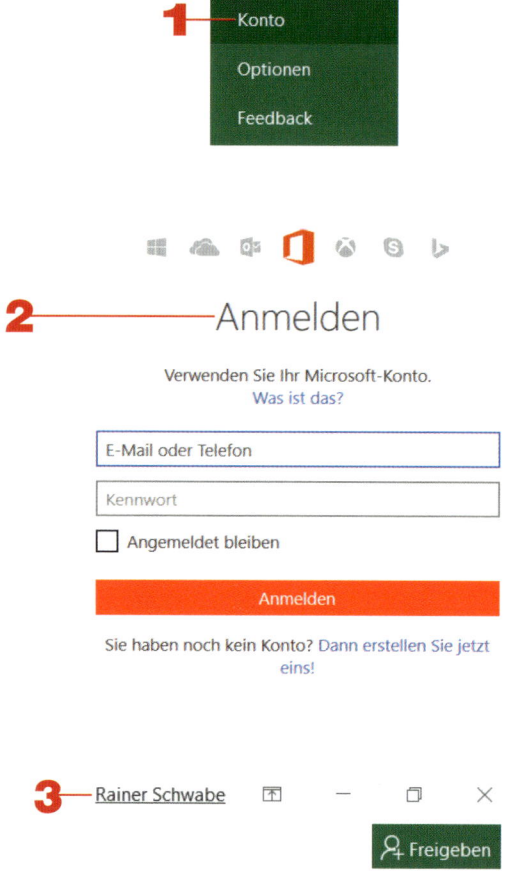

Ein Microsoft-Konto anmelden

Um Dokumente auf OneDrive speichern zu können, benötigen Sie ein Microsoft-Konto. Dieses ermöglicht es Ihnen, einfach von einer Aufgabe zur nächsten zu wechseln. Hierbei kann es sich um Ihre alte Windows Live ID, Ihr Microsoft-Messenger-Konto, Ihren Zugang zu Outlook.com bzw. dem früheren Hotmail oder auch um Ihr Xbox-Konto handeln.

Falls Sie noch kein Microsoft-Konto besitzen, können Sie sich im Rahmen der Anmeldung registrieren.

1 ▶ Wählen Sie unter *Datei* den Eintrag *Konto*. Gehen Sie dann auf *Anmelden*. Oder klicken Sie ganz rechts im Menüband auf *Anmelden*.

Falls Sie schon ein Microsoft-Konto besitzen oder Sie sich dafür registrieren möchten, klicken Sie auf Microsoft-Konto.

2 ▶ Auf der Anmeldeseite geben Sie entweder die E-Mail-Adresse und das Kennwort Ihres Microsoft-Kontos ein oder Sie klicken auf *Anmelden*, um ein Microsoft-Konto zu erstellen. Für die weitere Registrierung werden Sie eventuell aufgefordert, Ihre E-Mail-Adresse zu bestätigen.

3 ▶ Wenn Sie ganz rechts im Menüband statt *Anmelden* Ihren Benutzernamen sehen, sind Sie bereits angemeldet.

Benutzerinformationen

Nach der erfolgreichen Anmeldung mit einem Microsoft-Konto haben sich die Benutzerinformationen unter *Datei* und *Konto* angepasst. Hier finden Sie auch Informationen zu Ihren Installationen.

Sie können Ihren Anmeldenamen, der auch im Menüband sichtbar ist, jederzeit anklicken, um die Einstellungen zu Ihrem Microsoft-Konto zu ändern oder um sich mit einem anderen Konto anzumelden.

1 ▶ Hier werden Ihr Anmeldename und – falls vorhanden – Ihr Foto angezeigt. Sie können Ihr Konto hier auch gegebenenfalls abmelden.

2 ▶ Wählen Sie *Konto wechseln*, können Sie ein weiteres Konto hinzufügen.

3 ▶ Klicken Sie unter *Produktinformationen* auf die Schaltfläche *Konto verwalten*, gelangen Sie direkt auf die Internetseite und können sich dort einloggen.

4 ▶ Über die Schaltfläche *Info zu Excel* finden Sie die Microsoft-Software-Lizenzbedingungen und vor allem erhalten Sie hier Ihre Produkt-ID.

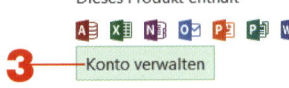

10

Einen Speicherort hinzufügen

Unter *Datei* und *Konto* können Sie Ihr Konto prima verwalten. So können hier schnell weitere Speicherorte hinzugefügt werden.

1 ▶ Klicken Sie auf *Datei* und wählen Sie *Speichern unter*.

2 ▶ Gehen Sie auf *Ort hinzufügen*.

3 ▶ Wählen Sie nun *Office 365 SharePoint* oder *OneDrive*.

4 ▶ Geben Sie im Dialogfeld *Einen Dienst hinzufügen* die E-Mail-Adresse ein, mit der Sie sich beim Speichern in der Cloud anmelden.

5 ▶ Aktivieren Sie die Schaltfläche *Weiter*.

Geben Sie unter *Anmelden* das Kennwort für Ihr Konto ein und bestätigen Sie. Der Cloud-Speicherort, der mit diesem Konto verbunden ist, wird zur Liste der Speicherorte hinzugefügt.

Sie können OneDrive-Dateien direkt aus Ihren Office-Anwendungen wie Word, Excel und PowerPoint schnell öffnen und speichern. Es erfolgt dabei eine Synchronisierung in OneDrive und in der jeweiligen Office-App. Sie können auch zur gleichen Zeit mit anderen Personen an freigegebenen Dokumenten arbeiten.

In der Cloud synchronisieren

Sie können auch Fotos direkt von Ihrem Smartphone aus im One-Drive-Ordner ablegen. Dabei wird die Datei kopiert.

1 ▶ Die OneDrive-Daten werden ebenfalls mit Ihrem PC synchronisiert, sodass die Fotos dann beispielsweise am PC in Excel eingefügt werden können – über die Registerkarte *Einfügen* und die Schaltfläche *Bilder*.

Starten Sie bei Windows 10 unter *Alle Apps* OneDrive, gelangen Sie direkt zur Ordnerstruktur. Über die Schaltfläche *Eigenschaften* können Sie weitere Einstellungen wie die Datei- und Druckerfreigabe vornehmen.

2 ▶ Sie können verschiedene OneDrive-Optionen festlegen, indem Sie im Infobereich der Taskleiste das OneDrive-Symbol mit der rechten Maustaste anklicken.

3 ▶ Wählen Sie dann *Einstellungen*.

TIPP ➡ Wenn Sie eine lokale OneDrive-Datei öffnen, erkennt Office, dass die Datei auf OneDrive gespeichert ist, und stellt sofort eine Verbindung zur Cloud her.

TIPP ➡ Sollten Sie die Arbeitsmappe freigegeben haben, können Sie sehen, wer sonst noch an der Datei arbeitet.

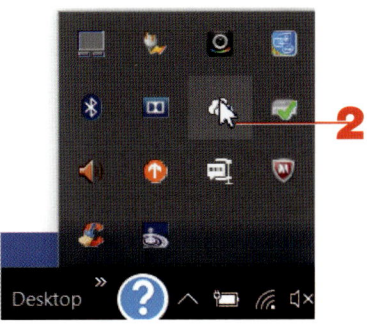

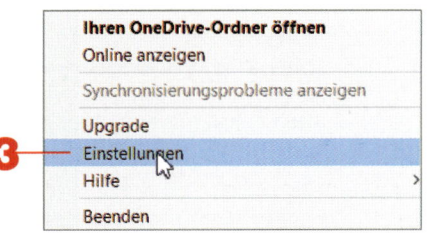

Die Einstellungen von OneDrive

1 ▶ Die Registerkarte *Einstellungen* ist die erste im OneDrive-Dialog-feld. Hier lässt sich u. a. das Autostartverhalten von OneDrive steuern. Die Option *OneDrive zum Abrufen meiner Dateien auf diesem PC verwenden* bestimmt, ob die smarte Synchronisie-rung von Office-Dokumenten aktiv ist.

2 ▶ Mit der Option *Verwenden Sie Office, um gleichzeitig mit an-deren Personen an Dateien zu arbeiten* werden Änderungen, die Sie und andere Personen an Office-Dateien vornehmen, au-tomatisch zusammengeführt.

3 ▶ Auf der Registerkarte *Konto* können Sie einstellen, ob alle In-halte im lokalen OneDrive-Ordner und dessen Unterordnern auf OneDrive synchronisiert werden sollen. Standardmäßig werden alle Inhalte synchronisiert. Um diese Voreinstellung zu ändern, klicken Sie auf *Ordner wählen* und markieren dann die Ordner, die synchronisiert werden sollen.

4 ▶ Auf der Registerkarte *Automatisch speichern* können Sie fest-legen, wo Sie Ihre Dokumente und/oder Bilder speichern möch-ten. Zudem können Sie über die jeweiligen Optionen angeben, ob Fotos, Videos und/oder Screenshots automatisch auf One-Drive gespeichert werden sollen.

Auf OneDrive speichern

Nachdem Sie sich bei Office angemeldet haben, können Sie auf One-Drive speichern. Sie nutzen den OneDrive-Speicher genauso wie ein direkt in den PC eingebautes Laufwerk.

Alle Speicher- und Öffnen-Funktionen, die Sie kennen, wenden Sie auch bei OneDrive an. Bei umfangreichen Dokumenten kann sich eine kleine zeitliche Verzögerung ergeben.

Möchten Sie ein Dokument auf OneDrive speichern, gehen Sie wie üblich vor: Wählen Sie unter *Datei* die Option *Speichern unter* und geben Sie *OneDrive* an.

1 ▶ Klicken Sie auf *Mehr Optionen…* oder *OneDrive - Persönlich*, starten Sie das Dialogfeld *Speichern unter*.

2 ▶ Wählen Sie entsprechend das Verzeichnis aus und beenden Sie wie gewohnt den Speichervorgang.

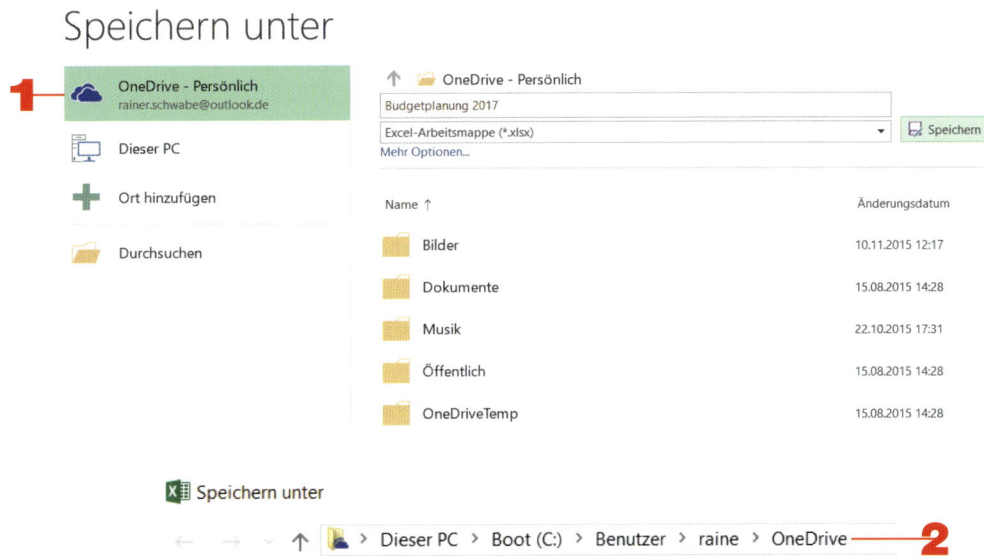

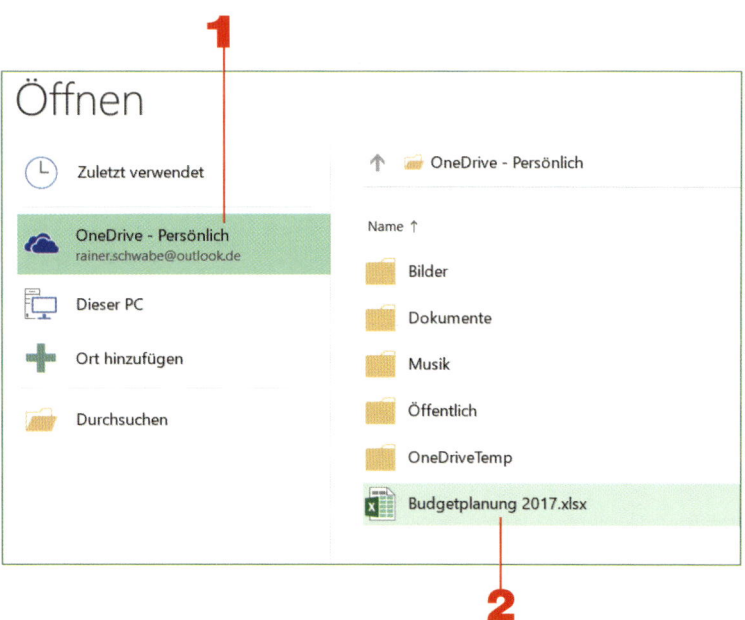

Eine Arbeitsmappe auf OneDrive öffnen

Wenn Sie ein Dokument auf OneDrive speichern, können Sie dieses stets mit einem internetfähigen Endgerät öffnen, bearbeiten und anderen Personen zur Verfügung stellen. Das ist sehr nützlich, wenn Sie Excel 2016 oder andere Office-Produkte auf mehreren Geräten einsetzen. So kann ein Dokument zum Beispiel zu Hause auf dem Notebook bearbeitet und am Flughafen auf dem Tablet weiterbearbeitet werden.

Sie können ein Dokument – wie gewohnt – aus einem OneDrive-Ordner öffnen. Wählen Sie zunächst die Option *Öffnen* (z. B. *Datei/Öffnen*).

1▶ Navigieren Sie zu *OneDrive*. Mit einem Mausklick auf *OneDrive - Persönlich* starten Sie das Dialogfeld *Öffnen*.

2▶ Bestimmen Sie den Ordner, in dem das Dokument gespeichert ist.

Falls nötig, tippen Sie die Anmeldeinformationen für das Microsoft-Konto ein, mit dem Ihr OneDrive verknüpft ist. Klicken Sie dann auf *Anmelden*.

Genauso gehen Sie vor, wenn Sie eine Arbeitsmappe auf OneDrive über den Datei-Explorer öffnen.

Die zweite Cloud: SharePoint

Arbeiten Sie gern im Team? Microsoft SharePoint wird in Unternehmen zur Teamzusammenarbeit eingesetzt. Mit SharePoint können Sie Ihren Teammitgliedern Dokumente wie bei einem klassischen Dokumentenmanagementsystem bereitstellen. Unter Office 365 können Sie SharePoint in der Cloud als eigenständiges Angebot oder als Teil einer Office-365-Suite erwerben, mit der Sie auch Zugriff auf Exchange, Skype for Business, die Office-Clients und die Web-Apps erhalten.

Die Mitarbeiter können so praktisch von überall darauf zugreifen. Sie können SharePoint Online auch zusammen mit Office 365 abonnieren.

Der zweite Cloud-Speicher von Microsoft ist standardmäßig in Office 2016 integriert. Bevor Sie das erste Mal auf SharePoint speichern, sollten Sie Office mit dem SharePoint-Dienst verbinden.

1 ▶ Gehen Sie unter *Datei* auf *Konto* und öffnen Sie die Auswahl unter *Dienst hinzufügen*.

2 ▶ Klicken Sie die Option *Speicher* an.

3 ▶ Wählen Sie dann *Office 365 SharePoint* aus.

4 ▶ Geben Sie die entsprechenden Daten bei *Einen Dienst hinzufügen* ein.

5 ▶ Über die Schaltfläche *Weiter* erscheint das Dialogfeldfeld *Bei Office anmelden*. Melden Sie sich mit Ihrer Benutzer-ID und Ihrem Kennwort für den Zugriff auf SharePoint an. Bei erfolgreicher Anmeldung wird im Bereich *Verbundene Dienste* Ihr SharePoint-Server angezeigt. In Excel 2016 wird der SharePoint-Server als zusätzlicher Speicherort eingeblendet.

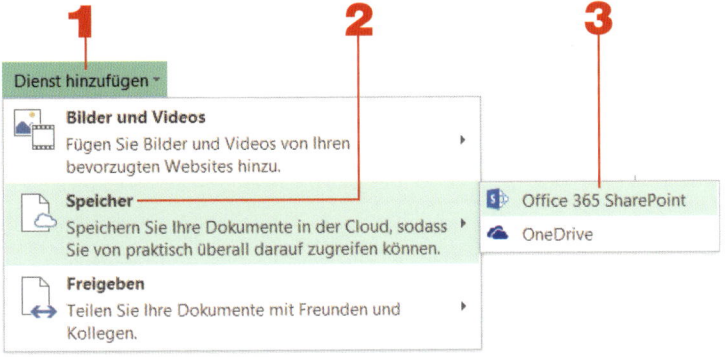

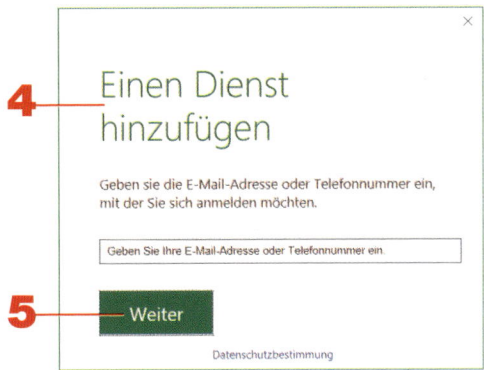

Das Kapitel im Überblick

▶ Nichts vergessen? Arbeitsmappe prüfen!

▶ Einen Kommentar einfügen

▶ Freigabe einer Arbeitsmappe

▶ Personen zur Bearbeitung einladen

▶ Einen Link versenden

▶ Mit Excel Online arbeiten

▶ Zu Excel Online einladen

▶ Arbeitsmappe für Facebook & Co. freigeben

▶ In einem Blog oder auf einer Webseite

▶ E-Mail-Anhang: PDF oder eine Kopie

Kalkulationen veröffentlichen

Besonders im Team muss der Informations- und Datenaustausch stimmen. In zahlreichen Firmen ist es üblich, dass einzelne Arbeitsmappen von mehreren Personen im Team bearbeitet, ergänzt und kommentiert werden. Die Arbeitsmappen werden dabei von Person zu Person weitergereicht.

Sie können die Arbeitsmappe auch »in der Wolke« mit Excel Online bearbeiten. Excel Online ist hinsichtlich der Funktionen natürlich eingeschränkter, reicht jedoch für die einfache Bearbeitung aus. So

können Sie auch drucken, kommentieren und die Arbeitsmappe für andere freigeben.

Dazu benötigen Sie ein Microsoft-Konto. Dort erstellen Sie einen Link zur jeweiligen Arbeitsmappe. Jeder Benutzer, der über diesen Link verfügt, kann sich die Arbeitsmappe in seinem Webbrowser anzeigen lassen. Damit Sie Arbeitsmappen in Ihrem Blog veröffentlichen können, benötigen Sie ein Blogkonto bei einem Blogdienstanbieter.

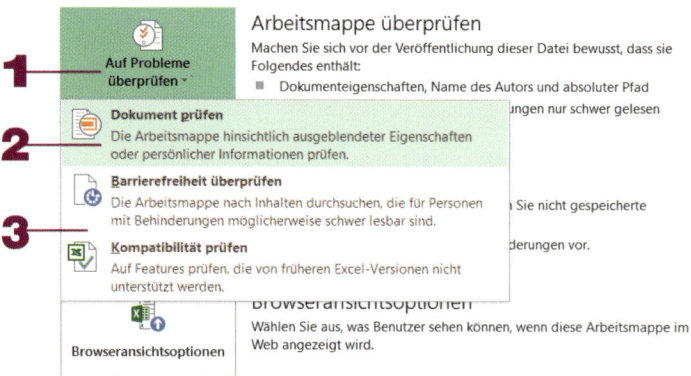

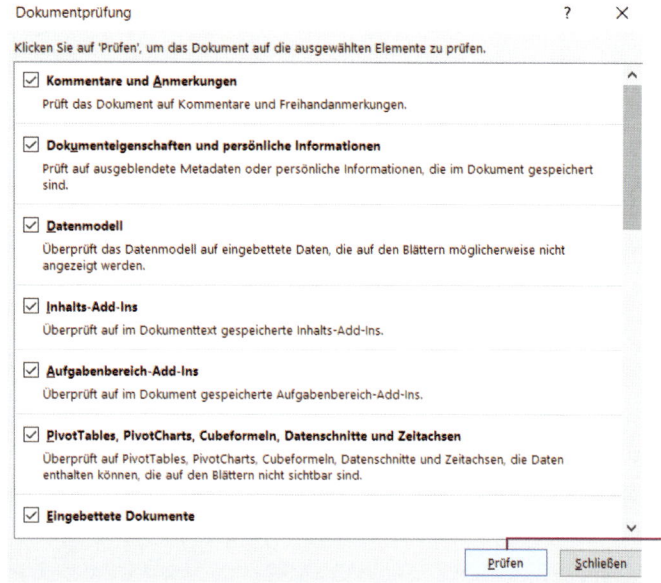

Nichts vergessen? Arbeitsmappe prüfen!

Bevor Sie eine Arbeitsmappe weiterleiten, sollten Sie sie erst mal prüfen lassen. Wie schnell können Sie in einer mehrseitigen Arbeitsmappe beispielsweise einen Kommentar von sich vergessen haben.

Bevor Sie die Arbeitsmappe jedoch prüfen, sollte sie gespeichert werden.

1 ▶ Unter *Datei* finden Sie bei *Informationen* die Schaltfläche *Auf Probleme überprüfen*.

2 ▶ Die Auswahl öffnet sich. Klicken Sie *Dokument prüfen* an.

3 ▶ Hier können Sie auch noch die Barrierefreiheit und die Kompatibilität überprüfen.

4 ▶ Klicken Sie auf die Schaltfläche *Prüfen* und das Ergebnis wird angezeigt.

> **TIPP** ➡ **Es empfiehlt sich, die Prüfung auf eine Kopie Ihrer ursprünglichen Arbeitsmappe anzuwenden, da es nicht immer möglich ist, die von der Prüfung entfernten Daten wiederherzustellen.**

Einen Kommentar einfügen

Platzieren Sie den Mauszeiger dort, wo Sie den Kommentar anzeigen lassen möchten, oder markieren Sie die entsprechende Stelle.

1 ▶ Holen Sie die Registerkarte *Überprüfen* in den Vordergrund.

2 ▶ Aktivieren Sie die Schaltfläche *Neuer Kommentar*.

3 ▶ Tippen Sie den Hinweistext ein.

4 ▶ Durch Anklicken der Option *Kommentar ein-/ausblenden* blenden Sie einen einzelnen Kommentar ein und aus.

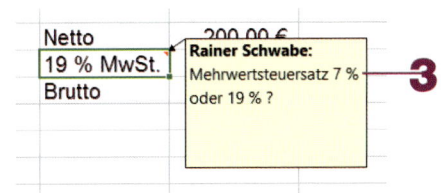

5 ▶ Über die Schaltfläche *Löschen* entfernen Sie Kommentare wieder.

6 ▶ Die Schaltflächen *Vorheriger* und *Nächster* sind dann ausführbar, sobald Sie Kommentare eingefügt haben. Damit navigieren Sie zwischen den Kommentaren hin und her.

7 ▶ Haben Sie die Texteingabe beendet, klicken Sie einfach wieder in das Tabellenblatt.

8 ▶ Sie erkennen an dem kleinen roten Dreieck in der Zelle, dass sich hier ein Kommentar befindet.

Freigabe einer Arbeitsmappe

Sie können in Excel 2016 auf einfachste Art und Weise Ihre Arbeitsmappen für andere auf SharePoint, OneDrive oder OneDrive for Business freigeben.

1 ▶ Zunächst müssen Sie die Arbeitsmappe in der Cloud speichern. Klicken Sie dazu oben rechts im Menüband auf die Schaltfläche *Freigeben*, öffnet sich der Aufgabenbereich *Freigeben*.

2 ▶ Falls Sie noch nicht in der Cloud gespeichert haben, holen Sie das nach.

3 ▶ Eine Arbeitsmappe freigeben können Sie auch unter *Datei/ Freigeben*.

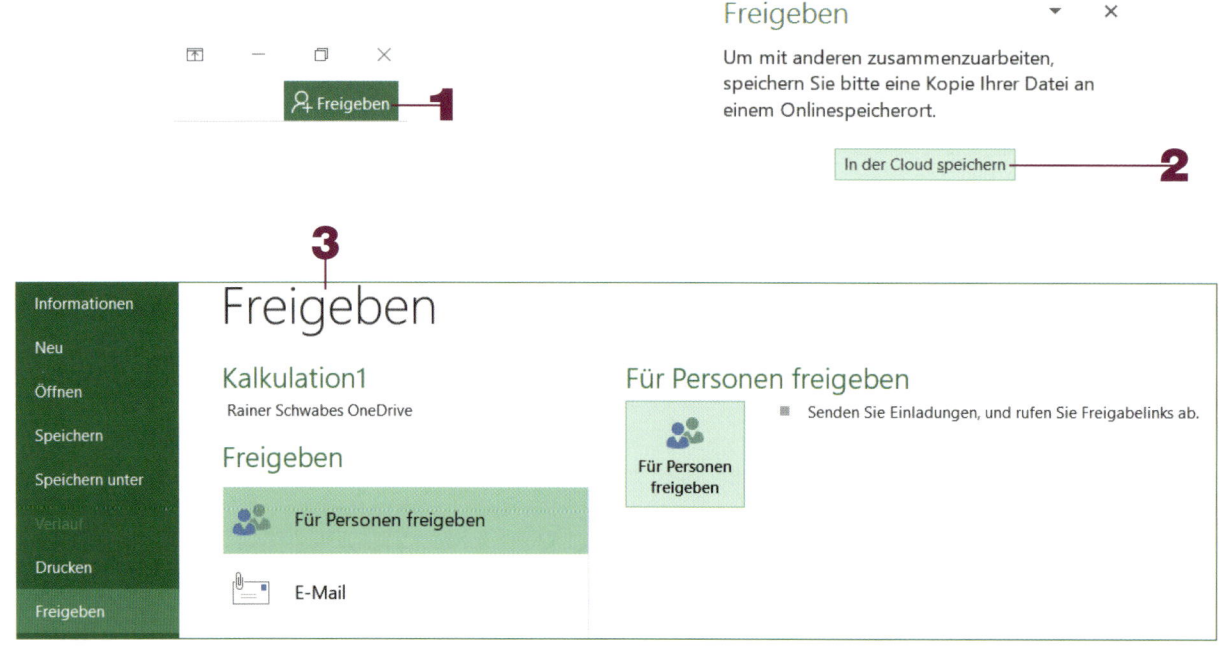

Personen zur Bearbeitung einladen

Nach der Speicherung der Arbeitsmappe können Sie andere dazu einladen, sie zu lesen bzw. zu bearbeiten.

1 ▶ Geben Sie im Eingabefeld unter *Personen einladen* die E-Mail-Adressen der Personen an, für die Sie die Arbeitsmappe freigeben möchten.

2 ▶ Wenn Sie die Kontaktdaten der Person bereits gespeichert haben, können Sie dazu auch Ihr Adressbuch nutzen.

> **TIPP** ➡ Wie Sie es auch von E-Mails kennen, trennen Sie bei mehreren Empfängern einzelne Namen oder E-Mail-Adressen durch ein Semikolon voneinander.

3 ▶ Wählen Sie die Berechtigungen aus, also ob die Arbeitsmappe nur angezeigt werden soll oder auch bearbeitet werden kann.

4 ▶ Tippen Sie ggf. eine Nachricht ein.

5 ▶ Versenden Sie die Freigabe der Arbeitsmappe mit Klick auf die Schaltfläche *Freigeben*.

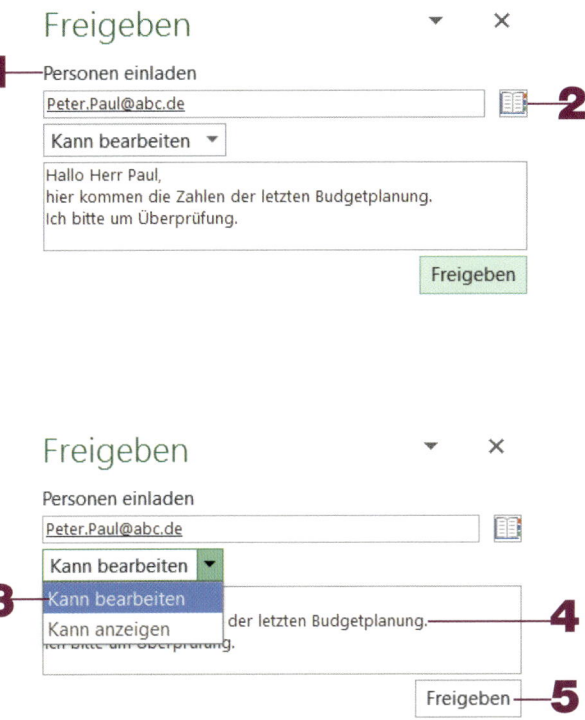

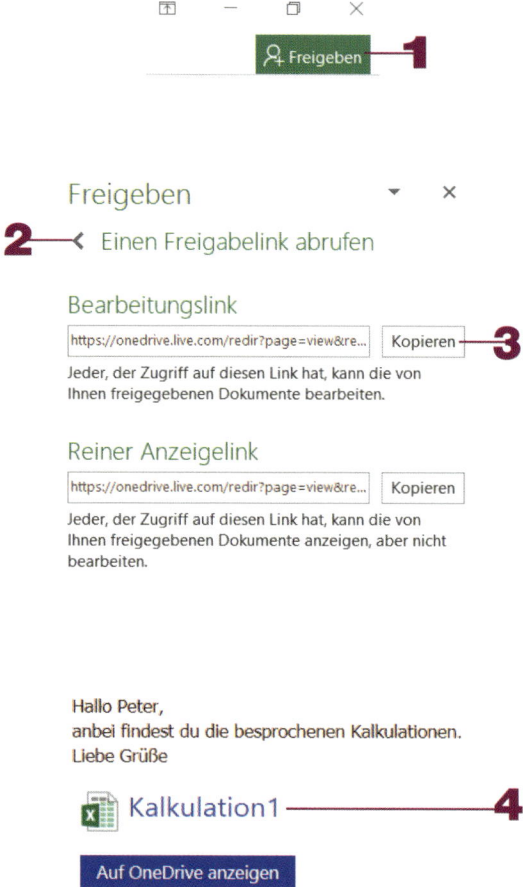

Einen Link versenden

Wenn Sie Personen aus Excel heraus einen Link zu Ihrer Arbeitsmappe senden möchten, geben Sie deren E-Mail-Adressen im Feld *Personen einladen* ein. Statt des E-Mail-Versands können Sie auch einen Freigabelink und dann einen Bearbeitungslink erstellen, den Sie senden können.

Sie können beide Links auch in eine E-Mail kopieren, falls Sie zum Beispiel E-Mails online über einen Server versenden.

1 ▶ Klicken Sie dazu oben rechts im Menüband auf die Schaltfläche *Freigeben*, dann öffnet sich der Aufgabenbereich *Freigeben*.

2 ▶ Tippen Sie Ihre Daten ein und klicken Sie auf *Einen Freigabelink abrufen*.

3 ▶ Sie können die einzelnen Links leicht kopieren.

4 ▶ Der Empfänger erhält diesen Link und klickt ihn an. Er kann die Arbeitsmappe sogar bearbeiten, ohne über Excel zu verfügen. Alles geht über Excel Online.

Wenn die Personen (Benutzer) dem Link folgen, wird die Arbeitsmappe in Excel (beachten Sie dabei die Excel-Version) oder im Webbrowser (Excel Online) geöffnet.

Mit Excel Online arbeiten

Sie können in Excel 2016 mit vielen Leuten gemeinsam an einer Arbeitsmappe arbeiten. Dazu nutzen Sie Microsofts Cloud-Speicher OneDrive. Die Zusammenarbeit in Echtzeit steht sowohl in der Home- als auch in den Business-Versionen von Office 2016 zur Verfügung.

Speichern Sie die Arbeitsmappe zuerst auf OneDrive oder Share-Point. Das ist, wie bereits erwähnt, die Voraussetzung.

1 ▶ Öffnen Sie eine Arbeitsmappe über OneDrive. Notfalls loggen Sie sich auf der Internetseite www.onedrive.de über *Anmelden* ein.

2 ▶ Sie können entscheiden, ob Sie die Arbeitsmappe in Excel (*In Excel bearbeiten*) direkt oder im Browser, also mit Excel Online, bearbeiten möchten.

WICHTIGE INFORMATION

Die Registerkarten in Excel Online bieten Ihnen zahlreiche Möglichkeiten der Bearbeitung, wie Sie es im Laufe des Buches bereits kennengelernt haben. Nur sind nicht alle Möglichkeiten vorhanden.

TIPP ➡ **Auf der Registerkarte *Überprüfen* können Sie auch bei Excel Online Kommentare einfügen und bearbeiten.**

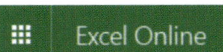

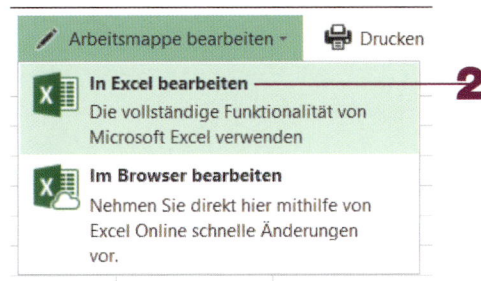

Zu Excel Online einladen

Laden Sie Personen zur gemeinsamen Bearbeitung einer Arbeitsmappe ein. Dazu nutzen Sie – auch bei Excel Online – die Schaltfläche *Freigeben* (ganz rechts oben).

1 ▶ Klicken Sie in Excel Online auf die Schaltfläche *Freigeben*.

2 ▶ Laden Sie die entsprechenden Personen ein, damit sie die Arbeitsmappe zusammen mit Ihnen bearbeiten können.

3 ▶ Geben Sie an, was und wie die Personen arbeiten können.

Die so eingeladenen Personen erhalten eine E-Mail mit einem Link zu Ihrer Arbeitsmappe. Sie können die Arbeitsmappe sogar bearbeiten, ohne direkt über Excel zu verfügen. Es läuft alles über Excel Online.

TIPP ➡ Am Rand der Arbeitsmappe werden alle Personen aufgeführt, die die Arbeitsmappe bearbeiten.

Arbeitsmappe für Facebook & Co. freigeben

Sie können in Excel Online Arbeitsmappen auch für Facebook und Twitter freigeben. Dazu müssen Sie den Link aufrufen.

1 ▶ Öffnen Sie die Auswahl in Excel Online über die Schaltfläche *Freigeben*.

2 ▶ Klicken Sie auf *Für andere Personen freigeben*.

3 ▶ Aktivieren Sie *Link abrufen*.

4 ▶ Sie erhalten einen Link, den Sie kopieren und in eine E-Mail, einen Blog oder auf einer Internetseite einfügen können. Dabei wird unterschieden, wie die Personen mit der Arbeitsmappe arbeiten können:

- Nur anzeigen

- Bearbeiten

5 ▶ Sie können hier aber auch direkt über das jeweilige Icon Facebook, Twitter und Co. ansteuern.

In einem Blog oder auf einer Webseite

Sie können eine Arbeitsmappe oder den entsprechenden Zellbereich durch einen Einbindungscode in Ihren Blog und/oder auf Ihrer Internetseite einbinden. Damit Sie Arbeitsmappen in Ihrem Blog veröffentlichen können, benötigen Sie ein Blogkonto bei einem Blogdienstanbieter.

1 ▶ Öffnen Sie in Excel Online die Auswahl über die Schaltfläche *Freigeben*.

2 ▶ Wählen Sie die Funktion *Einbetten* aus.

3 ▶ Unter *Das anzeigen* können Sie angeben, was angezeigt wird: die gesamte Arbeitsmappe oder nur bestimmte Zellbereiche.

4 ▶ Beachten Sie dazu die Vorschau.

5 ▶ Unter *Darstellung* geben Sie an, ob die Kalkulation über einen Downloadlink heruntergeladen werden kann.

6 ▶ Sie erhalten den Einbettungscode, den Sie kopieren und so in einen Blog oder auf einer Internetseite einbinden können.

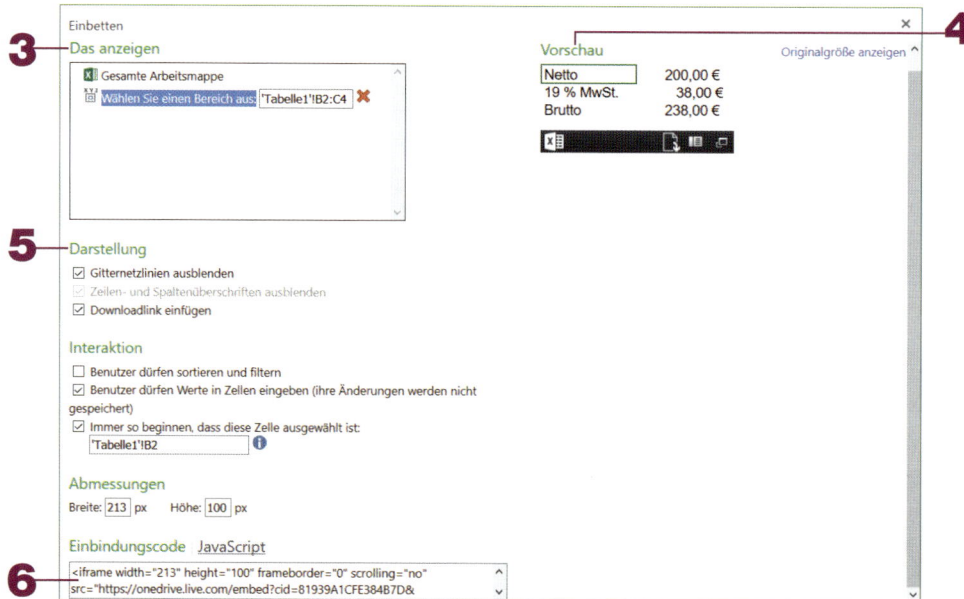

E-Mail-Anhang: PDF oder eine Kopie

Sie können aus einer Arbeitsmappe eine PDF-Datei erzeugen oder eine Kopie der Arbeitsmappe erstellen und als Anlage einer E-Mail hinzufügen, die Sie direkt versenden.

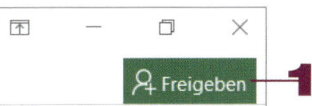

Diese Möglichkeit haben Sie jedoch nur, wenn Sie über ein **Office-365-Abonnement** verfügen. Sie sollten hier die neueste Office-Version nutzen.

1 ▶ Wenn Sie Ihre Arbeitsmappe als Kopie oder als PDF senden möchten, klicken Sie in der oberen rechten Ecke des Menübands wiederum auf die Schaltfläche *Freigeben*.

2 ▶ Wählen Sie hier die Option *Als Anlage senden*.

3 ▶ Was möchten Sie? Entscheiden Sie sich für *Kopie senden* oder *PDF-Datei senden*.

In Ihrem standardmäßigen E-Mail-Client wird eine neue E-Mail gestartet. Als Anlage ist bereits die PDF-Datei oder eine Kopie Ihrer Arbeitsmappe angefügt.

Geben Sie nun die Mailadresse des Empfängers an, schreiben Sie eine Textnachricht und senden Sie die Mail.

Das Kapitel im Überblick

▶ Praktische Vorlagen

▶ Alles auf Vorlage legen!

▶ Mal die Rechnung vormachen

▶ Eine Vorlage erstellen

▶ Eigene Vorlagen öffnen

▶ Add-ins hinzufügen

Schnell mit Vorlagen

Vorlagen garantieren ein einheitliches Aussehen und erleichtern die tägliche Routinearbeit, denn Sie müssen die Eingaben nicht jedes Mal neu vornehmen.

Eine Vielzahl weiterer Vorlagen bekommen Sie auf der Microsoft-Website Office.com. Über das Eingabefeld *Nach Onlinevorlagen su-* *chen* können Sie nach weiteren Vorlagen suchen. Dazu geben Sie den Suchbegriff in das Suchfeld ein oder klicken auf eines der Stichwörter unter dem Suchfeld.

Zudem können Sie Excel über Add-ins um ein paar Funktionen erweitern.

Familienkalender (...

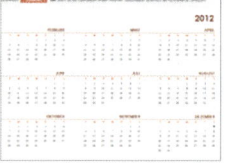

Kalender für die Wo...

Ganzjahreskalender

Schulferienkalen...

Schulkalender (Mo)

Schulkalender

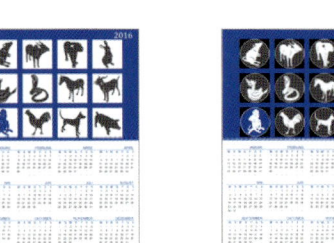

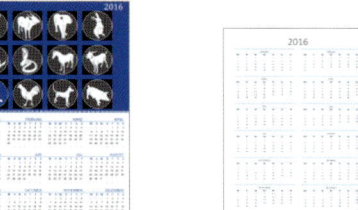

Praktische Vorlagen

Unter *Datei/Neu* finden Sie diverse Vorlagen. Hier steht eine Vielzahl von Rechnungen, Analysen, Berichten und vieles mehr für Sie bereit.

Die Vorlagen sind leicht zu handhaben. Sie bestehen meistens aus formatierten Zellen. Diese können Sie leicht bearbeiten.

Excel liefert auch einige Vorlagen für Kalender. Sie brauchen hier nur die Kategorie *Kalender* anzugeben. Dann werden Ihnen mehrere Vorschläge angezeigt.

Auch für Liebhaber von Tierkreiszeichen ist etwas dabei.

TIPP ➡ Beachten Sie aber, dass einige Vorlagen im Kompatibilitätsmodus (Excel 97 bis 2003) verfasst sind.

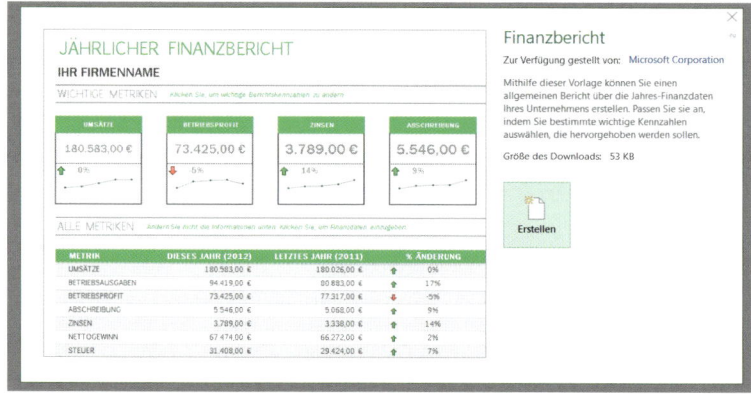

Alles auf Vorlage legen!

Eine Vielzahl weiterer Vorlagen steht für Sie auf der Microsoft-Website Office.com zur Verwendung bereit. Über das Eingabefeld *Nach Onlinevorlagen suchen* können Sie nach weiteren Vorlagen suchen. Dazu geben Sie den Suchbegriff in das Suchfeld ein oder klicken auf eines der Stichwörter unter dem Suchfeld. Wenn Sie in der Liste mit den Suchergebnissen eine geeignete Vorlage sehen, klicken Sie die Miniaturansicht an, um eine größere Vorschau und weitere Informationen zur Vorlage einzublenden. Um eine neue Arbeitsmappe mit der gewünschten Vorlage zu erstellen, klicken Sie auf die Schaltfläche *Erstellen*.

1 ▶ Klicken Sie unter *Datei* auf *Neu*. Suchen Sie dann Ihre Dokumentvorlage aus.

2 ▶ Klicken Sie mit der rechten Maustaste auf die Miniaturansicht der Vorlage, erhalten Sie eine kleine Menüauswahl.

Excel öffnet auf Basis der Vorlage eine eigene Arbeitsmappe. Bei Änderungen bleibt die Vorlage also unberührt. Tragen Sie Daten ein, speichern Sie die Datei und nicht die Vorlage.

WICHTIGE INFORMATION

Eine heruntergeladene Vorlage wird in Excel archiviert. Sie finden diese dann unter *Datei* und *Neu*.

TIPP ➡ Sie sollten ab und zu auf der Internetseite *www.office.com* vorbeischauen. Hier finden Sie aktualisierte Vorlagen, die nicht immer über *Datei/Neu* (auch nicht über die Onlinesuche) angezeigt werden.

Empfohlene Excel-Vorlagen

Neu

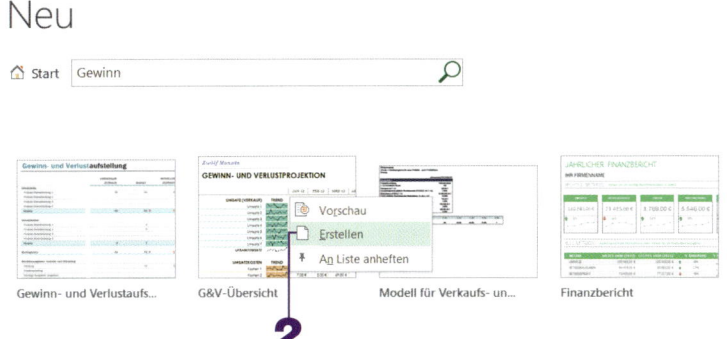

Mal die Rechnung vormachen

Sie brauchen ein Rechnungsformular? Warum sich extra die Mühe machen, eines zu entwerfen? Nutzen Sie die Vorlagen in Excel.

1 ▶ Öffnen Sie den Menüpunkt *Datei* und wählen Sie die Option *Neu*.

2 ▶ Geben Sie als Suchbegriff *Rechnung* ein und starten Sie die Suche.

3 ▶ Mit einem Mausklick steht Ihnen das ausgewählte Rechnungs-formular zur Verfügung.

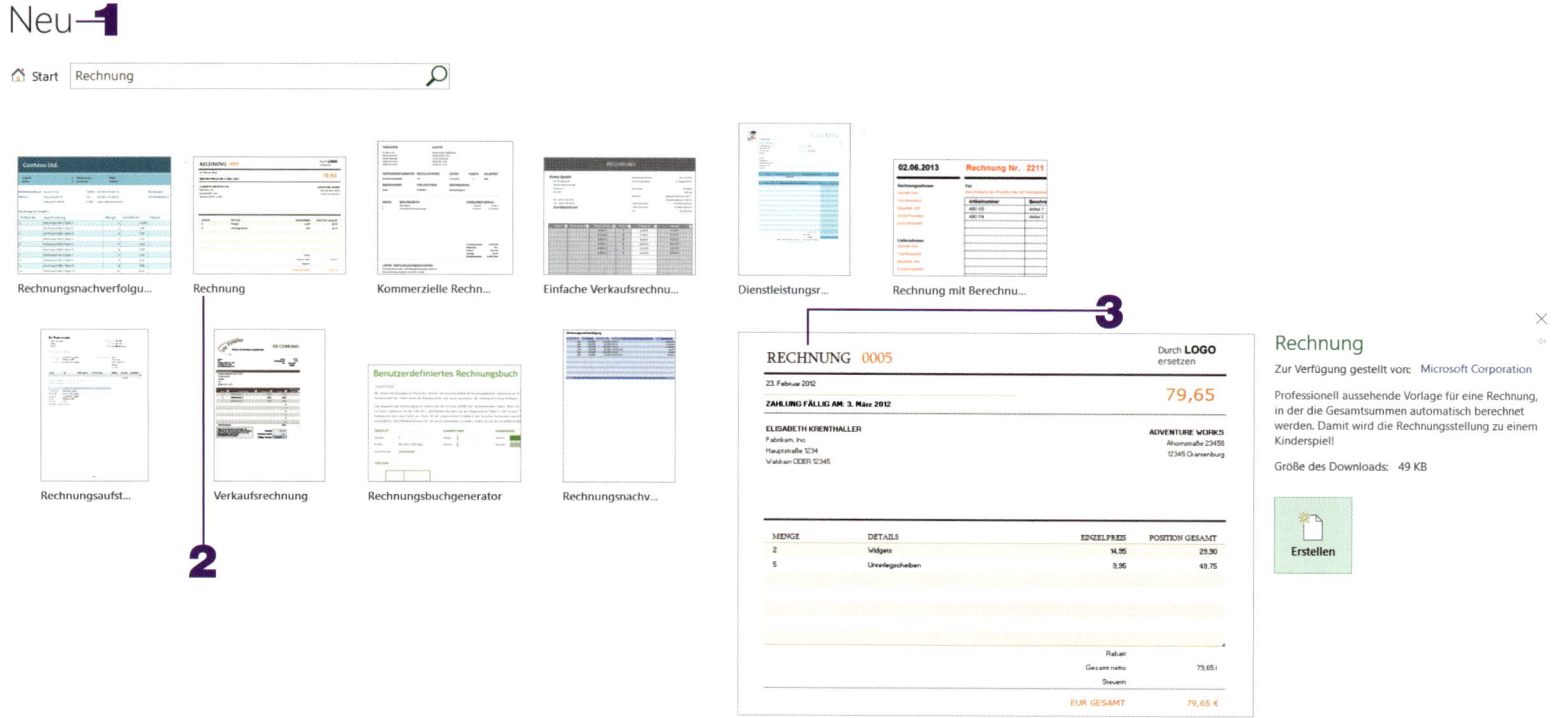

Eine Vorlage erstellen

Einmal erstellt, können Vorlagen immer wieder verwendet werden. Das Erstellen einer Vorlage gleicht im Wesentlichen dem Erstellen einer »normalen« Arbeitsmappe. Vorlagen in Excel 2016 enden übrigens auf *.xltx*, während die Vorlagen aus älteren Versionen auf *.xlt* enden.

Um eine selbst angefertigte Vorlage zu speichern, verwenden Sie das Dialogfeld *Speichern unter*.

1 ▶ Starten Sie das Dialogfeld *Speichern unter* mit der Taste F12. Legen Sie als Dateityp *Excel-Vorlage* fest.

2 ▶ Sobald Sie im Dialogfeld als Dateityp *Excel-Vorlage* angeben, springt Excel automatisch in einen voreingestellten Ordner. Diesen finden Sie unter *Dokumente*.

3 ▶ Vergeben Sie einen Namen für die Excel-Vorlage und klicken Sie auf die Schaltfläche *Speichern*.

4 ▶ Gehen Sie den Weg über *Datei* und *Speichern unter*, können Sie bei *Dateityp* auch *Excel-Vorlage* auswählen.

5 ▶ Sobald Sie die aktivieren, erscheint ein Hinweis auf den empfohlenen Speicherort. Klicken Sie darauf, um in das Verzeichnis für Vorlagen zu gelangen.

> **TIPP** ➡ Sie können Arbeitsmappen schnell in Vorlagen ändern. Wählen Sie unter *Datei* die *Optionen*. Geben Sie *Exportieren* an. Wählen Sie *Dateityp ändern*.

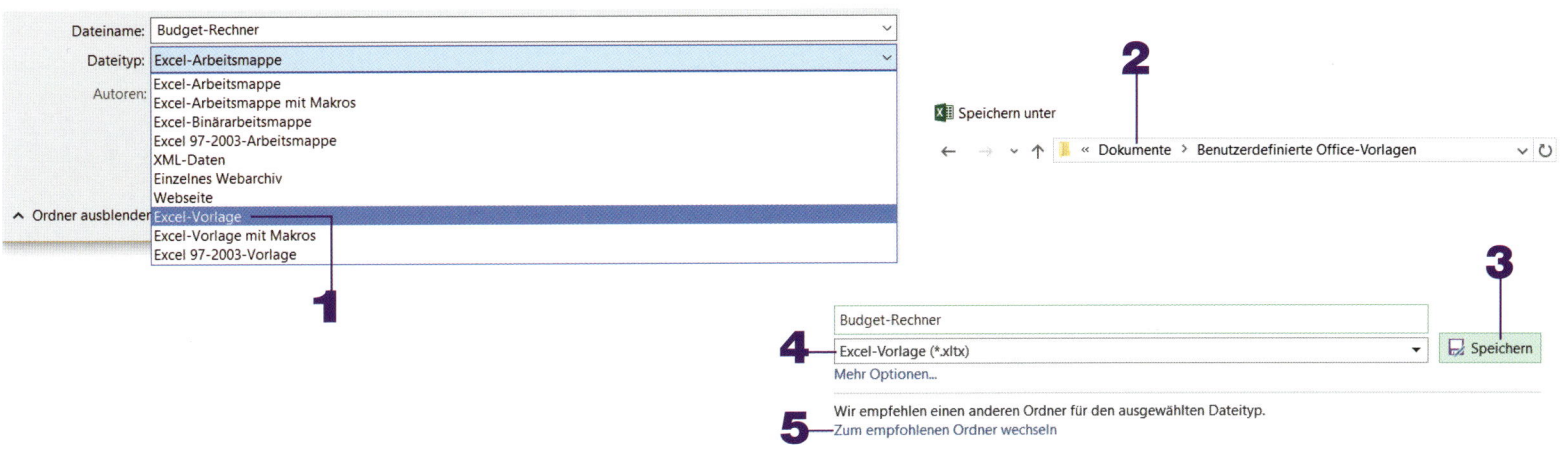

Eigene Vorlagen öffnen

Möchten Sie Ihre eigenen Vorlagen öffnen? Dazu sind sie ja auch da. Sie befinden sich – wie andere Vorlagen auch – unter *Datei/Neu*.

1▶ Klicken Sie unter *Datei* auf *Neu*.

2▶ Die Option *Persönlich* steht Ihnen nun als Auswahl zur Verfügung.

3▶ Ihre selbst erstellten Vorlagen werden angezeigt. Mit einem Doppelklick starten Sie diese Vorlage. Sie lässt sich nun auf dem gewohnten Weg nutzen.

TIPP ➡ Wenn Sie im Laufe der Zeit viele Vorlagen erstellen, kann es im Vorlagenordner unübersichtlich werden. Wenn Sie im Vorlagenordner weitere Ordner anlegen, erscheinen diese unter *Neu*. Ein Unterordner wird nur angezeigt, wenn sich mindestens eine Vorlage darin befindet bzw. gespeichert ist.

Eigene Vorlagen können Sie auch in Ihrem eigenen Ordner speichern. Diesen eigenen Standardspeicherort für Ihre Vorlagen sollten Sie unter den *Excel-Optionen* bestimmen.

4▶ Wählen Sie unter *Datei* die *Optionen*. Aktivieren Sie *Speichern*.

5▶ Geben Sie unter *Arbeitsmappen speichern* den *Standardspeicherort für persönlichen Vorlagen* an. Bestätigen Sie mit der Schaltfläche *OK*.

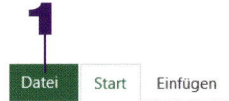

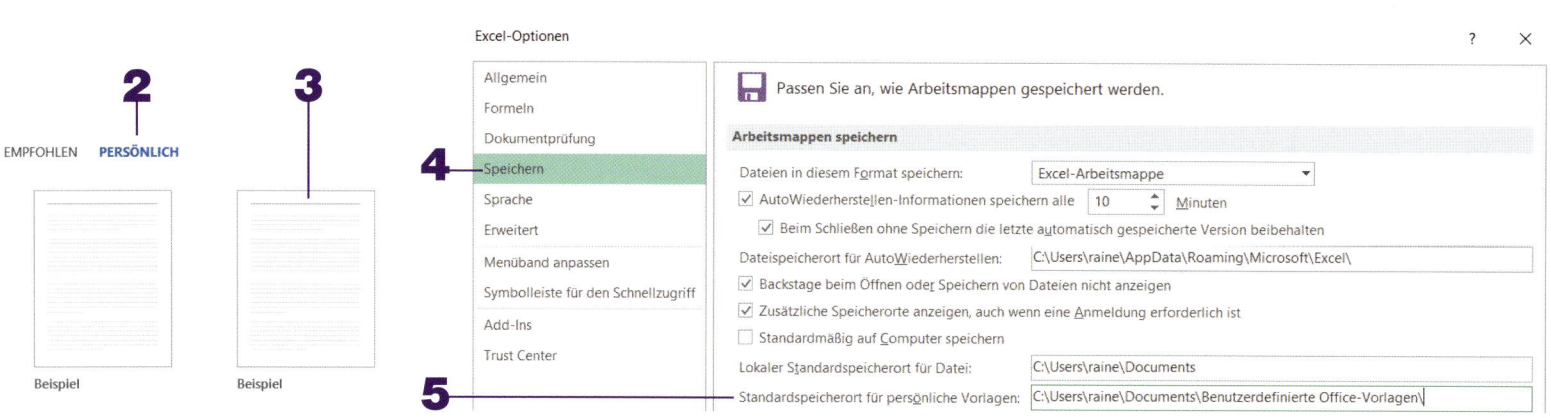

Add-ins hinzufügen

Über ein Add-in werden zusätzliche Funktionen installiert. Sie können verschiedene neue oder aktualisierte Funktionen unterstützen.

1 ▶ Starten Sie unter *Datei* die *Optionen*. In den *Excel-Optionen* wechseln Sie zur Kategorie *Add-Ins*.

2 ▶ Wählen Sie bei *Verwalten* den Eintrag *Excel-Add-Ins*.

3 ▶ Klicken Sie auf die Schaltfläche *Los*.

4 ▶ Sie können die einzelnen Add-ins per Mausklick aktivieren.

5 ▶ Beachten Sie unten die jeweilige Erklärung, was das entsprechende Add-in ausführt.

6 ▶ Bestätigen Sie mit der Schaltfläche *OK*.

Auf dem gleichen Weg deaktivieren Sie diese Add-ins auch wieder.

WICHTIGE INFORMATION

Die entsprechenden Schaltflächen zum Ausführen werden im Menüband angelegt. Die Schaltfläche *Solver* wird auf der Registerkarte *Daten* angelegt. Die übrigen hier gezeigten Add-ins finden Sie auf der Registerkarte *Formeln*.

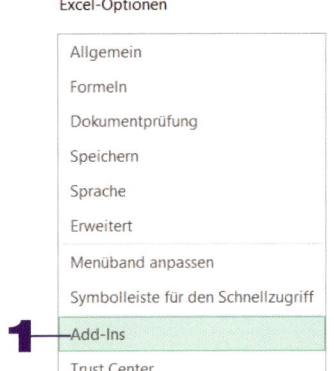

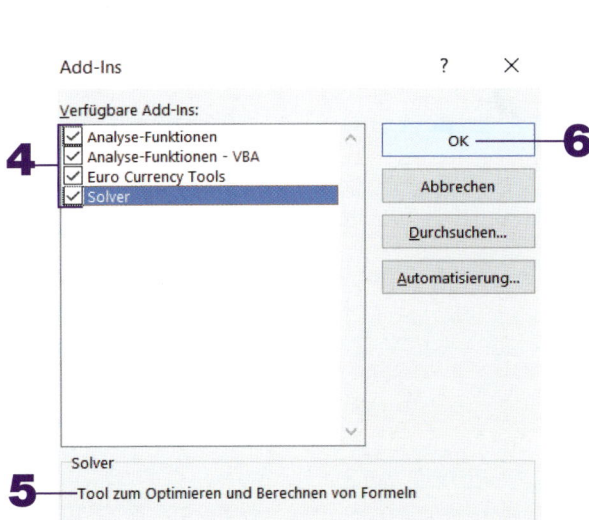

Das Kapitel im Überblick

▶ Was heißt in Excel wie?

▶ Excel-Tastenkombinationen

▶ Fehlerübersicht in Excel

▶ Die Schnellübersicht – Funktionen von A bis Z

▶ Praktisch: neue Funktionen

▶ Der Mauszeiger und sein Aussehen

▶ 3D-Weltkarte

Anhang

Im letzten Kapitel finden Sie zusätzliche Informationen für das Arbeiten mit Excel. Zunächst werden wichtige Excel-Begriffe erläutert. Diverse Tastenkombinationen erleichtern Ihnen den Umgang mit dem Kalkulationsprogramm, da Sie damit viele Funktionen noch einfacher aufrufen können als über die Menüs. Die Fehlerübersicht sowie die Funktionsübersicht dienen zum schnellen Nachschlagen, wenn eine Fehlermeldung auftaucht, die Sie nicht einordnen können, oder wenn Sie eine bestimmte Funktion nicht lange suchen möchten.

Was heißt in Excel wie?

Absolute Feldbezüge

Feldbezüge sind von Bedeutung, wenn Sie Formeln kopieren. Beim absoluten Feldbezug nimmt Excel – im Gegensatz zum relativen Feldbezug – auf ein und dieselbe Zelle Bezug.

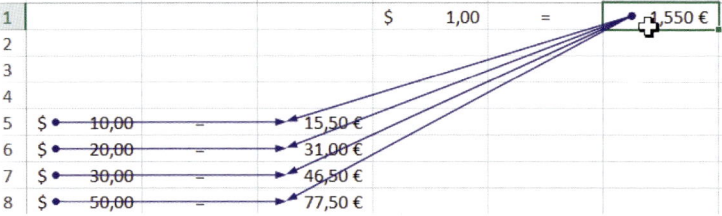

Arbeitsblatt

Ein Arbeitsblatt, auch Tabellenblatt, umfasst Zeilen und Spalten. Es handelt sich hierbei sozusagen um die Grundlage, auf der Sie mit Excel arbeiten.

Arbeitsmappe

In Excel bezeichnet man die Blätter, die Sie bearbeiten, als Arbeitsmappe.

Ausschneiden

Ausschneiden transportiert den Inhalt der markierten Zellen oder die markierten Objekte in die Zwischenablage, von wo sie in andere Zellen oder Zellbereiche, aber auch in andere Programmfenster geholt werden können. Im Gegensatz zum Kopieren wird das Original dabei gelöscht.

AutoAusfüll-Funktion

Tippen Sie die Eingaben ein. Sie erkennen, dass Sie ein Wort nur einmal neu schreiben müssen, beim zweiten Mal erscheint es nach wenigen Zeichen automatisch als Vorschlag. Sie übernehmen den vorgeschlagenen Ausdruck mit der [↵]-Taste. Achtung: Diese Funktion ist nur in Spalten verfügbar und nur dann, wenn sich zwischen den bereits eingegebenen Daten und der aktuellen Zelle keine Leerzeile befindet. Die Funktion kann auch nicht ausgeführt werden, wenn es sich bei der Dateneingabe um Zahlen, Datums- oder Zeitwerte handelt. Excel »erkennt« Begriffe anhand der Buchstabenfolge.

Bearbeitungsleiste

Sie erkennen hier den Inhalt der aktiven Zelle und bearbeiten Zelleneingaben (Texte, Zahlen, Formeln).

| × | ✓ | f_x | =A8*$F$1 |

Bedingung

Mit einer Bedingung formulieren Sie einen Ausdruck. Voraussetzung für das Ausführen der Anweisungen, die dieser Bedingung zugeordnet sind, ist, dass der Ausdruck WAHR ist. Wenn der Ausdruck nicht WAHR ist, werden die Anweisungen entweder übersprungen oder es werden Alternativanweisungen ausgeführt. Eine Bedingung definieren Sie in Excel mit der Funktion *WENN()*.

Bereichsadresse

Die Bereichsadresse besteht aus den Koordinaten eines Zellbereichs. So kann ein Bereich beispielsweise *C3:C5* lauten.

Bezug

Unter Bezug versteht man eine Zelladresse oder einen Zellbereich in der Tabelle. Es wird zwischen absoluten und relativen Bezügen unterschieden.

Absolut bedeutet, dass die Zelle oder der Bereich selbst gemeint ist, während der relative Bezug nur den Weg zu dieser Zelle festhält. Die Absolut-Schreibweise verwendet man, damit sich Zellbezüge beim Kopieren nicht verändern.

Bildlaufleiste

Um innerhalb eines Arbeitsblatts schneller zu blättern (scrollen, rollen), bedient man sich der Bildlaufleisten am rechten und unteren Bildschirmrand.

Blattregister

Befinden sich am unteren Bildschirmrand und zeigen die Namen der Arbeitsblätter der Mappe an.

Datei

Alles, was Sie mit einem Windows-Programm wie Excel oder Word erstellen und abspeichern, wird zu einer Datei.

Dialogfelder

Sie dienen der Eingabe von Daten und für die Auswahl von Befehlen. Es findet also zwischen Ihnen – als Anwender – und Excel ein Dialog statt.

Drag-and-drop

Englische Bezeichnung für »Ziehen und Ablegen«. Grafische Benutzeroberflächen wie Windows bieten dieses Verfahren an, das es ermöglicht, den Mauszeiger auf ein Symbol zu bewegen, die linke

Maustaste zu drücken und zu halten, bis das Symbol an eine andere Stelle bewegt und abgelegt wird.

Ergebnis

Das Ergebnis einer Formel wird immer in der Zelle angezeigt, in der sich die Formel befindet.

Fehlerwerte

Ein Wert, den Excel in einer Zelle ausgibt, wenn die dort enthaltene Formel kein korrektes Ergebnis liefern kann, weil die Formel entweder einen logischen Fehler enthält oder die Bezüge auf Zellen mit dem falschen Datentyp bzw. auf leere Zellen hinweisen. Ein Fehlerwert beginnt in Excel immer mit dem Zeichen #.

Formatierung

Bestimmt das Aussehen (u. a. fett, kursiv, Schriftart) eines Textes auf dem Bildschirm und beim Drucken.

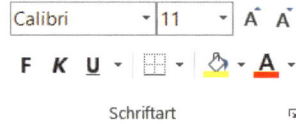

Formel

In Excel eine mit Gleichheitszeichen angegebene Berechnung.

Funktion

Zur Berechnung bestimmter mathematischer Aufgaben werden Formeln eingesetzt.

Kalkulation

Berechnung, kommt vom lateinischen »calculatio«.

Kontextmenü

Wird die rechte Maustaste gedrückt, öffnet sich ein Kontextmenü. Der Name besagt, dass die Zusammenstellung der einzelnen Menüpunkte davon abhängig ist, in welchem Kontext bzw. in welcher Arbeitssituation die rechte Maustaste gedrückt wird.

Legende

Als Legende bezeichnet man die Erklärungen der Darstellungen in einem Diagramm.

Makro

Aufeinanderfolge aufgezeichneter oder geschriebener Befehle, die Aktionen auslösen und durch den Aufruf nacheinander abgearbeitet werden.

Menüband

Auf dem Menüband sind Befehle verfügbar. Abhängig von der gerade ausgeführten Aufgabe werden die erforderlichen Befehle mit speziellen Kontextregisterkarten zusätzlich hervorgehoben.

Mustervorlagen

Sie enthalten vorbereitete Tabellenblätter und werden als Unterlage für neue Arbeitsmappen verwendet.

Operator

Ein Operator ist ein Zeichen, mit dem bestimmt wird, wie zwei Ausdrücke (beispielsweise Zahlen) miteinander verbunden oder verglichen werden sollen.

Option

Verändert die Einstellungen von Excel 2016. Meistens wird sie auf einer Registerkarte aktiviert.

Rückgängig

Über diese Schaltfläche wird Ihr zuletzt getätigter Arbeitsschritt rückgängig gemacht. Mit jedem Anklicken wird ein weiterer Arbeitsschritt aufgehoben.

Skalierung

Mithilfe der Skalierung werden in Excel die Skalenabstände der Achsen eines Diagramms festgelegt. Selbstverständlich ändert sich dadurch auch die Darstellungsgröße der Diagrammelemente.

Spalte

Eine Spalte bezeichnet die vertikale Ebene einer Tabelle. Sie werden durch Buchstaben adressiert: A, B, C etc.

Summe

Die Standardfunktion der Excel-Tabelle, für die eine eigene Schaltfläche verfügbar ist. Setzen Sie den Zellzeiger unter oder neben den Bereich, den Sie summieren wollen, und klicken Sie auf das Sigma-Zeichen.

Excel markiert automatisch den zu summierenden Bereich, den Sie mit einem weiteren Klick bestätigen.

Die Funktion lautet:
=SUMME(Bereich)

Um mehr als einen Bereich zu summieren, geben Sie die Bereiche mit dem Trennzeichen Semikolon an:
=SUMME(Bereich1; Bereich2)

Symbolleiste für den Schnellzugriff

In dieser Leiste stellen Sie sich Ihre Befehle anhand von Symbolen selbst zusammen. Abhängig davon, was Sie häufig benötigen, platzieren Sie den Befehl in der Symbolleiste und können ihn so über das Symbol schnell ausführen.

Syntax

Bezeichnung für den Aufbau einer Formel.

Tastenkombination

Sie drücken erst die eine Taste, halten sie fest und betätigen dann die zweite. Dadurch wird eine bestimmte Funktion ausgeführt.

Verzeichnis

Verzeichnisse sind wie die Schubladen eines Schranks (= Festplatte). Alle Dateien, die zusammengehören, kommen in dieselbe Schublade (= Verzeichnis).

Zellbereich

Mehrere Zellen zusammen bilden einen Bereich.

Zellen

Die Felder, wo Spalten und Zeilen sich treffen, bezeichnet man in Excel als Zellen.

Zirkelbezüge

Sobald sich eine Formel direkt oder indirekt auf eine Zelle bezieht, die diese Formel enthält, spricht man von einem Zirkelbezug.

Zoom

Mit der Zoomfunktion von Excel vergrößern oder verkleinern Sie die Draufsicht auf das jeweilige Arbeitsblatt.

Excel-Tastenkombinationen

Die Handhabung in Excel kann mit ein paar Tasten so schnell sein, denn Sie wissen ja, schneller Arbeiten mehr Freizeit oder noch mehr Arbeit? Das hängt ganz von Ihnen ab!

Tastenkombination	Erklärung
Strg+A	Alles markieren
Strg+N	Arbeitsmappe neu
Strg+O	Arbeitsmappe öffnen
Strg+W oder Strg+F4	Arbeitsmappe schließen
Strg+S	Arbeitsmappe speichern
F12	Arbeitsmappe speichern unter
Strg+⇄	Arbeitsmappe wechseln
Strg+Z	Befehl rückgängig machen
Strg+Y	Befehl wiederholen bzw. rückgängig gemachten Befehl wiederherstellen
F4	Befehl wiederholen
Strg+.	Datum einfügen
Alt+F1	Diagramm innerhalb des Tabellenblatts erstellen

Tastenkombination	Erklärung
F11	Diagramm auf neuem Tabellenblatt einfügen
Strg+F2 oder Strg+P	Drucken, Seitenansicht
Strg+5	Durchstreichen
Alt+F4	Excel beenden
Alt+D+O	Excel-Optionen aufrufen
Alt+D+R	Exportieren
Strg+F10	Fenster minimieren/maximieren
Strg+⇧+F oder Strg+2	Fettschrift
Strg+⇧+5 oder Alt+R+P	Format: Prozent
Strg+⇧+6	Format: Standardzahlenformat
Strg+⇧+1	Format: Tausendertrennzeichen

Tastenkombination	Erklärung
Strg+⇧+4	Format: Währungsformat
F2	Formel für aktive Zelle einblenden
⇧+F3	Funktions-Assistenten starten
F5	Gehe zu
Strg+K	Link einfügen
Strg+⇧+K oder Strg+3	Kursivschrift
Alt+F8	Makros: Bearbeiten
Alt+F4	Makros: Visual Basic-Editor beenden
Alt+F11	Makros: Visual Basic-Editor starten
Strg+8	Markierte Spalten ausblenden
Strg+⇧+↵	Matrixformel angeben
Alt+I	Menü *Einfügen*: Tastenkombinationen einblenden
Strg+F1	Menüband einblenden bzw. ausblenden
Alt oder F10	Menüband: Tastenkombinationen anzeigen

Tastenkombination	Erklärung
Strg+F3	Namens-Manager starten
Strg+N	Neue Arbeitsmappe
⇧+F11	Neues Tabellenblatt anlegen
Alt+N+P	PivotTable-/PivotChart-Assistenten starten
Strg+⇧+5 oder Alt+R+P	Prozentformat
Strg+⇧+<	Rahmen entfernen
Strg+⇧+-	Rahmen setzen
Strg+F2 oder Strg+P	Seitenansicht, Druckoptionen
Strg+8	Spalte ausblenden
Strg+⇧+8	Spalte wieder einblenden
Strg+␣	Spalte markieren
Strg+S	Speichern
F12	Speichern unter
Strg+⇧+6	Standardzahlenformat

Tastenkombination	Erklärung
Strg+F	Suchen und Ersetzen, Register *Suchen*
Strg+H	Suchen und Ersetzen, Register *Ersetzen*
Strg+L oder Strg+T	*Tabelle erstellen*-Dialogfenster aufrufen
Strg+⇧+\+	Tabelle markieren
Strg+⇧+Ende	Tabelle markieren ab markiertem Objekt
Strg+⇧+☐	Tabellenblatt markieren, sofern ein Objekt markiert ist
Strg+⇧+1	Tausendertrennzeichen mit zwei Dezimalstellen
Strg+⇧+.	Uhrzeit einfügen
Strg+⇧+U oder Strg+4	Unterstreichen
Strg+⇧+4	Währungsformat
Strg+9	Zeile ausblenden
Strg+⇧+9	Zeile wieder einblenden
Strg+\+	Zeile einfügen

Tastenkombination	Erklärung
Strg+-	Zeile löschen
⇧+☐	Zeile markieren
Strg+1	*Zellen formatieren*-Dialogfeld aufrufen
Strg+⇧+<	Zellen: Rahmen entfernen
Strg+⇧+-	Zellen: Rahmen setzen
⇩ 2	Zellinhalt der ausgewählten Zelle bearbeiten
Strg+⇧+F6	Zur vorherigen Arbeitsmappe wechseln
Strg+F6	Zwischen mehreren Arbeitsmappen wechseln
Strg+Bild↑/Bild↓	Zwischen Tabellenblättern navigieren

Fehlerübersicht in Excel

Auf die Meldung kommt es an. Fehlermeldungen beginnen immer mit dem Zeichen #. Excel führt sie in der Zelle auf, deren Formel bzw. Anweisung nicht ausgeführt werden konnte.

Meldung	Bedeutung	Korrekturvorschlag
########	Die Spalte ist zu schmal, um den Ausdruck/Wert darzustellen.	Vergrößern Sie die Spaltenbreite.
#Div/0!	Mathematisch nicht korrekt: Keine Zahl darf durch den Wert 0 dividiert werden.	Überprüfen Sie die Zelleninhalte. Alle Werte müssen größer als 0 sein.
#Name?	Excel kennt den Text in einer Formel nicht.	Sie haben einen falschen Namen (für Zellen/Zellbereiche) angegeben. Korrigieren Sie ihn in der Bearbeitungsleiste.
#Null!	Die einzelnen Zellen bzw. Zellbereiche stimmen nicht überein.	Überprüfen Sie die Zeichen in der Formel bzw. Funktion (; :) oder die Zellenangaben (A1, B2, C3 usw.).
#NV	Ein Wert in einer Funktion oder in einer Formel ist nicht verfügbar.	Kontrollieren Sie die Inhalte der Funktion, Formel oder Zellen.
#WERT!	Die Formel bzw. Funktion kann aufgrund einer falschen Angabe nicht ausgeführt werden.	Möglicherweise haben Sie einen Text statt einer Zahl angegeben.
#ZAHL!	Problem mit einer Zahl	Kontrollieren Sie die Zahlenwerte in der Formel, Funktion oder in den Zellen.

Die Schnellübersicht – Funktionen von A bis Z

Wie und wo aktivieren Sie eine Funktion, blenden eine Option ein und aus? Hier finden Sie die Gesamtübersicht dazu: von A bis Z dargestellt. Bedenken Sie: Es gibt viele Wege, die zu einem Ziel führen. Hier ist immer nur einer aufgeführt. Gelegentlich sind Tastenkombinationen schneller.

Funktion	Aktivieren
Add-ins hinzufügen	*Datei/Optionen/Add-Ins/Verwalten* > Option *Excel-Add-Ins*, Schaltfläche *Los*
Arbeitsmappe freigeben	*Datei/Freigeben*
Arbeitsmappe prüfen	*Datei/Informationen* > Schaltfläche *Auf Probleme überprüfen*
Aufzählungen erstellen	Aufzählung erstellen > *Datei/Optionen/Erweitert* > Schaltfläche *Benutzerdefinierte Listen bearbeiten* > Schaltfläche *Importieren* > OK
Ausschneiden	Registerkarte *Start* > Schaltfläche *Ausschneiden*
AutoSumme	Registerkarte *Start* > Schaltfläche *AutoSumme*
Barrierefreiheit prüfen	*Datei/Informationen* > Schaltfläche *Auf Probleme überprüfen* > *Dokument prüfen* > *Barrierefreiheit* > Schaltfläche *Prüfen*
Bearbeitungen einschränken	Registerkarte *Überprüfen* > Schaltfläche *Arbeitsmappe schützen*
Bearbeitungsleiste ein- und ausblenden	Registerkarte *Ansicht*
Bedingte Formatierungen	Registerkarte *Start* > Schaltfläche *Bedingte Formatierung*
Bilder als Hintergrund	Registerkarte *Seitenlayout* > Schaltfläche *Hintergrund* > Speicherort und das Bild aktivieren
Blatt schützen	Registerkarte *Überprüfen* > Schaltfläche *Arbeitsmappe schützen* > Schaltfläche *Blatt schützen*

Funktion	Aktivieren
Blog einbetten	Excel Online > Schaltfläche *Freigeben* > *Einbetten* > Einbettungscode kopieren
Dateityp ändern	*Datei/Exportieren/Dateityp ändern*
Daten filtern	Registerkarte *Daten* > Schaltfläche *Filtern*
Datenschnitt	*Einfügen/Tabelle* > Registerkarte *Tabellentools/Entwurf* > Schaltfläche *Datenschnitt einfügen*
Datenüberprüfung	Registerkarte *Daten* > Schaltfläche *Datenüberprüfung*
Diagramme einfügen	Registerkarte *Einfügen/Diagramme*
Druckbereich festlegen	Registerkarte *Seitenlayout* > Schaltfläche *Druckbereich* > *Druckbereich festlegen*
Drucken	*Datei/Drucken*
Einbettungscode	Excel Online > Schaltfläche *Freigeben* > *Einbetten* > Einbettungscode kopieren
Einfügen	Registerkarte *Start*
E-Mail-Anhang	*Datei/Freigeben/E-Mail/Als Anlage senden*
Facebook	Excel Online > Schaltfläche *Freigeben* > *Für andere Personen freigeben* > *Link abrufen*
Fenster – Alle anzeigen	Registerkarte *Ansicht* > Schaltfläche *Alle anordnen*
Fenster – Fixieren	Registerkarte *Ansicht* > Schaltfläche *Fenster fixieren*
Fenster – Neues Fenster	Registerkarte *Ansicht* > Schaltfläche *Neues Fenster*
Fenster – Teilen	Registerkarte *Ansicht* > Schaltfläche *Teilen*

Funktion	Aktivieren
Fenster – Teilung aufheben	Registerkarte *Ansicht* > Schaltfläche *Teilen* erneut anklicken
Filtern	Registerkarte *Daten* > Schaltfläche *Filtern*
Formeln anzeigen	Registerkarte *Formeln* > Schaltfläche *Formeln anzeigen*
Freigeben	*Datei/Freigeben*
Gitternetzlinien ein- und ausblenden	Registerkarte *Ansicht* > Gruppe *Anzeigen* > Checkbox *Gitternetzlinien* anhaken
Hochformat	Registerkarte *Seitenlayout* > Schaltfläche *Ausrichtung*
Internetseite einbetten	Excel Online > Schaltfläche *Freigeben* > *Einbetten* > Einbettungscode kopieren
Kommentar einfügen	Registerkarte *Überprüfen* > Schaltfläche *Neuer Kommentar*
Kompatibilität prüfen	*Datei/Informationen* > Schaltfläche *Auf Probleme überprüfen* > *Kompatibilität prüfen*
Konto anmelden	*Datei/Konto/Anmelden*
Konvertieren	Registerkarte *Datei/Informationen* > Schaltfläche *Konvertieren*
Kopieren	Registerkarte *Start* > Schaltfläche *Kopieren*
Leseschutz	*Datei/Informationen/Arbeitsmappe schützen*
Link versenden	Excel Online > Schaltfläche *Freigeben* > *Einen Freigabelink abrufen*
Makros anlegen	Registerkarte *Ansicht* > Schaltfläche *Makros* > *Makro aufzeichnen*
Max, Min und Mittelwert	Registerkarte *Start* > Auswahl bei *AutoSumme*

Funktion	Aktivieren
Menüband anpassen	*Datei/Optionen/Menüband anpassen*
Minisymbolleiste ein- und ausblenden	*Datei/Optionen/Allgemein > Minisymbolleiste*
Nullen ausblenden	*Datei/Optionen/Erweitert/Optionen für dieses Arbeitsblatt anzeigen* > das Häkchen bei *In Zellen mit Nullwert eine Null anzeigen* aktivieren
Öffnen	*Datei/Öffnen*
OneDrive speichern	*Datei/Speichern unter/OneDrive*
Onlinegrafiken einfügen	Registerkarte *Einfügen* > Schaltfläche *Onlinegrafiken*
PDF-Dateien erstellen	*Datei/Exportieren* > Schaltfläche *PDF-/XPS-Dokument erstellen*
Pivot-Tabellen einfügen	Registerkarte *Einfügen* > Schaltfläche *PivotTable*
Prozentformat	Registerkarte *Start* > Gruppe *Zahl* > Schaltfläche *Prozentformat*
Prüfen	*Datei/Informationen* > Schaltfläche *Auf Probleme überprüfen*
Querformat	Registerkarte *Seitenlayout* > Schaltfläche *Ausrichtung*
Registerkarte *Entwicklertools* einblenden	*Datei/Optionen/Menüband anpassen* > *Hauptregisterkarten* > Registerkarte *Entwicklertools*
Schließen	*Datei/Schließen*
Schreibschutz	*Datei/Informationen/Arbeitsmappe schützen*
Schriftfarbe ändern	Registerkarte *Start* > Schaltfläche *Schriftfarbe*

Funktion	Aktivieren
Seitenränder ändern	Registerkarte *Seitenlayout* > Gruppe *Seite einrichten* > Dialogfeld starten
SmartArt-Grafiken einfügen	Registerkarte *Einfügen* > Schaltfläche *SmartArt*
Sortieren	Registerkarte *Start* > Schaltfläche *AZ Sortieren und Filtern*
Spalten ausblenden	Rechte Maustaste > Zeilenkopf > *Ausblenden*
Spalten einfügen	Spalte(n) markieren > Registerkarte *Start* > Schaltfläche *Einfügen* > *Zellen einfügen*
Spalten in Zeilen transponieren	Register *Start* > Schaltfläche *Kopieren* > Dreieck unter der Schaltfläche *Einfügen* > *Transponieren*
Speichern unter	*Datei/Speichern unter*
Speicherort hinzufügen	*Datei/Speichern unter* > Ort hinzufügen
Spur zum Nachfolger	Registerkarte *Formeln* > Schaltfläche *Spur zum Nachfolger*
Spur zum Vorgänger	Registerkarte *Formeln* > Schaltfläche *Spur zum Vorgänger*
Standardschrift festlegen	*Datei/Optionen/Allgemein* > *Diese Schriftart als Standardschriftart verwenden*
Standardspeicherort ändern	*Datei/Optionen/Speichern* > *Arbeitsmappen speichern* > *Lokaler Standardspeicherort für Datei*
Startbildschirm aus-/einblenden	*Datei/Optionen/Allgemein* > *Startbildschirm beim Start dieser Anwendung anzeigen*
Statusleiste anpassen	Rechter Mausklick auf Statusleiste > Einträge aktivieren bzw. deaktivieren
Steuerelemente anlegen	Registerkarte *Entwicklertools* > Schaltfläche *Einfügen*

Funktion	Aktivieren
Symbolleiste für den Schnellzugriff anpassen	*Datei/Optionen* > *Symbolleiste für den Schnellzugriff*
Tabellen – Blatt schützen	Registerkarte *Überprüfen* > Schaltfläche *Blatt schützen*
Tabellen – Formatieren	Registerkarte *Start* > Schaltfläche *Als Tabelle formatieren*
Tabellen – Formatieren aufheben	*Einfügen/Tabelle* > Registerkarte *Tabellentools/Entwurf* > Schaltfläche *In Bereich konvertieren*
Tabellenblätter – Anzahl (Standard) ändern	*Datei* > *Optionen* > *Allgemein* > *Beim Erstellen neuer Arbeitsmappen* > Anzahl der Tabellen- blätter > *OK*
Touchmodus aktivieren	Auswahl der *Symbolleiste für den Schnellzugriff* > *Touch-/Mausmodus*
Twitter	Excel Online > Schaltfläche *Freigeben* > *Für andere Personen freigeben* > *Link abrufen*
Umbruchvorschau	Registerkarte *Ansicht* > *Umbruchvorschau*
Vorlagen anheften	*Datei* > *Neu* > Mauszeiger auf die Vorlage > Heftzweckensymbol
Vorlagen erstellen	*Datei/Speichern unter* > Schaltfläche *Durchsuchen* > *Dateityp* > *Excel-Vorlage*
Vorlagen – Neu	*Datei/Neu*
Vorlagen speichern	*Datei/Speichern unter* > Schaltfläche *Durchsuchen* > *Dateityp* > *Excel-Vorlage* > Schaltfläche *Speichern*

Funktion	Aktivieren
Vorlagen – Standardspeicherort	*Datei* > *Optionen* > *Speichern unter* > Standardspeicherort für persönliche Vorlagen: > Schaltfläche *OK*
Währungsformate	Registerkarte *Start* > Gruppe *Zahl* > Schaltfläche *Buchhaltungszahlenformat*
Word mit Excel verknüpfen	Registerkarte *Start* > Auswahl Schaltfläche *Einfügen* > *Inhalte einfügen* > *Verknüpfung einfügen* > *Als* > die Angabe *Microsoft Excel Arbeitsmappe-Objekt* > *OK*
Zahlenformate – benutzerdefiniert	Registerkarte *Start* > Gruppe *Zahl* > Dialogfeld *Zellen formatieren* > unter *Kategorie* auf *Benutzerdefiniert* > *Typ:* ein eigenes Format
Zahlenformate entfernen	Registerkarte *Start* > Gruppe *Zahl* > *Standard*
Zeilen ausblenden	Rechte Maustaste > Spaltenkopf > *Ausblenden*
Zeilen einfügen	Zeile(n) markieren > Registerkarte *Start* > Gruppe *Zellen* > Schaltfläche *Einfügen* > *Zellen einfügen*
Zeilen – in Spalten	Kopieren > Dreieck bei der Schaltfläche *Einfügen* > *Transponieren*
Zellen verbinden	Registerkarte *Start* > Schaltfläche *Verbinden und zentrieren*
Zielwertsuche starten	Registerkarte *Daten* > Schaltfläche *Was-wäre-wenn-ANALYSE* > *Zielwertsuche*
Zoom einstellen	Registerkarte *Ansicht* und/oder Statusleiste
Zuletzt verwendet erweitern	*Datei* > *Optionen* > *Erweitert* > *Diese Anzahl zuletzt verwendeter Arbeitsmappen anzeigen:*

Praktisch: neue Funktionen

Es gibt ein paar Funktionen, die in Excel 2016 neu sind. Ist hier der Abschied der so geliebten Wenn-Dann-Sonst-Funktion eingeläutet? Bei zahlreichen Verschachtelungen verliert man da schon mal den Überblick.

Hier die Alternativen dazu:

- **WENNS:** Diese Funktion gilt für Excel 2016, Excel Online, Excel für Android-Tablets, Excel Mobile, Excel für Android-Smartphones.

- **MAXWENNS:** Diese Funktion gilt für Office-365-Abonnement, Excel 2016, Excel Online, Excel Mobile, Excel für Android-Smartphones und -Tablets.

- **MINWENNS:** Diese Funktion gilt für Office-365-Abonnement, Excel 2016, Excel Online, Excel Mobile, Excel für Android-Smartphones und -Tablets.

Als Beispiel zur Verdeutlichung der Funktionen soll diese kleine Kalkulation stellvertretend für mehrere Verschachtelungen dienen.

C11		⁝	×	✓	f_x	=MITTELWERT(B2:B8)	

	A	B	C	D	E
1	Verkäufer	Umsatz	Region	Bonus	
2	Albrecht	2.000,00 €	Süd		
3	Meier	2.500,00 €	West		
4	Albrecht	2.200,00 €	Nord		
5	Philipps	3.500,00 €	West		
6	Meiser	2.800,00 €	Ost		
7	Meiser	4.100,00 €	Nord		
8	Schulz	1.800,00 €	Nord		
9					
10					
11		Durchschnitt	2.700,00 €		
12		Max	4.100,00 €		
13		Min	1.800,00 €		
14					

WENNS

Sind Sie es leid, komplizierte, geschachtelte WENN-Funktionen eingeben zu müssen? Die neue Funktion *WENNS* soll die Lösung sein. Mit dieser Funktion werden Bedingungen in der von Ihnen angegebenen Reihenfolge berücksichtigt.

Die Funktion *WENNS* kann als Ersatz für zahlreiche geschachtelte WENN-Anweisungen dienen und ist einfacher zu lesen, wenn mehrere Bedingungen gleichzeitig verwendet werden.

Beispiel:

Derjenige Verkäufer, der einen höheren Umsatz als der Durchschnitt hat, erhält einen Bonus in Höhe von 50 Euro.

Wer den höchsten Umsatz hat, erhält einen Bonus von 100 Euro. Der Rest erhält »0«.

Stellen Sie die »bekannte« WENN-Funktion auf. Daraus ergibt sich übersetzt folgende Syntax:

- Wenn der Umsatz gleich dem Maximum ist …

- dann 100 Euro

- sonst

- wenn der Umsatz größer als der Durchschnitt ist …

- dann 50 Euro

- sonst 0 Euro

Die WENN-Funktion ist Ihnen bekannt und wurde im Laufe des Buches erklärt.

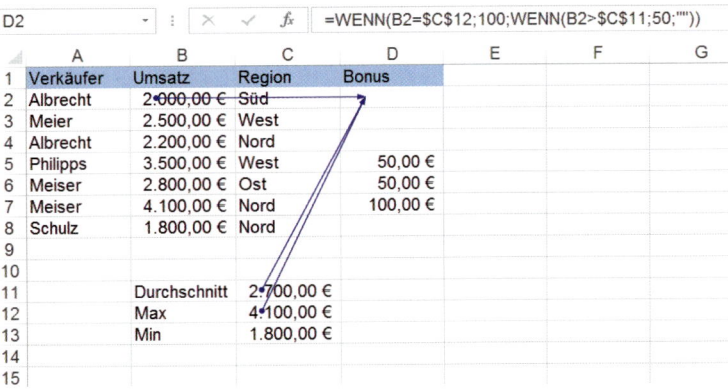

Es folgt der Vergleich mit der neuen WENNS-Funktion.

Übersetzt würde die Syntax ergeben:

- Wenn ...

- ... der Umsatz gleich dem Maximum, dann 100 Euro.

- ... der Umsatz über dem Durchschnitt, dann 50 Euro.

- ... der Umsatz unter dem Durchschnitt, dann 0 Euro.

In der Syntax entfällt die Angabe *WENN*. Es wird nur einmal *WENNS* angegeben.

Sie können statt der letzten Bedingung auch ein WAHR angeben.

WICHTIGE INFORMATION

Und wer es unbedingt wissen will: Mit der WENNS-Funktion können Sie bis zu 127 verschiedene Bedingungen aufstellen.

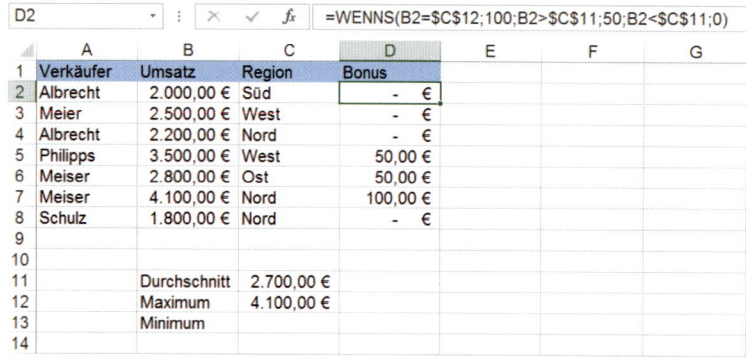

=WENNS(B2=$C$12;100;B2>$C$11;50;WAHR;0)

MAXWENNS

Diese Funktion zeigt die größte Zahl nur aus einem bestimmten Bereich an, wenn mindestens eine Bedingung erfüllt ist.

Hier im Beispiel soll das Maximum nicht aus einem gesamten Zellbereich kommen, sondern nur, wenn ein bestimmtes Kriterium erfüllt ist.

Wie hoch ist der höchste Umsatz in der Region Nord?

1▶ Sie geben hier den Zellbereich unter *Umsatz* an.

2▶ Der Kriterien-Bereich unter *Region* wird aktiviert.

3▶ Als Kriterium wird die Zelle festgelegt, in der das Kriterium steht, hier im Beispiel *Nord*.

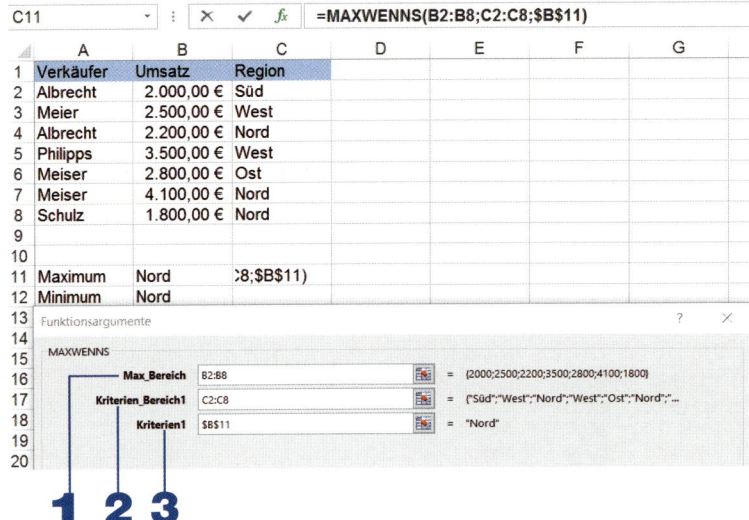

TIPP ➡ Die gleiche Vorgehensweise kann auch für die Funktionen *MINWENNS, SUMMEWENNS* und *MITTELWERTWENNS* verwendet werden.

MINWENNS

Diese Funktion ähnelt *MAXWENNS*, gibt aber die kleinste Zahl in einem Bereich zurück, die mindestens ein Kriterium erfüllt.

Die Funktion MINWENNS gibt den Minimalwert aus Zellen zurück, die mit bestimmten Kriterien angegeben wurden.

Hier im Beispiel soll das Minimum nicht aus einem gesamten Zellbereich kommen, sondern nur, wenn ein bestimmtes Kriterium erfüllt ist.

Wie hoch ist der höchste Umsatz in der Region Nord?

1 ▶ Sie geben hier den Zellbereich unter *Umsatz* an.

2 ▶ Der Kriterien-Bereich unter *Region* wird festgelegt.

3 ▶ Als Kriterium wird die Zelle bestimmt, in der das Kriterium steht, hier im Beispiel *Nord*.

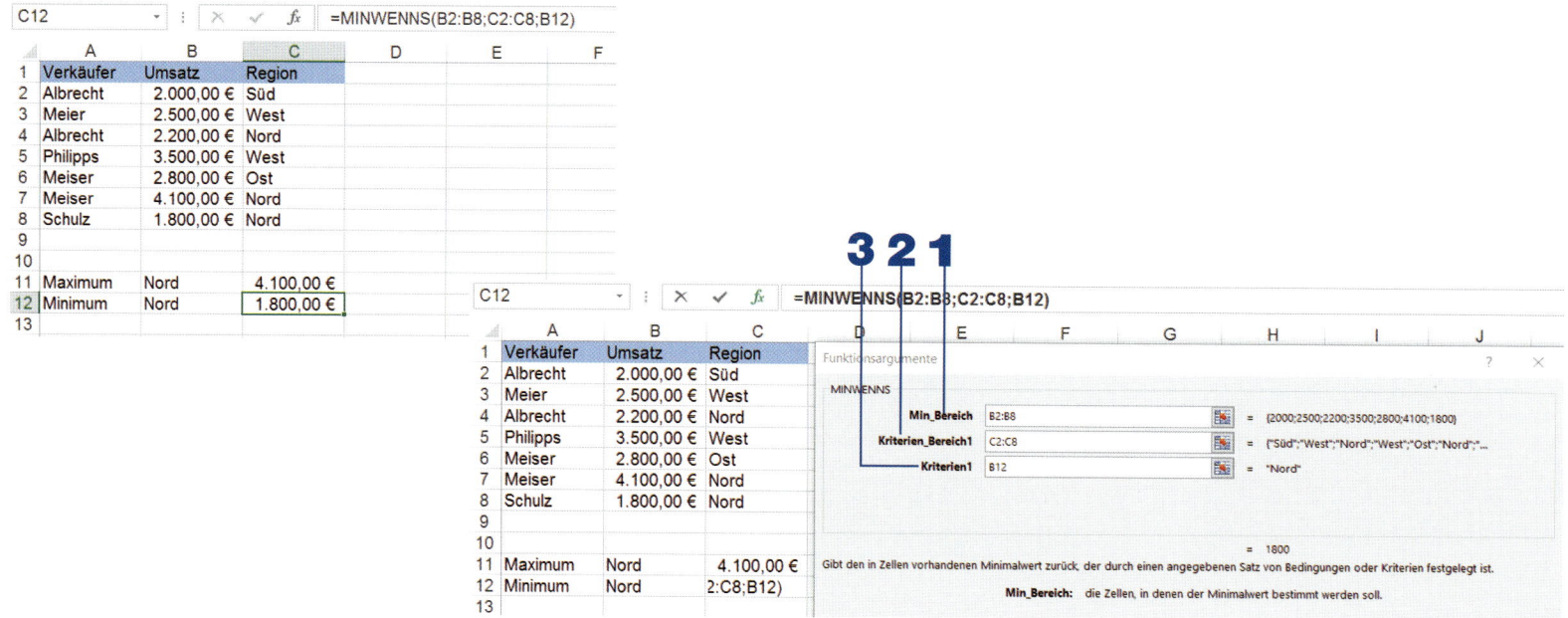

Der Mauszeiger und sein Aussehen

Mit der Maus führen Sie die verschiedensten Funktionen aus. Wenn Sie den Mauszeiger über den Bildschirm bewegen, stellen Sie fest, dass er sein Aussehen oftmals wechselt. Er spricht – in seiner Zeichensprache – förmlich mit Ihnen und gibt ständig Auskunft darüber, was Sie gerade – Befehle oder Eingaben – machen können. Anhand einiger kleiner Übungen werden Sie die Möglichkeiten schnell erlernen.

1 ▶ **Der Mauszeiger als Pfeil:** Mit diesem Aussehen lassen sich Befehle wie Drucken, Speichern oder Kopieren auf dem Excel-Bildschirm ausführen.

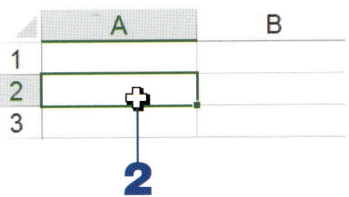

2 ▶ **Der Mauszeiger als Kreuz:** Das »weiße Kreuz« zeigt auf eine Position innerhalb des Tabellenblattes. Sie klicken die Zelle an und nehmen anschließend Ihre Eingaben vor.

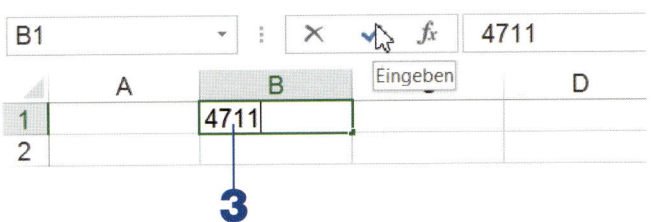

3 ▶ Geben Sie etwas ein – in der Zelle und/oder über die Bearbeitungsleiste –, erscheint wiederum ein anderes Aussehen. Erst nachdem Sie die Eingaben beendet haben, wechselt der Mauszeiger wieder zum Kreuz.

Der Mauszeiger zum Ausfüllen

1 ▶ Sie können mit der Maus die Ausfüllen-Funktion von Excel innerhalb des Arbeitsblattes ausführen, wenn das grüne Quadrat unten rechts erscheint.

2 ▶ Positionieren Sie den Mauszeiger auf das kleine grüne Kästchen (= Ausfüllkästchen). Sie erkennen das Pluszeichen.

3 ▶ Mit gedrückter linker Maustaste ziehen Sie z. B. zwei weitere Zellen nach rechts. Lassen Sie die Maustaste wieder los.

4 ▶ Drücken Sie zusätzlich die [Strg]-Taste, erscheint außerdem ein zweites kleineres Plus. Excel füllt dadurch die nächsten Zellen durch eine Aufzählung aus.

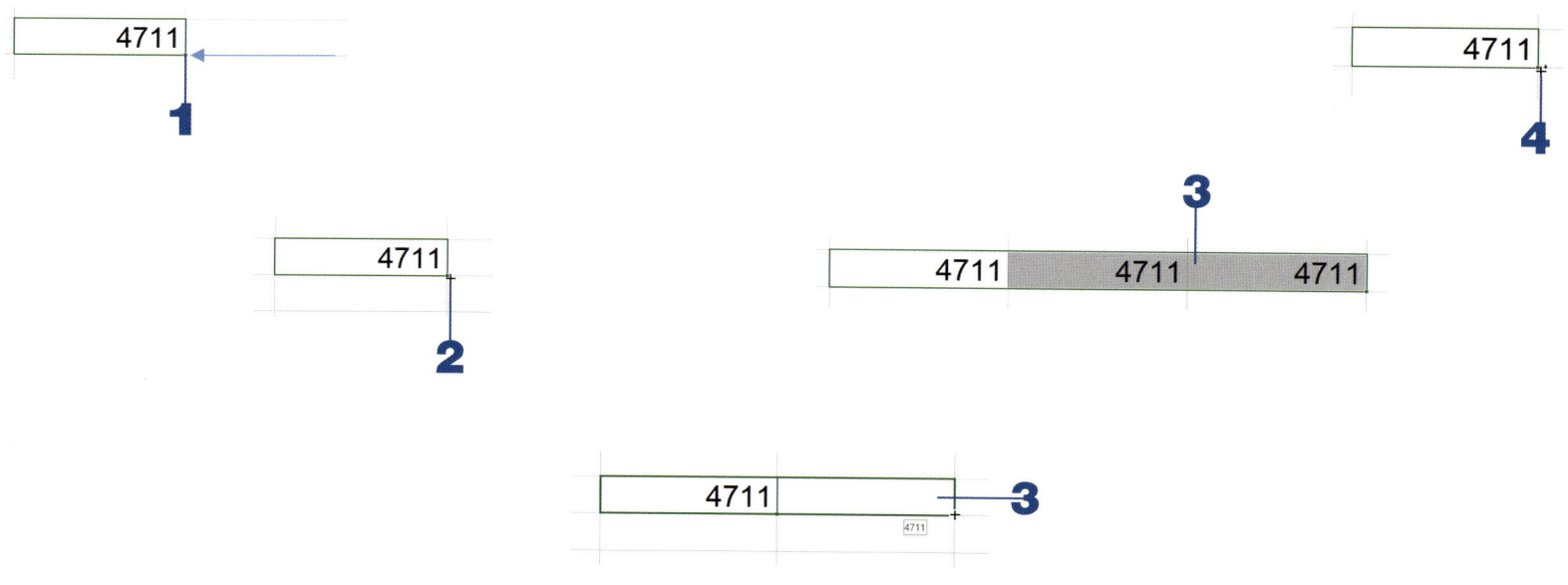

Der Mauszeiger zum Markieren

Möchten Sie mehrere Zellen gleichzeitig markieren, verwenden Sie wiederum das »weiße Kreuz« des Mauszeigers.

1 ▶ Mit gedrückter linker Maustaste markieren Sie Zellen.

2 ▶ Möchten Sie eine Spalte markieren, platzieren Sie den Mauszeiger auf den Spaltenkopf und klicken einmal. Bei Zeilen bewegen Sie den Mauszeiger auf die Spaltenangabe.

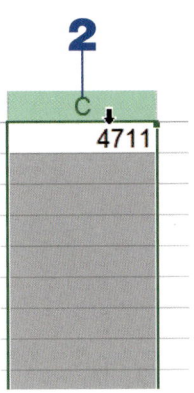

Der Mauszeiger für die Spaltenbreite

Platzieren Sie den Mauszeiger zwischen den Spaltennamen, ändert er sein Aussehen. Mit gedrückter linker Maustaste ändern Sie die Spaltenbreite, bis die gewünschte Breite erreicht wird.

Schneller geht's mit einem Doppelklick. Excel passt die Spalte optimal an, das heißt, die Breite richtet sich nach dem längsten Ausdruck (Zahl oder Wort).

1 ▶ Platzieren Sie den Mauszeiger zwischen den Spalten.

2 ▶ Klicken Sie doppelt, passt sich die Breite der Spalte an, hier ist es die Spalte C.

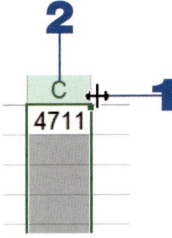

Wie funktioniert Drag-and-drop?

Sie möchten Zellen verschieben? Dazu brauchen Sie die Eingabe nicht zu wiederholen, sondern wenden die Drag-and-drop-Methode an. Drag-and-drop ist die englische Bezeichnung für »Ziehen und Fallenlassen«. Hiermit verschieben Sie die Inhalte von Zellen innerhalb eines Arbeitsblattes.

Entscheidend für das Gelingen der Drag-and-drop-Methode ist das Aussehen des Mauszeigers. Er zeigt Ihnen an, welche Funktion Sie ausführen können.

Positionieren Sie den Mauszeiger auf eine Linie des Eingabekastens, ändert sich sein Aussehen zu einem Pfeil.

Nur wenn der Mauszeiger im Arbeitsblatt als Pfeil erscheint, ist die Drag-and-drop-Methode durchführbar.

1 ▶ Positionieren Sie den Mauszeiger auf den unteren Rand des Eingabekastens.

2 ▶ Ziehen Sie den Zelleninhalt mit gedrückter linker Maustaste und lassen Sie die Maustaste wieder los.

Sie können ebenfalls mit der Drag-and-drop-Methode Zelleninhalte kopieren.

3 ▶ Der Ablauf ist der gleiche wie schon beim oben erwähnten Verschieben. Sie drücken zusätzlich die [Strg]-Taste. Am Mauszeiger erscheint ein kleines Pluszeichen.

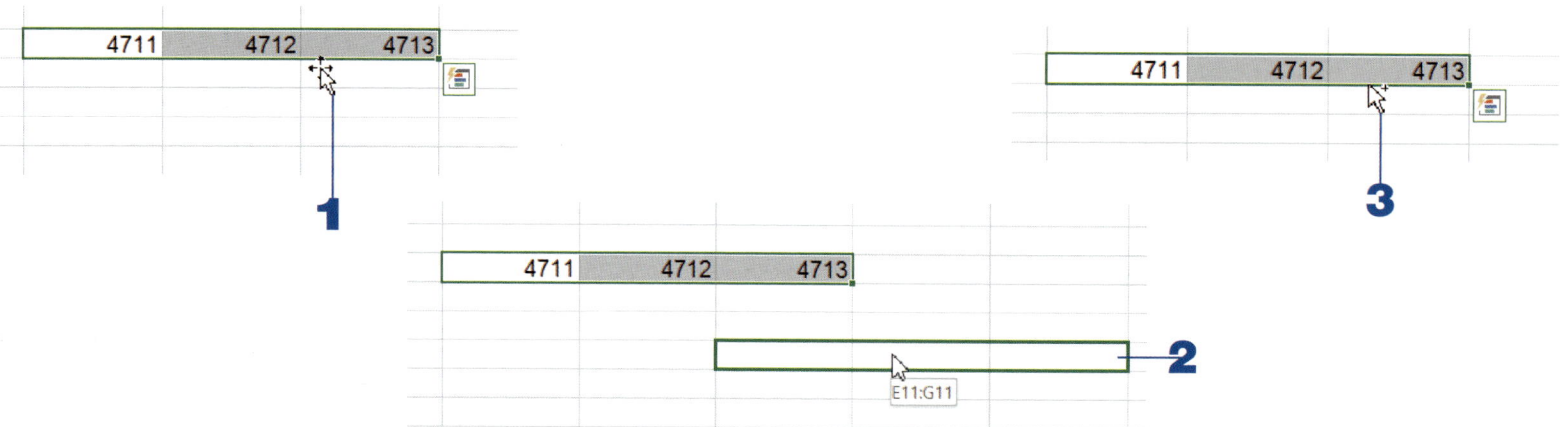

3D-Weltkarte

Sie können ein 3D-Geo-Visualisierungstool in Excel 2016 nutzen: 3D-Karten. Die Schaltfläche dazu finden Sie auf der Registerkarte *Einfügen*. Beim ersten Start werden Sie aufgefordert, das Add-in zunächst zu installieren. Dieser Vorgang kann ein wenig dauern.

1 ▶ Holen Sie die Registerkarte *Einfügen* in den Vordergrund.

2 ▶ Öffnen Sie über die Schaltfläche *3D-Karte* die Auswahl.

3 ▶ Aktivieren Sie *3D-Karten öffnen*.

4 ▶ Bewegen Sie den Mauszeiger auf die Erdkugel, können Sie diese mit gedrückter linker Maustaste in alle Richtungen bewegen. Sie können dabei ein Video erstellen und dieses mit einem Sound unterlegen.

5 ▶ Über *Datei* gelangen Sie zu den *Optionen*.

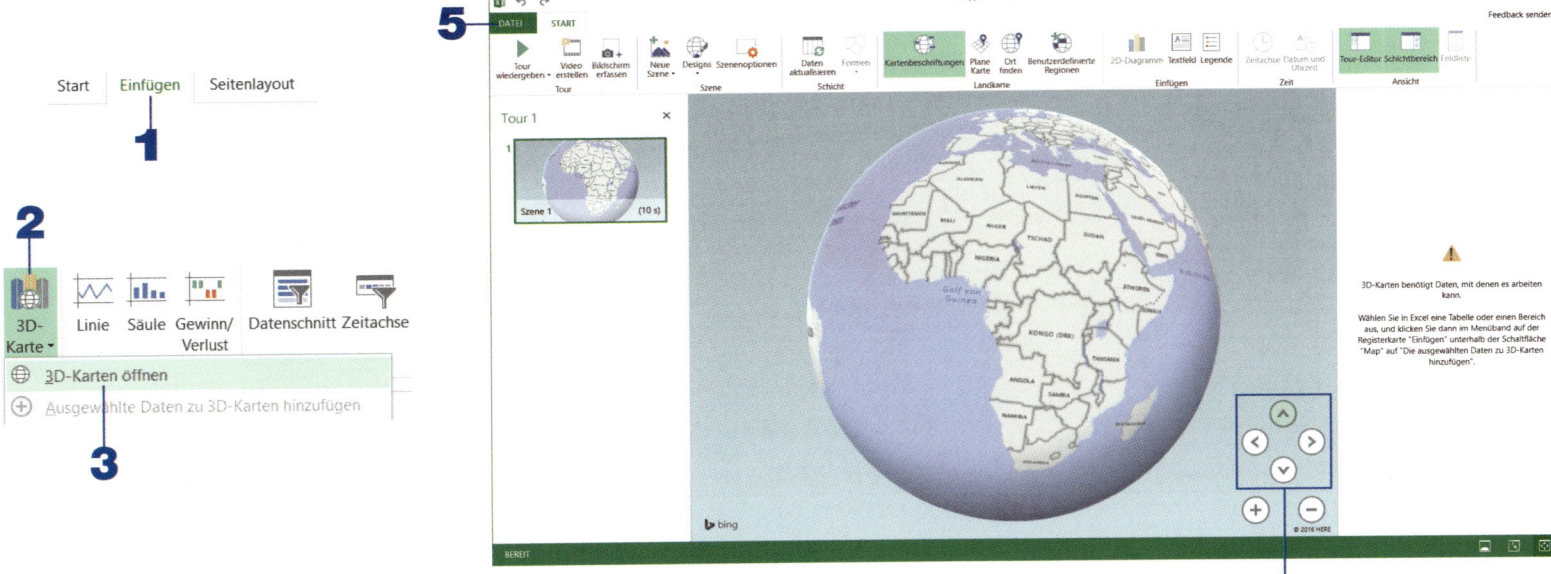

6 ▶ Beachten Sie die Auswahl über die Schaltfläche *Designs*. Hier stehen Ihnen die unterschiedlichsten Darstellungsformen zur Verfügung.

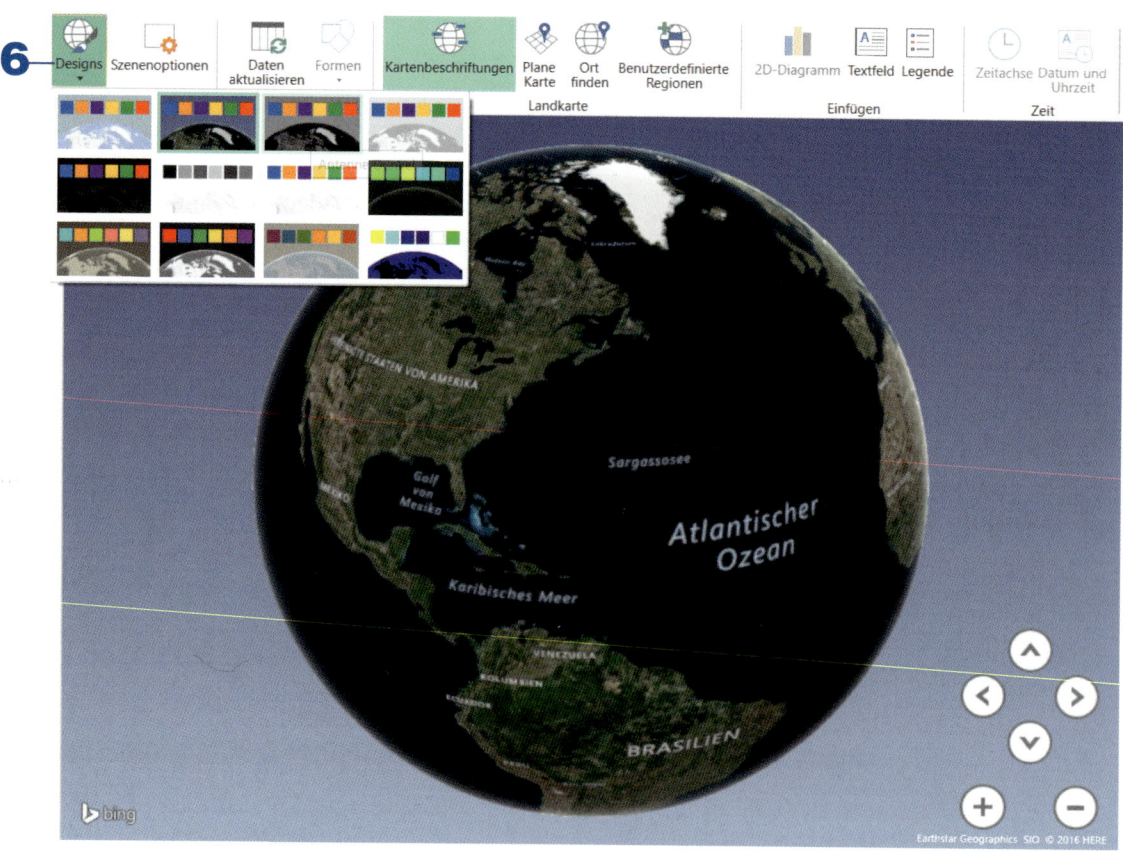

Index

Index

Verbinden und zentrieren 49
Verbundene Dienste 247
Verknüpfung
    Aus Datei erstellen 236
    Dateien verknüpfen...................... 237
    Diagramme 235
    einfügen............................. 233
    Excel-Dateien untereinander 234
    Word/Excel 233
Version...................................91
Visual Basic-Editor 140
Vorgänger............................. 63
Vorlagen
    Arbeitsmappen erstellen......... 261, 263
    Dateityp...................... 265
    empfohlen................................. 266
    erstellen 265
    öffnen.............................. 266
    online.......................... 261, 263
    persönlich 266
    Rechnungsformulare 264
    speichern.......................... 265

W

Währung 58
Währungsrechner 62
Was möchten Sie tun? 31

Was-wäre-wenn-Analyse 209
WENN...................................159
Werte anzeigen als......................195
Wiederherstellung, automatische 41
Wochentag anzeigen................... 127, 174
WVERWEIS 170

Z

Zahlenformat.................................. 69, 72
ZÄHLENWENN 155
Zeile
    ausblenden............................ 78
    AutoSumme 76
    einblenden 78
    einfügen 77
    in Spalte umwandeln.....................123
    löschen............................ 77
    markieren...........................76, 114
    sortieren...........................81
    summieren 76
Zeitdifferenz ermitteln 75
Zeitwert.............................74
Zellbereich markieren 107
Zelle 274
    Ausfüllkästchen 45
    Ausrichtung............................ 44
    benutzerdefiniertes Sortieren 79

    Drehung.............................. 44
    Eingabe............................ 44
    feste Bezüge...........................61
    Fixierung 61, 66
    formatieren 56
    Hintergrundfarbe 47
    mit Namen................................. 66
    Nachfolger 63
    Rahmen............................ 48
    sortieren...........................79, 80
    Texte............................ 44
    verbinden............................ 49
    Vorgänger 63
    Zahlen............................ 44
    Zahlenformate............................ 72
ZELLE 176
Zellenformatvorlagen.......................229
Zellzeiger 112
Zielwertsuche 208
ZINSZ 176
Zirkelbezüge 274
Zoom einstellen 28
ZUFALLSBEREICH 176
Zuletzt verwendet, Anzahl erhöhen.......97
Zwischenablage 122

304